Nice girls don't get the corner office

www.boekerij.nl

Lois P. Frankel

Nice girls don't get the corner office

Adviezen om te groeien in je werk

BOEKERIJ

Eerste druk 2005
Tweede, gewijzigde druk augustus 2018
Derde druk september 2018
Vierde druk september 2018
Vijfde druk oktober 2018

ISBN 978-90-225-8468-2
ISBN 978-94-023-1140-2 (e-book)
NUR 320

Oorspronkelijke titel: *Nice Girls Don't Get The Corner Office. Unconscious Mistakes Women Make That Sabotage Their Careers*
Vertaling: Paulien Cornelisse en Jeannet Dekker
Omslagontwerp: Chantal Toller, Studio 100%
Zetwerk: CeevanWee, Amsterdam

Deze titel verscheen in 2005 bij uitgeverij Arena onder de titel *Opzij! Opzij! Opzij!*

Dit boek is opgedragen aan Bob Silverstein.
Toen hij overleed, verloor de wereld een van de weinige mannelijke feministen... en ik verloor een fantastische literair agent en een dierbare vriend.

Inhoud

Inleiding

Sinds de eerste editie van *Nice girls don't get the corner office* is er veel veranderd: de Verenigde Staten kozen hun eerste zwarte president, sociale media veroverden de wereld, na de Arabische Lente moesten in bijna twintig landen leiders het veld ruimen en babyboomers gingen massaal met pensioen. Er is onmiskenbaar het nodige veranderd, soms heel ingrijpend, maar het gaat erg langzaam en vrouwen boeken weinig vooruitgang. De statistieken, die grotendeels hetzelfde zijn gebleven, stemmen somber. Op het moment van schrijven geldt het volgende:

- Van de vijfhonderd grootste Amerikaanse bedrijven wordt slechts 3,8 procent door een vrouw geleid.
- Wereldwijd heeft 8 procent van de bedrijven een vrouw aan de top.
- Vrouwen vormen wereldwijd 20,3 procent van de gekozen volksvertegenwoordigers (pluim voor de Noordse landen met 40 procent vrouwen!). 23,7 procent van de leden van het Amerikaanse Congres is vrouw. In Nederland bedroeg het aantal vrouwen in de Tweede Kamer in 2017 36 procent.
- Twintig landen hebben een vrouw als staatshoofd.
- Wereldwijd zijn er grote verschillen in salaris, met Japan en Zuid-Korea als negatieve uitschieters. Hier verdienen vrouwen respectievelijk 28 procent en 39 procent minder

dan mannen. Hongarije scoort het best met een verschil van slechts 4 procent.

- In de Verenigde Staten verdienen witte vrouwen gemiddeld 77 procent van wat mannen voor hetzelfde werk krijgen. De verschillen zijn nog groter voor zwarte vrouwen (69 procent) en latina's (58 procent).
- Nog geen jaar na hun afstuderen verdienen vrouwen 8 procent minder dan de mannen uit dezelfde lichting. Halverwege hun carrière is dat percentage al opgelopen tot 20 procent.

Eerlijk gezegd wilde ik helemaal geen actuele en herziene versie van dit boek schrijven. Niet omdat ik het zonde van mijn tijd vind, maar omdat een nieuwe versie niet nodig zou moeten zijn. In ruim tien jaar hebben vrouwen inderdaad vooruitgang geboekt op het gebied van werk, politiek en hun situatie thuis en zijn veel vrouwen door het glazen plafond heen gebroken, maar er is nog altijd een glazen boomhut waarin de hoogste managers en directeuren van bedrijven zetelen. Er zijn uitzonderingen (denk aan Marissa Mayer van Yahoo!, Christine Lagarde van het IMF, Sheryl Sandberg van Facebook, Indra Nooyi van PepsiCo en Meg Whitman van Hewlett-Packard), maar het grootste deel van de vrouwen staat nog altijd langs de zijlijn. En dat terwijl uit onderzoek van onderzoeksbureau Catalyst en organisatieadviesbureau McKinsey & Company blijkt dat bedrijven meer omzet draaien als vrouwen hoge functies bekleden.

Misschien maken deze cijfers weinig indruk en denk je dat er inmiddels voldoende gelijkheid tussen man en vrouw is. Laat ik je uit de droom helpen met een paar anekdotes van vrouwen van over de hele wereld, vrouwen zoals jij. Zij namen na het lezen van de eerste versie van dit boek contact met me op of kwamen naar me toe na een van de lezingen die ik naar aanleiding van *Nice girls don't get the corner office* heb gegeven.

- Janice uit Colorado vertelde dat ze haar dochtertje van vier heeft geleerd dat jongens en meisjes gelijk zijn en haar op gympen en in tuinbroek naar de kleuterschool stuurde, zodat ze lekker kon ravotten. Totdat haar dochtertje op een dag thuiskwam met de mededeling dat de juf vond dat ze niet er meisjesachtig genoeg uitzag.
- Ingrid uit Kopenhagen was verbaasd dat haar baas *haar*, en niet een van haar mannelijke collega's met eenzelfde staat van dienst, een promotie wilde geven. Het kon binnen een maand geregeld zijn. In de tussentijd ontdekte Ingrid dat ze in verwachting was en deelde ze dit aan haar baas mee. Toen hij geen haast leek te maken met de promotie en ze hem vroeg was er aan de hand was, reageerde hij alsof hun eerdere gesprek nooit had plaatsgevonden. Ze had hem vast verkeerd begrepen.
- Rosa is een advocaat uit Miami en werkt voor een kantoor dat veel immigratiezaken doet. Haar baas kraakt voortdurend het uiterlijk van de vrouwen in zijn bedrijf af. 'Ben je je kam kwijt?' vraagt hij als een kapsel hem niet aanstaat. En als een vrouw volgens hem een te kort rokje draagt: 'Had je oma soms te weinig garen toen ze dat voor je breide?'
- Fiona uit Sydney besloot tijdens haar studie van hoofdvak te veranderen en koos voor civiele techniek. De reactie van haar moeder? 'Fijn hoor, nu vind je nooit een man.'
- Allison woont in een klein stadje in West Virginia en stuurde me een ouderwetse brief per post omdat haar man, die haar emotioneel mishandelt, al haar e-mails leest. Nu haar kinderen groot zijn, wil ze graag weer aan het werk om financieel onafhankelijk te worden. Haar voornaamste

bron van emotionele steun, haar moeder, reageerde echter met: 'Je kunt je beter gedeisd houden. Wees blij zijn dat je een man hebt met een goede baan, die voor je kan zorgen.'

- Farah is een Iraans-Joodse arts die elke vrijdag met lood in haar schoenen naar haar ouders gaat voor het wekelijkse diner. Het enige wat haar ouders willen weten, is wanneer ze korte metten maakt met die rare ideeën over een carrière en een man zoekt om kindertjes mee te krijgen.

Er is nog een andere reden voor een herziene versie: in de afgelopen tien jaar is er op de werkvloer ongelooflijk veel veranderd. De concurrentie is mede door de kredietcrisis en de ergste recessie sinds de jaren dertig moordend geworden, sociale media stonden tien jaar geleden nog in de kinderschoenen en zijn nu een must, de balans tussen werk en privé is een nog grotere uitdaging nu vrouwen meer zijn gaan werken, en vrouwen met een hoge opleiding betreden in grotere aantallen dan ooit de arbeidsmarkt. Genoeg redenen dus om dit boek uit te breiden met nog meer coachingtips die je vertellen hoe je de gewenste baan kunt krijgen én houden.

Al die statistieken, sociale veranderingen en verhalen van vrouwen zelf maakten me duidelijk dat mijn taak er nog lang niet op zit. In de afgelopen tien jaar heb ik overal ter wereld over vrouwenkwesties gesproken. Ik ontdekte dat inheemse vrouwen in kleine dorpjes in Alaska voor dezelfde uitdagingen staan als vrouwen in Zuid-Afrika. We vertellen onze dochters (en zonen) thuis weliswaar dat vrouwen kunnen bereiken wat ze maar willen, maar we kunnen onze kinderen onvoldoende beschermen tegen de boodschappen van een maatschappij die vrouwen nog altijd minder waard vindt. Toch heb ik geleerd dat het advies in dit boek de levens van lezeressen echt heeft veranderd.

De fouten die ik beschrijf komen rechtstreeks uit de praktijk, evenals de voorbeelden (al zijn de namen om privacyredenen veranderd). De coachingtips aan het einde van elke sectie zijn identiek aan de tips die ik aan vrouwen overal ter wereld heb gegeven. Veel van deze vrouwen hebben me later verteld dat de tips hun hebben geholpen om promotie te krijgen, om aangenomen te worden, om loonsverhoging te krijgen, om meer gerespecteerd te worden door hun managers en collega's, of om genoeg zelfvertrouwen op te bouwen om hun eigen bedrijf te beginnen. Ik meet mijn eigen effectiviteit af aan *hun* succesverhalen. En ik vind het geweldig wanneer ik een ongevraagd e-mailtje in mijn inbox vind of er op kantoor een brief uit een ver oord als Oekraïne wordt bezorgd waarin staat dat mijn boek een leven heeft veranderd.

Maar dit moet je je wel meteen realiseren – dit boek is niet voor iedereen geschikt. Veel vrouwen hebben manieren gevonden om de stereotypen waarmee ze zijn opgevoed opzij te zetten en krachtig op te treden, meestal dan (het is bijna onmogelijk om altijd krachtig te zijn). Misschien doe je dat door je eigen unieke communicatiestijl uit te buiten, of door je stereotiep mannelijk te gedragen, en ben je tevreden met de successen die je hebt geboekt. Als dat voor jou geldt, dan vind je misschien nog wat extra tips in dit boek om je eigen stijl verder uit te bouwen, maar waarschijnlijk heb je veel coachingtips al vanzelf opgenomen in je succesvolle repertoire. In dat geval zeg ik: 'Ga zo door, meid!'

Andere vrouwen hebben het misschien geprobeerd, maar werden bekritiseerd door mannen en vrouwen om hun daadkrachtige of mannelijke gedrag. Als je bij deze categorie hoort, dan druist dit boek in tegen alles wat je tot nu toe hebt geprobeerd, en het zal daarom moeilijk zijn om er wat in te zien. Maak je geen zorgen. Er zijn heel veel boeken die speciaal voor jou geschreven zijn.

Hoe weet je nu of dit boek *jou* kan helpen? Simpel. Lees de volgende lijst door, en zet een kruisje bij de uitspraken die je (meestal) op jezelf van toepassing vindt:

___ Ik neem beslissingen zonder me af te vragen wat anderen ervan zullen zeggen.
___ Ik heb een uniek persoonlijk merk gecreëerd waarmee ik me van anderen onderscheid.
___ Ik maak op weloverwogen en gepaste wijze gebruik van sociale media.
___ Ik onderhandel succesvol om te krijgen wat ik wil of nodig heb.
___ Ik heb de moed om te zeggen wat anders onuitgesproken blijft.
___ Ik gebruik mijn netwerk in mijn voordeel.
___ Anderen vinden dat ik me goed kan uitdrukken en dat ik overredingskracht bezit.
___ Op het werk ben ik strategisch.
___ Ik ben zelfverzekerd.
___ Ik zet mezelf effectief in de markt.
___ Ik speel om te winnen.
___ Ik zet me actief in voor andere vrouwen.

Als je bij alle twaalf een kruisje hebt gezet, dan mag je wat mij betreft zelf een boek gaan schrijven. Maar als je nul tot acht kruisjes hebt gezet, dan is dit boek voor jou bedoeld.

Niet alleen zijn deze karakteristieken belangrijk voor succes (voor mannen én vrouwen), maar het zijn ook de gebieden waar vrouwen meestal aandacht aan willen besteden als ze coaching krijgen. De meerderheid van de vrouwen met wie ik werk hoeft niet aan de slag met alle twaalf karakteristieken (ook dat komt voor), maar wijst er twee of drie aan waaraan ze moet werken om haar carrièredoelen te bereiken.

Van therapieruimte tot conferentiezaal, bijna vijfentwintig

jaar heb ik geluisterd naar vrouwen die vertelden dat ze buiten de boot vielen bij promoties en tot zwijgen werden gebracht als ze hun ideeën uitten. Ik heb vrouwen in honderden vergaderingen geobserveerd. Degenen die genegeerd werden reageerden allemaal hetzelfde. Ik kon zien en horen hoe ze onbewust hun geloofwaardigheid aan het ondermijnen waren en hun carrière saboteerden. Niemand hoefde het voor ze te doen, ze deden het zelf al.

Weten dat vrouwen zichzelf ondermijnen was niet genoeg, ik wilde weten waaróm. Waarom gedragen zulke slimme, capabele vrouwen zich zo dat ze nooit een sport hoger op die carrièreladder komen – en schaden ze zo hun eigen geestelijk welzijn? Door met duizenden mannen en vrouwen te werken en hun gedragingen te vergelijken, vond ik het antwoord. Vanaf de vroegste jeugd wordt meisjes geleerd dat ze geluk en succes verwerven als ze zich op bepaalde stereotiepe manieren gedragen: ze moeten goedgemanierd zijn, vriendelijk, gehoorzaam, en ze moeten zich richten op relaties. Gedurende hun leven wordt dit bevestigd door de media, familie en al het sociale verkeer. Vrouwen zijn niet *bewust* bezig met saboteren; ze gedragen zich alleen zoals ze het hebben geleerd.

Zelfs vrouwen die beweren dat ze tijdens hun jeugd van hun ouders altijd te horen kregen dat ze konden bereiken wat ze maar wilden, ontdekken al snel dat het er in de echte wereld heel anders aan toe gaat. Dit geldt met name voor zwarte vrouwen die door sterke moeders zijn opgevoed (hier ga ik bij fout 3 nader op in). Als een vrouw het zelfvertrouwen en de moed heeft om te laten zien dat ze net zo goed is als een man, wordt haar al snel verweten dat ze een bitch is.

Als vrouwen ertegen in proberen te gaan wordt er lacherig, afkeurend of minachtend gereageerd. Of het nou moeders boodschap is ('Jongens vinden het niet leuk als meisjes zo'n grote mond hebben') of de opmerking van de echtgenoot na een uitbarsting ('Wat is er aan de hand? Ben je ongesteld?'), vrouwen worden voortdurend bedolven onder een golf van negativisme als ze zich anders gedragen dan ze vroeger hebben geleerd. Het gevolg is dat ze ondervinden dat het minder pijnlijk is en meer geaccepteerd wordt om een 'lief meisje' te zijn, dan zich als een volwassen vrouw te gedragen (voor jongens en volwassen mannen gaat dit niet op). Kort gezegd, vrouwen gaan zich als meisjes gedragen, ook al zijn ze volwassen. Dus toen ik mijn cliënt vertelde dat ze eens moest ophouden met dat meisjesgedoe, bedoelde ik: Je hoeft je niet te gedragen zoals het je geleerd is. Je hebt meer keuzes. Groei in je leidersrol.

Betekent dit dat er op het werk niet meer gediscrimineerd wordt? Nee, zeker niet. De cijfers aan het begin van mijn inleiding spreken boekdelen. Bovendien krijgen vrouwen minder vaak hogere functies aangeboden en worden ze consequent slechter beoordeeld. Dat is de realiteit. Maar na zoveel jaar blijf ik nog steeds zeggen: 'Nou en?' We kunnen het gaan rationaliseren, verdedigen of erover klagen, maar we kunnen ook erkennen dat dit de realiteit is waarbinnen we moeten werken. Rationaliseren, verdedigen en klagen brengen ons niets dichter bij ons doel. Het zijn excuses om vast te blijven zitten.

Op de University of Southern California ben ik opgeleid als existentieel therapeut. Dat klinkt ingewikkeld, maar het betekent alleen maar dat ik als therapeut aan de cliënt moet laten zien dat er keuzemogelijkheden zijn. Welk lot je ook treft, je hebt uiteindelijk een keuze in je reactie op dat lot. Daar ligt je macht. Niet bij wat je gegeven is. De oplossing ligt niet in anderen veranderen – dat is een illusie. Het ligt in de acties die je onderneemt in antwoord op een situatie. Op het werk kunnen wij vrouwen ons gedragen op een manier die overeenkomt met wat anderen van ons verwachten, of we kunnen kiezen voor empowerment: zelf de macht grijpen over ons eigen leven.

Ik realiseer me dat er mensen zijn die vinden dat de term empowerment te vaak gebruikt wordt, tenminste in Amerika. Ik ben het daar niet mee eens. De mensen die dat zeggen hebben meestal zelf de meeste macht. Om te voorkomen dat anderen diezelfde macht en invloed krijgen, doen ze alsof het niet belangrijk is bij het krijgen van een baan en in het sociale verkeer. Het is een klassiek geval van angst om de status quo te verliezen. Degenen met macht willen die niet delen, dus doen ze alsof anderen dat ook niet zouden moeten willen. Zonder me te schamen of me te verontschuldigen zeg ik dus: dit boek gaat over empowerment.

In tegenstelling tot andere boeken die je bewust maken van mogelijke verbeterpunten en potentiële succesfactoren, gaat dit boek verder. Bewust worden is nog maar de eerste stap. Je hebt ook concrete tips nodig om je gedrag te veranderen, tips die *bewezen* werken voor vrouwen die carrière willen maken. Gedrag dat gepast was in je kindertijd, maar nu niet meer, kan ertoe leiden dat je carrière stagneert of zelfs ontspoort. Succes krijg je niet door je te gedragen als een man, zoals sommigen je willen doen geloven, maar door je meer als vrouw te gedragen in plaats van als een meisje. Als je je maar 10 procent van de meer dan driehonderd coachingtips in dit boek toe-eigent, heb je er al profijt van.

Hoe je het meest uit dit boek haalt

In dit boek staan 133 typische fouten die vrouwen op hun werk maken. Hou in gedachten dat de meeste vrouwen niet alle 133 fouten maken – maar meestal wel meer dan één. In mijn praktijk heb ik gemerkt dat hoe meer fouten je maakt, hoe minder kans er is dat je alles uit je carrière haalt wat erin zit. Ik stel voor dat je begint met het zelf-assessment in hoofdstuk 1. Daardoor leer je van welk zelfondermijnende gedrag je het meest last hebt.

Als je het zelf-assessment hebt gedaan, kun je meteen naar de fouten kijken die je zelf het meest maakt. Na elke fout staat wat je er het best tegen kunt doen. Zoals ik al zei, zijn dit tips die ik ook aan mijn cliënten geef, dus ik weet hoe ze werken. Maar net zoals met een dieet werken ze alleen als je er toegewijd en consequent mee bezig bent.

Onder aan de bladzijde met tips kun je aankruisen welke je gaat opvolgen om je gedrag te veranderen. Als je het boek uit hebt, kun je aan de hand van de aangekruiste tips het persoonlijke ontwikkelingsplan invullen. Maak het niet ingewikkelder dan nodig. Kies één tip per week uit en focus daarop. Je zult merken dat je door het focussen in de gaten krijgt hoe en wanneer je jezelf aan het saboteren bent. De volgende stap is het vervangen van dit saboterende gedrag door iets effectievers. Dat kun je. Het is *jouw* keuze. Je hoeft je alleen maar minder te gedragen als het meisje dat je geleerd hebt te zijn, en meer als de vrouw die je kunt worden. Tot slot wil ik je een van mijn favoriete citaten meegeven, die je tijdens het lezen van dit boek in je achterhoofd kunt houden: 'Er is één ding dat je niet moet vergeten. Je bent dapperder dan je gelooft, sterker dan je lijkt en slimmer dan je denkt.' (A.A. Milne)

1
Beginnen

Dit is de eerste coachingtip: niet verder lezen totdat je weet hoe je dit boek het best kunt gebruiken. Anders denk je dat alles evenzeer op jou van toepassing is, terwijl je het misschien al veel beter doet dan je denkt. Je weet hoe wij vrouwen kunnen zijn: kritischer op onszelf dan nodig is en schoorvoetend ten aanzien van het in ontvangst nemen van complimenten. Als ik vrouwen coach, vertel ik ze vaak dat het veranderen van gedrag makkelijker is als ze begrijpen waar iets vandaan komt. Al het gedrag heeft een doel – neem een paar minuten de tijd om te begrijpen welk doel *jouw* gedrag heeft.

Neem nu meteen van me aan dat de carrièrefouten die je maakt niet komen doordat je dom of incompetent bent (ook al willen anderen je dat doen geloven). Je gedraagt je alleen maar zoals je geleerd is. Na de kindertijd vertelt niemand je meer dat je je ook anders kunt gedragen, en dus doen we dat niet. Of het nou komt doordat we ontmoedigd worden, of doordat we niet weten dat er meer opties zijn, we ontwikkelen in ieder geval geen volwassenvrouwengedrag.

Als coach voor mannen en vrouwen in allerlei soorten organisaties overal ter wereld heb ik ontdekt waarom sommigen wel gladjes carrière maken, terwijl anderen blijven hangen en er nooit alles uithalen wat erin zit. Hoewel er genoeg fouten zijn die mannen en vrouwen allebei maken, zijn er ook fouten die vooral door vrouwen gemaakt worden. Of het nou in

Jakarta, Oslo, Praag, Frankfurt, Wellington of Detroit is, het is verbazingwekkend om te zien dat de vrouwen op verschillende plekken dezelfde soort fouten maken. Soms zijn ze geprononceerder in Hongkong dan in Houston, maar in essentie zijn ze hetzelfde. En ik weet dat het fouten zijn, omdat vrouwen na het afleren van dat gedrag ineens een carrière hebben die ze niet voor mogelijk hadden gehouden.

Waarom blijven vrouwen langer in hun meisjestijd hangen dan goed voor ze is? Een reden is dat we hebben geleerd dat meisjesgedrag – zelfs als we volwassen zijn – niet zo slecht is. Meisjes worden verzorgd, jongens niet. Van meisjes wordt niet verwacht dat ze voor zichzelf kunnen zorgen, dat doen anderen voor ze. Meisjes zijn mooie popjes, gemaakt van suikergoed. Wie wil er nou niet zo zijn?

Mensen houden van meisjes. Mannen willen je beschermen. Meisjes zijn knuffelig en lief en ze eisen niet veel. Ze zijn leuk gezelschap – het lijken wel huisdieren.

Het is makkelijker om een meisje te zijn dan een vrouw. Meisjes hoeven geen verantwoordelijkheid voor hun toekomst te nemen. De keuzes zijn beperkt door een klein setje verwachtingen. En dat is nog een reden waarom we vasthouden aan gedrag uit onze kindertijd, ook al weten we dat we erdoor tegengehouden worden: we zijn niet in staat om verder te kijken dan onze kinderneus lang is. Het is gevaarlijk om voorbij de grenzen te gaan die destijds gedefinieerd zijn. Als je dat wel doet, dan vinden mensen dat je je mannelijk of bitcherig gedraagt. Al met al is het makkelijker om je op een sociaal geaccepteerde manier te gedragen.

Het thema dat tijdens interviews het vaakst ter sprake komt, is de mythe dat je een gemeen kreng moet zijn om aan het lieve-meisjessyndroom te ontsnappen. Sommige vrouwen zeiden zelfs dat ze mijn boek hadden gekocht omdat ze dachten dat het tips zou bevatten om je meer als een man te gedragen. Maar daar gaat het niet om. Ik heb het in de afgelopen tien jaar al minstens vijfhonderd keer gezegd: je moet aardig zijn om succes te hebben, maar alleen aardig zijn is niet genoeg. Als je te veel bezig bent met aardig en lief zijn, ontwikkel je andere eigenschappen onvoldoende en kun je nooit op een volwassen manier je doel bereiken. In dit boek leer je hoe je je breder kunt ontwikkelen, zodat je meer kunt dan alleen maar lief en aardig zijn.

Als we ons leven leven op een manier die door anderen is bedacht, dan hebben we een beperkt leven. Wat betekent het nou echt om je leven als meisje te leven? Het betekent dat je je gedrag kiest op grond van wat anderen van je verwachten, in plaats van op grond van wat het beste voor je is. In plaats van een bewust leven heb je een reactief leven. Hoewel we lichamelijk volwassen worden, gebeurt dat emotioneel niet. Daardoor worden we minder geconfronteerd met de problemen van het echte leven, maar zijn we ook niet bij machte ons leven te sturen.

Gemiste kansen bij opdrachten of promoties komen vaak voort uit aarzeling om te laten zien wat je in huis hebt, verlegenheid bij vergaderingen en zó vlijtig werken dat je geen netwerk opbouwt. Zulk gedrag wordt helemaal duidelijk bij workshops waar mannen én vrouwen aan meedoen. Als ik binnen een bedrijf aan de slag ga, kan ik workshops organiseren voor vrouwen alleen, maar ook voor gemengde groepen. Zelfs vrouwen die in een groep vrouwen assertief zijn, worden passief, meegaand en verlegen in een gemengde groep. Zodra er mannen in de buurt zijn, doen we ons dommer voor dan we zijn of proberen we onszelf onzichtbaar te maken om te voorkomen dat we hun woede opwekken.

Voorbeeld: Susan

Laat me een voorbeeld geven van een vrouw met wie ik gewerkt heb, die zich afvroeg waarom ze niet verder kwam. Susan was acquisitiemanager voor een groot oliebedrijf. Ze werkte al meer dan twaalf jaar voor dit bedrijf en was gefrustreerd dat ze niet zo snel carrière maakte als haar mannelijke collega's die tegelijk met haar begonnen waren. Susan dacht dat er discriminatie in het spel was, maar stond er nooit bij stil dat ze zelf ook een rol speelde bij de stagnatie in haar carrière. Voordat Susan en ik begonnen met een-op-een-coaching, mocht ik haar eerst observeren in vergaderingen met haar collega's.

Bij de eerste vergadering zag ik een heel aantrekkelijke vrouw met lang blond haar, een slank figuur en diepblauwe ogen. Ze kwam uit Texas, sprak met een lief zuidelijk accent en hield de hele tijd vriendelijk haar hoofd schuin terwijl ze glimlachend naar anderen luisterde. Het was prettig om met haar in de vergaderzaal te zijn, maar ze deed me denken aan een cheerleader: aantrekkelijk, levendig, warm en ondersteunend. Terwijl anderen spraken, knikte en glimlachte ze. Als ze zelf aan het woord was, gebruikte ze onzekere zinswendingen als: 'Misschien zouden we eens...', 'Misschien komt het doordat...' en 'Wat als we nu eens...'. Vanwege dit gedrag kon niemand Susan ervan beschuldigen mensen te beledigen, maar stond ze ook niet bepaald op de lijst voor een leidinggevende positie.

Na een paar vergaderingen waarin ik haar observeerde kwam Susan bij mij om te praten over haar ambities. Op grond van haar uiterlijk, houding en uitspraken in vergaderingen dacht ik dat ze dertig à vijfendertig was. Ik sloeg achterover toen ze me vertelde dat ze zevenenveertig was en dat ze al zo'n twintig jaar ervaring had in haar vakgebied. Ik had hier geen idee van – en dat gold voor iedereen. Zonder dat ze het doorhad, gedroeg Susan zich als een meisje. Ze had hier zoveel positieve reacties op gekregen dat ze inmiddels geloofde dat het de enige manier was om succesvol te zijn. Ze legde zich neer bij een cliché.

Eerlijkheidshalve moet gezegd worden dat haar gedrag aan het begin van haar carrière wel succes opleverde. Maar verdere doelen konden er niet mee worden bereikt. De leidinggevenden en haar collega's vonden allemaal dat ze heel prettig was om mee samen te werken, maar ze werd niet voorgedragen voor hogere posities of meer in het oog springende projecten. Susan gedroeg zich als een meisje en werd dus ook zo behandeld. Hoewel ze wist dat er iets moest veranderen, had ze geen idee wat.

Uiteindelijk kwam ik erachter dat Susan de jongste van vier kinderen was, en ook het enige meisje in het gezin. Ze was haar vaders oogappeltje en werd beschermd door haar broers. Ze had al vroeg geleerd dat het goed was om een meisje te zijn. En toen Susan opgroeide bleef ze vertrouwen op stereotiep meisjesgedrag om te krijgen wat ze wilde. Ze was het lievelingetje van leraren, het klasgenootje met wie iedereen vrienden wilde worden, en de cheerleader die door iedereen werd aanbeden. Susan wist niet dat ze zich ook anders kon gedragen en dat ze zo meer kans maakte haar droom te verwezenlijken: onderdirecteur worden.

Diep vanbinnen zijn we allemaal meisjes

Susan is een extreem voorbeeld van hoe meisjesgedrag je parten kan spelen, maar de meesten van ons hebben wel een beetje Susan in zich. We gedragen ons op de manier die we vroeger geleerd hebben, en maken daardoor nooit helemaal de transitie van meisje tot vrouw. Als verzorgers, ondersteuners en helpers zijn we meer bezig met wat anderen nodig hebben dan met onszelf. En er zit nog een addertje onder het gras. Als we wél proberen om uit deze rol te breken en ons volwassen te gedragen, dan worden we meestal subtiel – of minder subtiel – op onze plaats gewezen. Opmerkingen als: 'Je ziet er zo schattig uit als je boos bent' en: 'Wat is er? Ben je ongesteld?' of: 'Waarom kun je niet tevreden zijn met wat je hebt?' zijn bedoeld om ons in onze meisjesrol te houden.

Als anderen onze vrouwelijkheid of onze gevoelens in twijfel trekken, is onze instinctieve reactie om ons terug te trekken en er geen punt van te maken. We gaan aan onszelf twijfelen. Als we moeten kiezen tussen vechten of vluchten, dan vluchten we liever. Steeds als we dat doen, zetten we een stapje terug naar onze kindertijd, en trekken we onze eigenwaarde in twijfel. Zo collaboreren we met degenen die ons het liefst als meisjes blijven zien. Dit is ook het punt waarop we zelf verantwoordelijkheid moeten gaan nemen voor ons falen. Eleanor Roosevelt had gelijk toen ze zei: 'Niemand kan je een minderwaardigheidsgevoel geven zonder dat je er zelf mee instemt.' Stop met instemmen. Stop met collaboreren. *Quit bein' a girl!*

Zelf-assessment

Nu is de tijd gekomen om vast te stellen waar je het meest aan moet werken. De lijst op de volgende bladzijden is samengesteld om je te helpen bij het identificeren van de gedragingen die je carrière het meest in de weg zitten. Je zult merken dat er punten zijn die je al verbeterd hebt en die geen obstakel meer vormen. De meeste vrouwen hebben echter wel wat gebieden waaraan gewerkt moet worden. Neem de tijd bij het invullen van de lijst. Als je klaar bent, staan er wat richtlijnen over hoe je je resultaten moet interpreteren. Misschien hoef je niet eens het hele boek te lezen. Stel je voor! Je eerste les is dat je slimmer moet werken, niet harder.

Zelf-assessment

Gebruik onderstaande schaal om aan te geven hoe waar elke zin voor jou is. Wees zo eerlijk mogelijk, en bedenk hoe je je meestal gedraagt, voelt, en hoe je meestal denkt.

1 = zelden waar of ik weet het niet zeker
2 = soms waar
3 = meestal waar
4 = bijna altijd waar

1 ___ Ik weet wat de ongeschreven regels voor succes in mijn bedrijf zijn.
2 ___ Ik bereid me voor op sociale gelegenheden door een lijst met gespreksonderwerpen te maken.
3 ___ Wanneer degenen met een hogere functie onlogische verwachtingen of verzoeken hebben, schroom ik niet om daar iets van te zeggen.
4 ___ Ik kan je binnen dertig seconden vertellen wat ik voor mijn bedrijf beteken.
5 ___ Ik communiceer helder en bondig.
6 ___ Ik benadruk mijn boodschap door te kiezen voor een passend kapsel en passende make-up.
7 ___ Ik plaats online geen negatieve meningen over anderen.
8 ___ Ik gebruik Facebook en/of LinkedIn.
9 ___ Ik wil dat anderen me aardig vinden, maar ik zeg ook wat anderen mogelijk niet willen horen.

10 ___ Als ik te weinig tijd of middelen krijg om een taak te voltooien, onderhandel ik over wat ik nodig heb.
11 ___ Als me wordt gevraagd wat ik doe, leg ik uit wat ik heb bereikt en wat mijn waarde voor het bedrijf is.
12 ___ Ik presenteer mijn ideeën als statements en vermom ze niet als vraag.
13 ___ Mijn non-verbale communicatie verstrekt mijn verbale communicatie.
14 ___ Als iemand me kwetst, leg ik dat naast me neer en ga ik verder.
15 ___ Ik gebruik kantoorpolitiek in mijn voordeel.
16 ___ Ik neem zelden eten mee naar mijn werk om met anderen te delen.
17 ___ Ik richt me meer op toegevoegde waarde dan op alleen maar mijn werk doen.
18 ___ Ik probeer opvallende opdrachten binnen te halen waarmee ik kan laten zien waar mijn talenten liggen.
19 ___ Ik bied zelden mijn excuses aan.
20 ___ Ik kleed me voor de baan die ik wil hebben, niet voor de baan die ik heb.
21 ___ Ik ben er zeker van dat ik even intelligent ben als anderen, of zelfs intelligenter.
22 ___ Ik doe mijn voordeel met mijn contacten.
23 ___ Ik maak geen gewoonte van multitasken.
24 ___ Ik ben een succesvol onderhandelaar.
25 ___ Ik post niets op sociale media wat een toekomstig werkgever beter niet kan zien.
26 ___ Ik spreek langzaam en duidelijk.
27 ___ Ik werk nooit in het openbaar mijn make-up of kapsel bij.
28 ___ Ik ben machtig en krachtig.
29 ___ Ik heb een of meerdere mentoren van wie ik weet dat ze een goed woordje voor me willen doen als zich

functies aandienen waarvoor ik geschikt ben.

30 ___ Als iemand me pest, laat ik diegene weten wat ik daarvan vind.

31 ___ Ik besteed elke week tijd aan het opbouwen en onderhouden van mijn netwerk.

32 ___ Ik kan mezelf goed in de kijker zetten.

33 ___ Anderen noemen me welbespraakt.

34 ___ Ik heb geen zichtbare tatoeages of piercings.

35 ___ Tijdens vergaderingen zeg ik veel en neem ik vaak als eerste het woord.

36 ___ Ik doe mijn best om de behoeften van anderen te begrijpen, zodat ik die beter kan vervullen.

37 ___ Uit de inrichting van mijn werkplek blijkt dat ik professioneel ben.

38 ___ Ik streef niet naar perfectie.

39 ___ Ik vraag regelmatig om feedback die me kan helpen mijn persoonlijke merk te versterken.

40 ___ Ik wissel van communicatiestijl als dat nodig is om anderen te beïnvloeden of om mijn ideeën en voorstellen geaccepteerd te krijgen.

41 ___ Als ik aan de vergadertafel zit, zet ik mijn handen op de tafel en leun ik naar voren.

42 ___ Als anderen zich tegenover mij onprofessioneel gedragen, dan zeg ik daar meteen iets van. Ik hou niets voor me en klaag niet tegen hun vrienden.

43 ___ Ik wacht niet tot ik krijg wat ik wil, nodig heb of verdien. Ik vraag ernaar.

44 ___ Ik stel vragen, ook al ben ik bang dat ik dom klink.

45 ___ Als er iets misgaat, probeer ik niet te hard voor mezelf te zijn.

46 ___ Ik gebruik vergaderingen om mijn persoonlijke merk onder de aandacht te brengen.

47 ___ Ik gebruik bij de presentatie van mijn ideeën invloedrijke, zakelijke taal.

48 ___ Ik weet hoe ik een outfit door middel van accessoires een krachtige uitstraling kan geven.

49 ___ Ik blijf niet malen over kritische feedback.

Zelf-assessmentscores

Stap 1. Schrijf je scores in de tabel hieronder.
Stap 2. Tel je scores per kolom op voor een categorie-score.
Stap 3. Tel je categorie-scores op voor een totaalscore.

Het spel spelen	**Gedrag**	**Denken**	**Jezelf in de markt brengen**	**Uiten**	**Uiterlijk**	**Reageren**	
1.	2.	3.	4.	5.	6.	7.	
8.	9.	10.	11.	12.	13.	14.	
15.	16.	17.	18.	19.	20.	21.	
22.	23.	24.	25.	26.	27.	28.	
29.	30.	31.	32.	33.	34.	35.	
36.	37.	38.	39.	40.	41.	42.	
43.	44.	45.	46.	47.	48.	49.	
Het spel spelen	**Gedrag**	**Denken**	**Jezelf in de markt brengen**	**Uiten**	**Uiterlijk**	**Reageren**	**TOTAAL-SCORE**

Totaalscore van 159-196 of score per categorie van 22-28	Goed bezig! Uit je score blijkt dat je al bijna aan de top zit of hard op weg bent om er te komen. Blijf op het juiste spoor door aandacht te schenken aan de vragen die je met '1' of '2' hebt beantwoord. Vergeet niet om andere vrouwen vooruit te helpen, daar kun je later misschien zelf je voordeel mee doen.
Totaalscore van 110-158 of score per categorie van 14-21	Finetunen, dat moet je doen! Je gedraagt je al regelmatig als een winnende vrouw, maar soms ben je nog iets te veel het lieve meisje. Lees eerst de hoofdstukken die de categorieën behandelen waarin je het laagste scoort. Fris daarna je kennis op met de rest.
Totaalscore van 49-109 of score per categorie van 7-13	Je vraag je af waarom je geen succes hebt, je werkt er immers zo hard voor! Nou, dat komt dus omdat je te veel het lieve meisje uithangt. Je zit duidelijk in de gevarenzone. Dit boek is speciaal voor jou geschreven, dus pak een pen en noteer wat jij van nu af aan anders gaat doen.

Onbewuste competentie

Zie je wel? Je doet het lang niet zo slecht als je dacht. Er is een model dat bij coaching gebruikt wordt waardoor mensen geholpen worden om nieuw gedrag aan te leren. Het heet onbewuste competentie. Het volgende figuur laat zien hoe het werkt.

Onbewuste competentie

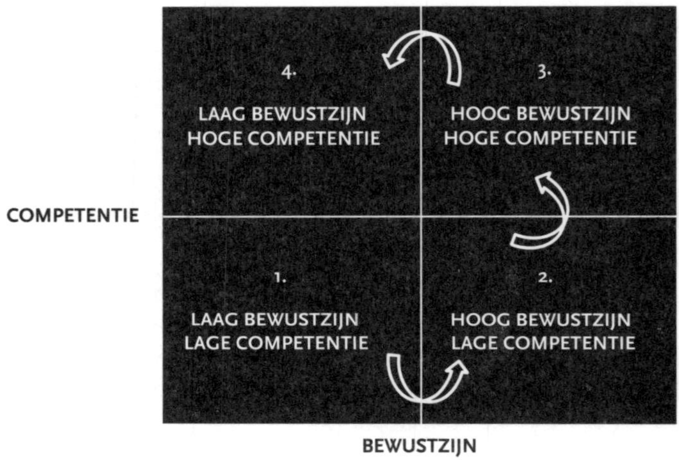

De uitdaging is om van 1 naar 4 te komen, en dat mag wat tijd kosten. Je begint bij 1 – je bent je niet bewust van wat je verkeerd doet, dus je hebt ook geen competentie (lage competentie en laag bewustzijn).

Na het zelf-assessment en het lezen van de fouten die in dit boek besproken worden ben je je meer bewust van je zelfondermijnende gedrag, maar je weet nog niet wat je eraan moet doen. Je bent nu bij 2 – nog steeds een lage competentie maar een hoog bewustzijn.

Door de coachingtips op te volgen die na elke fout beschreven staan, kom je bij de 3 – een hoog bewustzijn en een hoge competentie. Als je ooit aan sport deed of geleerd hebt een instrument te bespelen, dan weet je hoe dit werkt. Je wordt steeds beter in het toepassen van je nieuwe vaardigheden, tot je er helemaal niet meer over nadenkt. Je bent aangeland bij 4 – hoge competentie en laag bewustzijn. Hoewel dit het doel is, moet je niet ontmoedigd raken als het niet altijd vanzelf gaat. Of het nou om golf gaat of om pianospelen, je weet dat je het kunt, als je je maar heel goed concentreert. Dan zit je in 3.

Net als met iedere nieuwe vaardigheid, zul je je er een tijdje verlegen onder voelen. Maar na oefenen en na wat succes ga je de vaardigheid toepassen zonder naar jezelf te kijken. Op sommige gebieden zul je dat nooit bereiken. De manier waarop je het jezelf vroeger geleerd hebt, maakt het moeilijk – nee, zeg maar onmógelijk – om je gedrag zo te veranderen dat je er niet meer over na hoeft te denken. Daar is niets mis mee. Als je bewust en doelgericht bezig bent, is dat ook al goed.

Omgaan met angst

Verandering is eng, zelfs als je daar vaardiger en moediger van wordt. Dat zie ik aan de gezichten van vrouwen en maak ik op uit hun opmerkingen. Veel vrouwen willen nog altijd niet veel weten van empowerment, omdat ze bang zijn dat ze mannelijk, te agressief of te weinig coöperatief over zullen komen. Wanneer ik aan een gezelschap van honderden vrouwen vraag wie zich sterk en machtig voelt, kijken ze doorgaans eerst een beetje naar elkaar. Aarzelend gaan er een paar handen omhoog, en dan nog paar, maar het komt zelden voor dat alle vrouwen hun hand opsteken. Stel dezelfde vraag aan een groep mannen en bijna alle handen schieten omhoog. Het idee dat we er voor anderen zijn, zit zo ingebakken dat we niet eens beseffen dat het ook anders kan.

Het ironische is dat vrouwen zich wel degelijk krachtig gedragen, maar op andere manieren dan mannen. Vertrouwen op je 'meisjesachtige charme' kan heel effectief zijn, maar minder direct en confronterend. Anders gezegd, wij wenden onze invloed minder direct aan dan mannen. We hebben geleerd om niet direct te zijn, omdat het anders lijkt alsof we de macht van mannen afpakken. Dit is de kern van onze problemen bij het verkrijgen van meer invloed en zichtbaarheid binnen een organisatie.

Steeds als een vrouw op een directe manier van zich laat horen, dan zegt ze in feite tegen de mannen in haar leven (haar echtgenoot, haar zoon, haar baas): 'Ik wil dat je iets voor me doet. Ik wil iets voor mezelf. Ik ga ervan uit dat mijn belangen er ook toe doen.' Daarmee voelen we ons schuldig. We verwarren het terugnemen van de controle met iets wegnemen. Het gaat er niet alleen om dat we krijgen wat we nodig hebben, waar we recht op hebben, of wat we willen; we dwingen anderen om ons terug te geven wat wij zelf al zo lang geleden hebben weggegeven. De reacties die we daarop krijgen zijn moeilijk. Anderen zitten er niet op te wachten dat de status quo verandert – zij hebben al alles wat ze nodig hebben, dus waarom zouden ze veranderen?

Weerstand bieden aan verandering is normaal. Je kunt erop wachten. Voor een alcoholist die wil stoppen met drinken lijkt het alsof iedereen samenspant om hem terug te slepen naar het café. Voor een meisje dat vrouw wil worden lijkt het alsof iedereen haar blijft infantiliseren. Hier moet je bij stilstaan als je je doelen wilt bereiken.

Wat moet je als meisje doen?

Hier zijn wat coachingtips – een voorproefje van wat later volgt. Bekijk ze een voor een. Probeer ze niet allemaal tegelijk aan te leren, daar word je alleen maar gefrustreerd van. Kies er een of twee, en ga daarmee aan de slag. Later kun je andere kiezen.

- **Geef jezelf toestemming vrouw te worden.** Dit lijkt een simpel idee, maar het is iets waar velen weerstand aan bieden, vanwege de eerdergenoemde redenen. Hou eens een goed gesprek met jezelf. Zeg tegen jezelf dat je geen toestemming nodig hebt om je doelen te bereiken, maar dat je er recht op hebt. Probeer de volgende mantra: ik heb er recht op dat mijn belangen ook behartigd worden.
- **Stel jezelf voor zoals je zou willen zijn.** Als je het voor je kunt zien, dan kun je het bereiken. Stel jezelf voor in de rol die je wilt hebben. Als het in de mooiste kamer van het kantoorgebouw is, maak het plaatje dan compleet met het bureau en alle dingen die erop staan. Bedenk hoe je je moet gedragen om dit te bereiken. Zorg dat dit beeld bewaarheid wordt.
- **Praat terug tegen het angstige stemmetje in je hoofd.** Dit klinkt misschien heel raar, maar je moet de oude boodschappen vervangen door nieuwe. Als je angstige meisjesstemmetje zegt: *Maar niemand zal me aardig vinden als ik verander*, dan kan je vrouwenstem antwoorden: *Dat is een oude boodschap. Laten we een nieuwe, krachtige boodschap bedenken.*
- **Omhul jezelf met een schild van plexiglas.** Met dit schild kun je alles om je heen zien, maar je kunt niet geraakt worden door de negativiteit van anderen. Ik stelde deze methode voor aan een cliënt, en zij vertelde me later dat ze het een nogal raar idee vond. Tot ze het probeerde – het werkte! In moeilijke situaties stelde ze zichzelf voor dat ze in een bel van plexiglas stond. Ze werd beschermd voor de kleinerende opmerkingen van anderen en hield zo de macht over de situatie, op een volwassen manier.
- **Bepaal wat anderen over je zeggen.** Dit is een oefening die we vaak doen in leiderschapscursussen. De deelnemers moeten in vijfentwintig woorden opschrijven hoe ze door

anderen omschreven willen worden. Daarna moeten ze opschrijven hoe ze zich moeten gedragen om dat te bereiken. Jij kunt hetzelfde doen. Schrijf op wat je wilt dat anderen over je zeggen, en maak dan een lijst van specifieke acties die daarvoor zorgen. Kortom, accepteer de verantwoordelijkheden van de volwassenheid.

- **Herken weerstand en benoem het.** Als je merkt dat je weerstand krijgt van anderen terwijl je directer en krachtiger probeert te worden, herken dan dat hun reacties op jou bedoeld zijn om je op een minder machtige plek te houden. In plaats van je hierbij neer te leggen, moet je erop ingaan. Zeg iets als: 'Het lijkt alsof je het niet eens bent met wat ik zeg. Laat me mijn standpunt uitleggen, en daarna kun jij me misschien vertellen wat je tegenstaat.'
- **Vraag feedback.** Als je twijfelt of je je wel goed gedraagt, vraag dan aan een goede vriend(in) of collega om feedback. Probeer geen ja/nee-vragen te stellen (zoals: 'Denk je dat ik te ver ging?'). Stel open vragen, waardoor je meer inzicht krijgt in hoe je gezien wordt (zoals: 'Vertel me eens wat ik in die vergadering deed dat me hielp of in de weg zat bij het bereiken van mijn doelen.').
- **Streef geen perfectie na.** Zelfs ik gedraag me niet altijd op de manier zoals ik in dit boek beschrijf. Er bestaat nu eenmaal gedrag dat te veel ingaat tegen mijn persoonlijkheid, dat probeer ik niet eens. Ander gedrag probeer ik wel uit, maar daar ben ik gewoon niet goed in. Het belangrijkste is om een paar goede gewoontes te krijgen, waardoor de rest op zijn plaats valt.

Volgende stappen

Zo direct moet je het zelf doen. Ik stel voor dat je begint met het lezen van de twee hoofdstukken die overeenkomen met je laagste scores. Hier heb je de meeste hulp nodig. Niet elke fout in deze hoofdstukken is op jou van toepassing, dus ga niet zover dat je van elke coachingtip een persoonlijk doel maakt. Zet in plaats daarvan een kruisje in het hokje onder aan de bladzijden van de coachingtips die jou het handigst lijken, en werk daaraan. Op die manier heb je het meeste rendement bij het veranderen van je gedrag.

Nadat je de hoofdstukken hebt gelezen die overeenkomen met je laagste scores moet je de fouten in andere hoofdstukken bekijken. Al die 133 fouten worden gemaakt door echte vrouwen. Ik heb ze verzameld bij mijn werk als coach en ik kreeg input van mannen en vrouwen in bedrijven overal ter wereld, en van vrouwen die meededen aan mijn 'Quit bein' a girl'-workshops. Vrouwen die via via hoorden dat ik dit boek aan het schrijven was stuurden zelfs spontane e-mails om hun fouten met andere vrouwen te delen.

Wat de coachingtips betreft, die heb ik al jaren aan vrouwen gegeven en er feedback op gekregen, zodat ik weet dat zelfs kleine veranderingen grote gevolgen kunnen hebben. Andere tips komen van mijn collega's bij Corporate Coaching International die expert zijn op specifieke gebieden zoals communicatie, strategische carrièreplanning, en het combineren van je werk en je privéleven. Ik refereer soms aan boeken. In het laatste hoofdstuk staat een schema voor een persoonlijk ontwikkelingsplan. Als je serieus het beste uit jezelf wilt halen, persoonlijk en professioneel, dan raad ik je aan het schema in te vullen als je het boek uit hebt. Het helpt je om de weg te volgen die je voor jezelf hebt uitgestippeld en om je vooruitgang bij te houden. Nu ben jij aan zet. Ga ervoor!

2
Hoe je het spel speelt

Kort na de sluitingsceremonie van de Olympische Spelen zei ik tegen de vriendin met wie ik had zitten kijken dat ik het zo leuk vond om te zien dat sporters na jaren hard werken hun doel hadden bereikt. Zij vond het echter maar niks dat er voortdurend op werd gehamerd hoeveel medailles een land al had gewonnen. 'Het zijn de Olympische Spelen!' riep ik vol ongeloof uit. 'Het draait om winnen!'

Een paar dagen later speelde ik een potje scrabble op internet. Mijn tegenstander had twee bingo's (bij een bingo gebruik je al je letters om bonuspunten te winnen) op een rij, wat nogal ongebruikelijk is op het niveau waarop ik speel. *Sorry!* typte mijn tegenstander. *Mag ik vragen of je een man of een vrouw bent?* typte ik meteen terug. Het antwoord verbaasde me niet, natuurlijk was het een vrouw. Ik ben nog nooit een man tegengekomen die zijn excuses aanbiedt omdat hij eerlijk heeft gewonnen.

Veel vrouwen, vooral diegenen die opgroeiden in de jaren vijftig en zestig, hebben nooit de kans gehad om aan een competitieve sport te doen. Nog maar kortgeleden waren er bijna geen vrouwen in het leger, op militaire academies, of op andere plekken waar van ons verwacht werd dat we probeerden te winnen. Daarom weten we niet hoe we het spel moeten spelen, laat staan hoe we de regels van het spel naar onze hand kunnen zetten (dit komt later in dit hoofdstuk aan bod). Nog erger is het dat veel vrouwen het idee van 'werken zien als een spel' onplezierig en onbehoorlijk vinden en het kost wat kost willen vermijden.

Laten we beginnen met de belangrijkste les: werken *is* een spel en je kunt het winnen. Sterker nog, vrouwen zijn ervoor gemaakt. De helft van mijn tijd werk ik met mannen, die moeten leren om zich vrouwelijker te gedragen. Natuurlijk breng ik het niet letterlijk zo, anders zou ik failliet gaan. Ik heb de term 'feminisering van leiderschap' bedacht voor het fenomeen dat werknemers tegenwoordig positiever reageren op kenmerkend vrouwelijk gedrag dan op mannelijk gedrag. Ik vertel mannen over het belang van luisteren, samenwerken en motiveren en leg uit dat ze hun werknemers vooral als mens moeten zien. Dergelijke eigenschappen zijn allemaal onderdeel van het EQ (emotioneel quotiënt), en zonder een goed EQ kun je succes op je werk wel vergeten. Er is aangetoond dat vrouwen op vier van de vijf aspecten van het EQ hoger scoren dan mannen, en dan gaat het om zelfkennis, zelfregulering, empathie en sociale vaardigheden. Wat betreft de vijfde factor, zelfmotivatie, scoren mannen en vrouwen gelijk. Het doet er niet toe of het een aangeboren talent is of dat vrouwen deze eigenschappen aangeleerd kregen en ze hebben kunnen verfijnen. Als je op je werk wilt winnen, moet je zorgen voor een goed ontwikkeld EQ en dat over de hele breedte inzetten.

Vrouwen zijn alleen minder goed dan mannen in het aanvoelen van denkbeeldige grenzen en ongeschreven wetten. Van alle coachingtips in dit boek zijn dit de moeilijkste. Veel van de suggesties gaan in tegen alles wat we als kind hebben geleerd. Geef niet toe aan de neiging om de moeilijke dingen over te slaan. Als je het spel niet speelt, kun je ook niet winnen.

FOUT 1
Doen alsof het geen spel is

Dat is wat je werk is: een spel. Er zijn regels, grenzen, winnaars en verliezers. Vrouwen benaderen hun werk eerder als een evenement (een picknick, een concert, een benefietbijeenkomst) waarbij iedereen samenkomt om fijn samen te spelen. In ons verlangen win-winsituaties te creëren, scheppen we juist win-verliessituaties, waarbij *wij* de verliezers zijn. Het spel spelen betekent niet dat je eropuit bent om anderen te laten falen, maar er is wel een competitie gaande. Je moet je bewust zijn van de regels en je moet strategieën ontwikkelen om ze voor jou te laten werken.

Tijdens een softbalwedstrijd tussen twee universitaire damesteams gebeurde er iets wat een fraaie illustratie is van dit bij uitstek vrouwelijke fenomeen. Het liep al tegen het einde van het seizoen en een laatstejaars, die tijdens haar hele studie nog nooit een homerun had geslagen, sloeg de bal ver buiten het veld. Op weg naar het eerste honk scheurde ze een pees en kon ze verder rennen wel vergeten. De speelsters van het andere team, die haar situatie kenden, wilden haar niet van haar allerlaatste kans op een homerun beroven en droegen haar het veld rond, van honk naar honk, zodat ze toch officieel een homerun 'liep'. Heb je ooit iets dergelijks over een team van mannen gehoord? Nee, hè? Zoals een man met een hoge functie bij Nestlé ooit tegen me zei: 'Als een goede vriend van je wint, ga je als man vanbinnen een klein beetje dood.'

Ik vond het een ontzettend sympathiek gebaar van het team – en gezien de omstandigheden misschien wel het enige juiste – maar vrouwen moeten ook begrijpen dat spelen om te winnen belangrijker kan zijn dan aardig zijn en de behoeften van anderen boven die van jezelf stellen. Je moet weten wanneer je moet samenwerken voor de beste resultaten en wanneer je je alleen op winnen moet richten. Als je dat verschil kent, kun je van lief meisje veranderen in een vrouw die wint.

Barbara is een voorbeeld van een vrouw die het spel niet begreep. Ze werkte heel lang als marketingdirecteur in de bankwereld. Ze kwam op het punt in haar carrière dat ze door verschillende bedrijven werd gevraagd voor seniorfuncties. Ze koos er een uit en werd onderdirecteur bij een chemisch bedrijf. Toen ze bij mij kwam voor coaching snapte ze niet waarom het niet goed ging in haar nieuwe baan. Alles wat had gewerkt in de bankwereld, mislukte bij het chemisch bedrijf. Haar vriendelijke en relaxte manier van managen en met anderen omgaan werd nu gezien als een teken van zwakte en besluiteloosheid. Ze begreep niet dat ze aan een nieuw spel meedeed, en Barbara bleef dus het oude spel met de oude regels spelen, en ineens was er voor het eerst in haar carrière de kans dat ze zou falen.

Niet alleen is je werk een spel, maar de regels verschillen van organisatie tot organisatie en van afdeling tot afdeling. Iets wat werkt bij één baas hoeft niet te werken bij een andere. Om het spel te winnen moet je de bal in de gaten houden.

COACHINGTIPS

- Leer schaken. Daar word je strategischer van.
- Maak een lijst van de regels die gelden op jouw kantoor. Denk eraan dat dat meestal de onuitgesproken verwachtingen zijn die heersen voor de *high potentials*. Misschien kun je de lijst niet zo opstellen; dan moet je interacties, memo's en vergaderingen anders observeren dan je voorheen deed. Voorbeelden van regels zijn: wees het niet oneens met de baas, iedereen werkt over, vriendelijk zijn is belangrijker dan gelijk hebben, deadlines moeten altijd gehaald worden, budgetoverschrijdingen zijn uitgesloten, de klant is koning, enzovoort. Terwijl je je lijst maakt kun je alvast beginnen met het vergelijken van je eigen gedrag en de verwachtingen.
- Zoek een mentor: iemand die succesvol is in het spel en met wie je de regels in je organisatie openlijk kunt bespreken.
- Als je niet al aan een sport doet, begin er dan mee. Het maakt niet uit of het tennis, softball of golf is. Sporten helpt je om de taal van het spel te leren.

ACTIEPUNT VOOR MIJ ☐

FOUT 2

Het spel veilig en binnen de regels spelen

Ik ben een enthousiaste, maar matige tennisster en ik sloeg de bal nooit te hard; dan zou ik het punt kunnen mislopen. Omdat ik veilig wilde spelen, perkte ik mijn speelveld in. Na een tijdje kwam ik erachter dat ik nooit zou winnen als ik zo speelde. Ik moest leren om de bal naar de randen van het veld te slaan. Net binnen de lijnen, maar niet erover, dan maakte ik kans om te winnen. Dus begon ik met meer risico te spelen, en inderdaad won ik toen vaker.

Ik gebruikte deze analogie een keer bij een cliënt die pas tot supervisor was gepromoveerd en als feedback kreeg dat ze niet 'proactief' genoeg was. Hoe kunnen ze me nou niet proactief genoeg vinden, vroeg ze zich af, terwijl ik alles doe wat ik moet doen, zonder dat iemand het me hoeft te vragen? Alles doen wat je moet doen is niet proactief. Het is alleen maar doen wat van je verwacht wordt. In haar nieuwe functie verwachtte het management dat ze meer verantwoordelijkheid op zich nam en zelfstandig knopen doorhakte. Toen ik dit tegen haar zei, antwoordde ze dat ze haar krediet niet wilde verspelen. Daarom overlegde ze alle belangrijke beslissingen eerst met haar baas.

Ik vroeg de vrouw of ze tenniste, en dat deed ze gelukkig. Met de tennisanalogie begreep ze meteen waar ik heen wilde. Ze begreep dat ze niet de hele tennisbaan aan het gebruiken was. Door voor het management in te vullen wat ze wel en niet mocht perkte ze zichzelf in. In plaats van te riskeren de bal buiten de lijnen te slaan deed ze alleen die dingen waarvan ze zeker wist dat de bal op de baan zou blijven. Dat was niet genoeg voor haar manager, die wilde dat ze doordachte risico's nam en verderging dan het strikt noodzakelijke.

Dit fenomeen is alomtegenwoordig op elk kantoor. Zelfs de vrouw die weet dat ze een spel aan het spelen is heeft de neiging het spel te veilig te spelen in plaats van slim. Ze volgt alle regels precies en verwacht van anderen hetzelfde. Als iets niet mag, dan gebeurt het niet. Je moet natuurlijk niet onethisch te werk gaan, maar het *is* een spel, en je wilt het winnen. Daar heb je het hele speelveld voor nodig.

In het geval van mijn cliënt vroeg ze aan haar manager om duidelijker te definiëren wat ze wel en niet mocht; op die manier voelde ze zich zekerder bij het nemen van risico's. Haar manager belde me een paar weken later en terwijl we het over andere dingen hadden liet hij vallen dat mijn cliënt nu meer initiatief toonde en haar targets haalde.

COACHINGTIPS

- Speel het spel volgens de regels, maar blijf niet te ver binnen de lijnen.
- Schrijf twee regels op die je strikt neemt en altijd opvolgt. Zijn er anderen die deze regels losser interpreteren? Wat is er met deze mensen gebeurd? Als dat niet zoveel is, neem dan zelf ook het risico om de regels een beetje te overschrijden door ze wat losser op te vatten.
- Als je niet zeker weet of iets eerlijk is, moet je het toch doen. Als je niet zeker weet of iets ethisch is, moet je het eerst vragen.
- Als je tot de orde geroepen wordt, neem het dan niet te serieus op en ga al helemaal niet terug naar je veilige speelstijl. Zie het als een mogelijkheid om te leren waar de grens ligt en hoe je in de buurt van de grens moet spelen.

ACTIEPUNT VOOR MIJ ☐

FOUT 3

Denken dat regels, grenzen en strategieën voor iedereen hetzelfde zijn

Tijdens mijn lezingen en presentaties is dit veruit het controversieelste onderwerp dat ter sprake komt. Ik heb het met opzet niet in de eerste editie van dit boek opgenomen, omdat ik niet zeker wist hoe het bij mijn lezers zou vallen. Inmiddels heb ik zoveel positieve feedback ontvangen van de groepen voor wie ik heb gesproken (plus enige kritiek van degenen die het erg oneerlijk vonden), dat ik het gevoel heb dat ik een grote fout maak als ik het onderwerp oversla.

Mannen en vrouwen kunnen iets op de precies dezelfde manier zeggen en toch als respectievelijk 'assertief' en 'een kreng' worden gezien. Dat komt doordat de regels, grenzen en strategieën voor mannen anders zijn dan voor vrouwen, en ook anders voor witte mensen dan voor mensen met een kleur. Ik vind dat niet eerlijk en niet juist, maar het verklaart wel waarom mensen op hun werk verschillend worden behandeld en beoordeeld. Om deze verschillen goed te kunnen begrijpen, kan het speelvelddiagram een nuttig hulpmiddel zijn.

Laten we assertiviteit als voorbeeld nemen. Uit de illustratie op pagina 49 blijkt dat er wat dit betreft voor mannen vrijwel geen grenzen zijn. Hoe assertiever, directer en meer rechtdoorzee ze zijn, hoe beter. En kijk nu eens op pagina 50 hoe dat speelveld er voor vrouwen uitziet.

Zie je dat er grenzen zijn verschenen die het veld kleiner maken? En als die grenzen (te) dicht bij elkaar zitten, schiet je er zo overheen. Zelfs als vrouwen zich aan dezelfde regels houden als mannen hoeven ze niet te denken dat ze kunnen winnen. We leven namelijk, terecht of niet, in een maatschappij die niet wil dat een vrouw zich als een man gedraagt, of andersom. Net zoals keiharde zakenmannen niet geacht worden in huilen uit te barsten als hun aandelen zakken, zo worden vrouwen niet geacht om zich als mannen te gedragen. Zodra vrouwen de grenzen van assertiviteit overschrijden die binnen hun bedrijfscultuur gebruikelijk zijn, lopen ze het risico om op het matje te worden geroepen of krijgen ze van alles naar hun hoofd geslingerd.

Het speelveld van de assertiviteit voor mannen

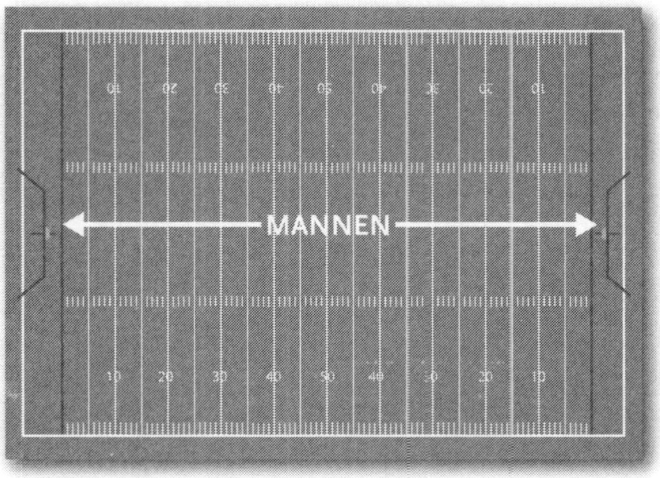

Laten we ten slotte eens kijken naar het speelveld voor vrouwen met een kleur, op pagina 51. Hier liggen de grenzen nog dichter op elkaar! Als witte vrouw kan ik dingen assertiever verwoorden dan een vrouw met een kleur, die eerder op haar vingers wordt getikt. Wanneer vrouwen met een kleur, zeker zwarte, zich assertief opstellen, krijgen ze al snel het verwijt dat ze 'kwaad' zijn. De culturele achtergrond die nodig is om hun woorden in de juiste context te plaatsen (zwarte vrouwen kennen sterkere vrouwelijke rolmodellen en zijn gewend om op luidere toon te communiceren) wordt steevast genegeerd en ze krijgen etiketten opgeplakt die ervoor zorgen dat ze zich voortaan wel twee keer bedenken voordat ze hun mond opendoen – en wie weet was dat het hele doel van de kritiek.

Het speelveld van de assertiviteit voor vrouwen

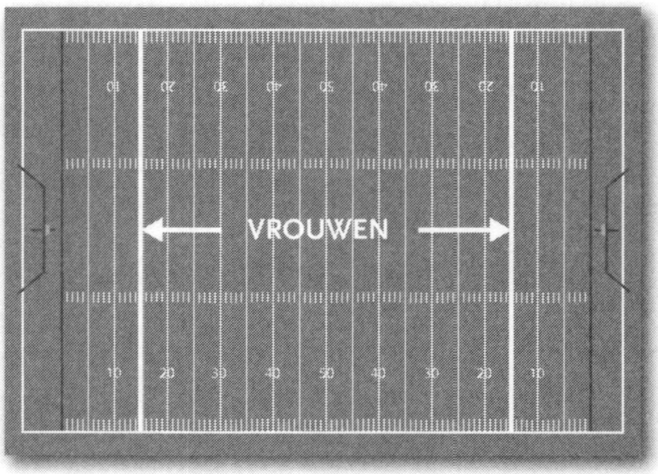

Renata was zo'n vrouw. Een intelligente, harde werker, goed van de tongriem gesneden en verantwoordelijk voor de communicatie bij een internationale firma in dameskleding. Als ze een man was geweest, had iedereen haar benijd. Maar omdat ze een zwarte vrouw was, was iedereen bang voor haar. Ze beschreven haar uiterst vaag als ‘capabel, maar niet in lijn met de bedrijfscultuur’. Dat is doorgaans codetaal voor ‘ze gaat te ver’.

Zelf mocht ik Renata wel. Ik zag dat ze heel veel voor haar werkgever kon betekenen, maar haar speelveld was zo klein dat ze zich moest oprollen om erin te passen. Dit was een van die ongelukkige gevallen waarbij ik weinig voor iemand kon doen. De bedrijfscultuur moest veranderen, niet zij, maar aangezien dat nooit zou gebeuren moest zij water bij de wijn doen. Dat wilde ze niet. Ze bleef zich gedragen en uiten op manieren die het best bij haar pasten, maar niet bij degenen om haar heen. Ik had graag een groter speelveld voor haar gevonden waar ze zichzelf kon zijn en gewaardeerd zou worden, maar haar weigering om te veranderen leidde uiteindelijk tot haar ontslag.

Het speelveld van de assertiviteit voor vrouwen met een kleur

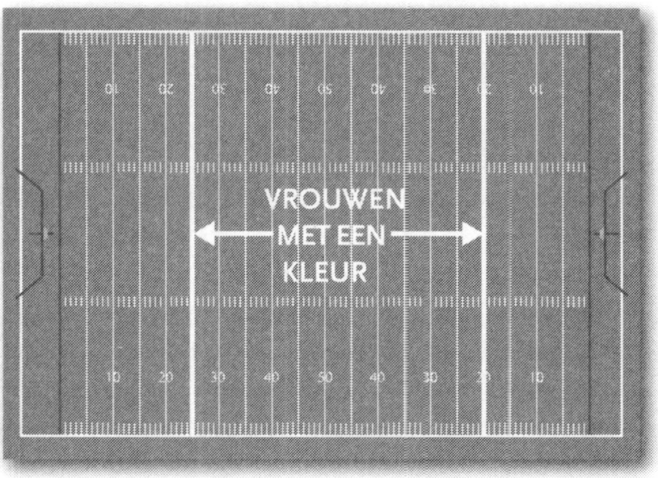

Er is nog een ander aspect dat we niet mogen vergeten: regels, grenzen en strategieën zijn niet alleen anders voor vrouwen en mensen met een kleur, maar verschillen ook van bedrijf tot bedrijf. Wat je op het ene kantoor of onder een bepaalde baas succesvol maakt, kan bij een ander bedrijf, onder een andere baas, minder goed uitpakken. Elke bedrijfscultuur heeft wat dat betreft eigen regels.

Laatst besprak ik het speelveld met een groep vrouwen die werken voor een bedrijf dat door Defensie wordt ingehuurd. Deze keer gebruikte ik creativiteit in plaats van assertiviteit als voorbeeld. Ik legde uit dat er in de entertainmentindustrie wat creativiteit betreft vrijwel geen grenzen bestaan, maar dat de defensie-industrie die grenzen juist vrij scherp trekt en dat afwijkende ideeën daar doorgaans niet met gejuich worden begroet. Een van de vrouwen stak haar hand op en zei: 'Dat verklaart alles.' Het bleek dat ze onlangs bij het bedrijf was komen werken en daarvoor in de filmwereld had gewerkt. 'Bij mijn vorige baas kon ik niets fout doen,' zei ze, 'en hier doe ik niets goed.'

COACHINGTIPS

- Bepaal hoe groot het speelveld in jouw organisatie is en welk gedrag wel en niet door de beugel kan. Als je weet waar de grenzen liggen en wat de regels zijn, kun je het veld succesvol tot aan de lijntjes bespelen, zonder eroverheen te gaan.
- Denk goed na over wat je tegenhoudt: jijzelf of de omvang van het veld. Soms krijgen we feedback die voor elk veld zou gelden. Die kun je maar beter ter harte nemen. Als je van al je werkgevers te horen hebt gekregen dat je niet duidelijk genoeg communiceert, is het tijd om daar iets aan te

doen. Op andere momenten is de feedback uniek voor de situatie of het bedrijf.

- Besef dat de kans erg klein is dat je het speelveld aan jouw behoeften kunt aanpassen. Als je het spel op de lijn speelt, kan dat wellicht helpen om de grenzen op te rekken, maar als je te vaak buitenspel staat, kun je beter op zoek gaan naar een nieuwe baan.
- Als je voor een nieuw bedrijf of een nieuwe baas gaat werken, moet je niet te veel vertrouwen op eigenschappen die je vroeger waardevol maakten. Het kan zijn dat die hier niet werken. Vind je de overgang een erg grote uitdaging? Kijk dan eerst een tijdje hoe de winnaars in het bedrijf het speelveld gebruiken. Wie weet kun je een paar van hun gewoonten overnemen.
- Ben je manager of eigenaar van een bedrijf? Probeer het speelveld dan voor iedereen zo gelijk mogelijk te maken. Vermijd stereotiepe vooroordelen, zet proactief in op diversiteit en maak duidelijk dat iedereen elkaar gelijkwaardig en rechtvaardig dient te behandelen.

ACTIEPUNT VOOR MIJ ☐

FOUT 4
Je zwangerschap verzwijgen

Het hoort een van de gelukkigste momenten van je leven te zijn, maar je baas vertellen dat je zwanger bent is behoorlijk eng. Je piekert je suf over het juiste moment en de juiste woorden en bent bang dat hij of zij je anders gaat behandelen. Je probeert het te verbergen, te vermijden of te bagatelliseren, terwijl je eigenlijk van de daken wilt schreeuwen dat je hartstikke blij bent dat je een kindje krijgt.

Veel deskundigen vinden dat je je zwangerschap zo lang mogelijk voor je moet houden, maar daar ben ik het niet mee eens. Mannen houden de aanstaande geboorte van hun kinderen ook niet geheim (althans niet bewust), dus dat hoef jij ook niet te doen. Het grote verschil is natuurlijk dat iedereen denkt dat de prestaties van een vrouw onder het moederschap zullen lijden en dat vaders daar niet bang voor hoeven zijn. Het is zaak om, net als bij alle andere aspecten van je carrière, deze kwestie strategisch aan te pakken.

Marissa Mayer zorgde voor nogal wat opschudding toen ze, op dezelfde dag dat bekend werd gemaakt dat ze de nieuwe CEO van Yahoo was, meldde dat ze zes maanden zwanger was. Ik twijfel er niet aan dat ze de raad van bestuur heeft ingelicht voordat ze ja zei tegen die baan en ik twijfel er evenmin aan dat ze hun duidelijk heeft gemaakt dat ze de uitdaging aan kon, zwanger of niet. Dat ze ondanks haar zwangerschap een hogere functie kreeg, werd gezien als winst voor vrouwen op de werkvloer in het algemeen. Maar zo simpel lag het niet.

Een situatie die vaak met die van Mayer is vergeleken, is

die van Jennifer Christiansen, hoofd consumentenmarketing bij farmaciereus Bayer (een cliënt van me en in mijn ogen een uitstekende werkgever voor vrouwen). Er was echter een groot verschil: Christiansen wilde na haar bevalling graag deelnemen aan een programma waarbij meerdere werknemers één functie vervulden en de baan dus deelden. Hoewel ze tot dan toe een voorbeeldige werkneemster was geweest, weigerde haar baas mee te werken en zei hij naar verluidt zelfs dat hij beter 'geen vrouwen in de vruchtbare leeftijd' meer kon inhuren. Christiansen werd tijdens haar zwangerschapsverlof ontslagen en is nu een van de partijen in een rechtszaak tegen het bedrijf die mogelijk tot een schadevergoeding van honderd miljoen dollar kan leiden.

Het is duidelijk, een werkende vrouw die zwanger wordt zit behoorlijk klem. Als je uit angst voor de reactie van anderen niet durft te zeggen dat je in verwachting bent, lijkt het alsof je dingen voor je houdt. Heb je je zwangerschap eenmaal gemeld, dan vragen collega's zich misschien af of je je na de bevalling nog 100 procent kunt inzetten. Volgens mij geeft een werkgever maar om één ding: dat het werk goed wordt gedaan. Mayer beschouwde haar zwangerschap als totaal onbelangrijk, Christiansen vroeg om flexibele werktijden, maar wat het beleid op jouw kantoor ook is, je komt een stuk zelfverzekerder en doortastender over als je al vroeg open kaart speelt en duidelijk maakt dat je werk er niet onder zal lijden.

Werkende moeders doen er ook goed aan om te kijken hoe hun bedrijf omgaat met flexibele werktijden en thuiswerken. Ooit vroeg ik een vrouw die voor een uitgeverij werkte (een sector waar vrouwen in de meerderheid zijn) of ze na de geboorte van haar derde kind voor flexibele werktijden koos. 'O nee,' zei ze meteen, 'dat is de doodsteek voor mijn carrière.' Daarna stelde ik die vraag aan meer vrouwen, die me allemaal hetzelfde antwoord gaven. Ze kiezen bewust voor een strategie die me heel verstandig lijkt: alleen als het echt niet anders kan, werken ze thuis of nemen ze een vrije dag. De vrouwen zeiden het niet met zoveel woorden, maar als je regelmatig om flexibele werktijden vraagt, wek je de indruk dat je er niet helemaal 100 procent voor gaat – en dat geldt voor mannen net zo goed als voor vrouwen.

Om kwade brieven en mailtjes voor te zijn wil ik duidelijk maken dat ik een groot voorstander ben van oplossingen die het vrouwen mogelijk maken om werk en zorg te combineren. Het is niet eerlijk dat vrouwen een groter deel van de last moeten dragen. Slimme bedrijven die hun getalenteerde vrouwen graag willen behouden bedenken de nodige oplossingen, en ook de politiek werkt mee door bijvoorbeeld partnerverlof op de agenda te zetten.

Toch blijft zwangerschap een heet hangijzer: toen Marissa Mayer kort na het aanvaarden van de positie van CEO meldde dat thuiswerken werd afgeschaft, werd ze ervan beschuldigd een seksist te zijn die geen oog had voor vrouwen in lagere functies, die minder middelen tot hun beschikking hebben. Ik ben het niet met die critici eens. Mayer verdedigde haar besluit door erop te wijzen dat mensen creatiever en innovatiever zijn als ze samenwerken, en dat doe je het beste op kantoor. Ze nam een zakelijke beslissing, gebaseerd op wat het beste was voor het bedrijf.

COACHINGTIPS

- Meld je zwangerschap wanneer *jij* er klaar voor bent. Dat hoeft niet meteen nadat je arts heeft bevestigd dat je in verwachting bent. Je hebt recht op je privacy. Kies het moment dat voor jou en je partner het prettigst voelt.

- Maak daarbij ook meteen duidelijk wat je baas tijdens en na de zwangerschap van jou mag verwachten. Communiceer helder en laat er geen misverstand over bestaan dat je op hetzelfde niveau zult blijven functioneren, dat je je afwezigheid goed zult voorbereiden om te voorkomen dat er taken blijven liggen, en dat je bij terugkeer al je verplichtingen op je kunt nemen.
- Behandel alle kwesties die met je zwangerschap te maken hebben, van misselijkheid tot doktersafspraken, op dezelfde manier als andere persoonlijke dingen en bekijk ze per geval. Als je een keer verzuimt, hoef je niet in geuren en kleuren uit te leggen wat de reden was. Meld degene die het aangaat dat je vandaag wat later of helemaal niet komt en maak duidelijk dat je projecten op tijd af zullen komen.
- Geef jezelf toestemming om van gedachten te veranderen. Marissa Mayer ging na de geboorte van haar zoon op de oude voet verder, maar als jij op een bepaald moment merkt dat je om gezondheids- of persoonlijke redenen niet langer de werklast of werkuren van vroeger aankunt, kies dan voor jezelf. Wees duidelijk over je prioriteiten en richt je leven zo in dat je die prioriteiten de aandacht kunt geven die ze verdienen. Dit is jouw leven, niet dat van een ander. Een gezin stichten kan je ideeën over het belang van werk of familie ingrijpend veranderen. Je bent niet meer of minder vrouw omdat je ervoor kiest om bepaalde zaken voorrang te geven.

ACTIEPUNT VOOR MIJ ☐

FOUT 5
Sociale media negeren

Domweg achter de kudde aansjokken wordt doorgaans als iets negatiefs gezien, maar in het geval van sociale media kun je niet anders dan erin meegaan. Ja, sociale media hebben nadelen en ja, ik heb belangrijker dingen te doen dan Facebook checken om te kijken waar vrienden hebben geluncht, maar zelfs een luddiet (dat woord moest ik ook opzoeken toen een technofiele vriend me zo noemde!) als ik weet dat sociale media in onze tijd dé manier zijn om op de hoogte te blijven en dat ze, mits verstandig gebruikt, heel veel voordelen hebben. Zoals:

- Je maakt duidelijk dat je in de eenentwintigste eeuw leeft.
- Je kunt jezelf in de markt zetten.
- Je kunt mijn belangrijkste regel voor succes toepassen: bouw zoveel mogelijk sterke relaties op.
- Je krijgt inzicht in waar de concurrentie mee bezig is.
- Je hebt ruimte om ideeën uit te wisselen en om meningen te vragen.
- Je kunt je geloofwaardigheid als deskundige vergroten.
- Je kunt op een leuke en efficiënte manier contact houden met collega's.

Het sleutelwoord hier is 'verstandig', maar helaas beseffen veel vrouwen niet dat ze door bepaalde uitingen op Facebook, LinkedIn en Twitter hun goede naam ook kunnen schaden. Ik ga hier bij fout 70 en 71 dieper op in, maar voor nu hoef je maar één ding te weten: als je nog niet op sociale media zit, maakt dan als de wiedeweerga een profiel aan.

COACHINGTIPS

- Neem een Facebookpagina en gebruik die uitsluitend zakelijk. Verderop lees je hoe je het maximale uit zo'n pagina kunt halen en de valkuilen van sociale media kunt vermijden.
- Neem een account op LinkedIn, het netwerk voor professionals. Hier ben je beperkt in wat je kunt posten en met wie je kunt communiceren (en wie er contact met jou kan opnemen). Deze site is bedoeld om je professionele kwaliteiten onder de aandacht te brengen en stelt je in staat om te communiceren met mensen met wie je collega's gemeen hebt.
- Maak een persoonlijke website. Het is een goedkope manier om jezelf als merk te profileren en volledige controle over de inhoud te hebben (al heb je geen controle over wie je site bezoekt). Kijk op Weebly.com/nl voor goedkope opties voor websites en blogs.

ACTIEPUNT VOOR MIJ ☐

FOUT 6

Het belang van mentoren en sponsoren onderschatten

In september 2010 verscheen er in *Harvard Business Review* een artikel van Herminia Ibarra, Nancy M. Carter en Christine Silva met als onderwerp: waarom mannen nog altijd vaker promotie maken dan vrouwen. De auteurs hadden tijdens hun onderzoek ontdekt dat vrouwen minder vaak doorstomen naar de top omdat ze doorgaans geen mentor hebben die als kruiwagen kan dienen. Volgens het artikel bestaat er

> 'een bijzonder soort relatie, sponsorschap genoemd, waarin de mentor niet alleen feedback of advies geeft, maar ook zijn of haar invloed bij het hogere kader aanwendt om de protegé vooruit te helpen. Uit onze interviews en enquêtes blijkt dat vrouwen met potentie in vergelijking met mannen in dezelfde positie vaker een mentor, maar minder vaak een sponsor hebben – en dat ze binnen hun organisatie dus niet vooruitkomen. Zonder sponsorschap hebben vrouwen niet alleen minder kans op een topfunctie, maar durven ze die ook minder snel na te streven.'

Het verschil tussen een mentor en een sponsor is de mate van actieve betrokkenheid bij het vooruithelpen van jouw carrière. Mentoren bieden advies en goede raad waardoor je in je loopbaan, je vakgebied en je bedrijf kunt groeien. Sponsoren doen een goed woordje voor je (ook als je er zelf niet bij bent), stellen je voor aan mensen die je kunnen helpen (en vice versa) en zetten je op de radar van degenen die je carrière een zetje kunnen geven.

Een mentor kan je de regels van het spel leren en je laten zien waar de grenzen van het speelveld liggen, maar veel vrouwen durven niet goed om de hulp van een mentor te vragen. Ze zijn bang om lastig gevonden te worden, denken dat ze een potentiële mentor niet goed genoeg kennen of weten niet wie ze als mentor moeten vragen. De volgende tips kunnen je helpen om deze en andere hindernissen te overwinnen en vergroten je kans op zowel een mentorschap als een sponsorschap.

COACHINGTIPS

- Zoek uit of jouw bedrijf een officieel of informeel mentorprogramma heeft. Zo ja, dan is dat de plek waar je een mogelijke mentor kunt vinden. Het is geen slecht idee om zowel een mannelijke als vrouwelijke mentor te hebben; beiden brengen eigen ervaringen mee die het speelveld van jouw bedrijf kunnen verduidelijken.
- Is een dergelijk programma niet aanwezig, kijk dan eens naar de randen van het speelveld. Hier spelen de winnaars. Kies er een paar uit voor wie je bewondering hebt en vraag of ze bereid zijn om een elke maand een half uur tot een uur (of een kwartier, als het niet anders kan) jouw vragen over werk en carrière te beantwoorden. Wees duidelijk over de hoeveelheid tijd die je nodig hebt, anders zijn ze misschien bang dat het te veel van hun tijd kost. Zeg ook dat jij de afspraak regelt en de agenda vaststelt. Hoe gemakkelijker je het voor hen maakt, des te groter de kans dat ze ja zeggen.

- Vraag mensen in bepaalde posities om hulp als het om specifieke situaties gaat. Dit kunnen je mentors zijn, maar ook anderen die bekend zijn met je positie en je van goede raad kunnen voorzien of je zichtbaarheid kunnen vergroten. Bij 'specifieke situaties' kun je denken aan iemand die een goed woordje voor je doet als een bepaalde kans zich voordoet. Vraag bijvoorbeeld of ze een aanbevelingsbrief willen schrijven als je in de race bent voor een promotie, of dat ze willen voordragen voor een commissie waarin je zeker de aandacht van het hogere kader zult trekken. Hoe preciezer je vraag, des te groter de kans dat je 'ja' te horen krijgt.
- Sluit je aan bij een groep in jouw bedrijf. Veel firma's hebben groepen voor werknemers die vergelijkbare uitdagingen kennen en daar steun kunnen vinden. Kijk of jouw bedrijf een dergelijke groep heeft voor vrouwen (en/of voor mensen met een kleur) en zo ja, word lid. Daar vind je vaak vrouwen in hogere posities die bereid zijn jongere vrouwen of vrouwen in lagere functies onder hun hoede te nemen. Dat maakt vragen om een mentor een stuk minder eng.
- Raadpleeg voor meer informatie Kenneth Blanchard en Claire Diaz-Ortiz' *De One Minute Mentor – Mentoring als geheim ingrediënt voor succes*, Boom Uitgevers, 2017, of Julie Starrs *Praktijkboek voor mentoren – Succesvol begeleiden in organisaties*, Boom Uitgevers, 2016.

ACTIEPUNT VOOR MIJ ☐

FOUT 7

Hard werken

Vaak wordt gezegd dat vrouwen twee keer zo hard moeten werken om er de helft van de waardering voor te krijgen. Daarom werken veel vrouwen als mieren – werken, werken, werken. Ze klagen dat ze meer doen dan wie ook, en dat is ook zo! Het is een mythe dat mensen succes behalen door hard te werken. De waarheid is dat er nog nooit iemand is gepromoveerd alleen omdat ze zo hard werkte. Hoe je in de groep ligt, strategisch denken, netwerken, samenwerken; dat zijn veel belangrijker factoren voor een succesvolle carrière.

Iedereen moet zijn steentje bijdragen en in sommige organisaties ligt de druk hoger dan in andere. Ik werk met veel bedrijven in de professionele en financiële dienstensector waar hard werken niet alleen wordt verwacht, maar zelfs geëist. Toch hebben vrouwen de neiging harder te werken dan hun mannelijke collega's. Wanneer je consequent meer doet dan anderen, wordt je werk niet altijd erkend en word je vaak met meer werk opgezadeld, omdat je bewezen hebt dat je meer werk kunt en wilt verzetten. Soms denk ik dat vrouwen dat doen omdat het nu eenmaal makkelijker is om te doen waar we goed in zijn dan om iets nieuws uit te proberen. Een vrouw klaagde tegen mij dat de mannen met wie ze werkte elke maandag eerst een half uur besteedden aan het bespreken van de honkbalwedstrijden, met de baas welteverstaan.

'Wat een tijdverspilling! Ik zit te werken en zij blijven maar doorkletsen over honkbal!' riep ze uit. Wat haar nog meer dwarszat, was dat dezelfde mannen de beste opdrachten kregen. Vrouwen denken dat ze de kostbare tijd van de baas aan het verspillen zijn als ze iets anders doen dan werken tussen negen en vijf. Mannen weten daarentegen hoe belangrijk het is om te kletsen over honkbal, golf, of wat dan ook; ze werken aan hun relaties, en dat kan ze later voordeel opleveren. In dit geval waren de mannelijke collega's met de baas aan het kletsen, waardoor hij ze beter leerde kennen. Toen er promoties te vergeven waren, koos hij hen, omdat hij ze kende en zich op zijn gemak met ze voelde.

En dit is een van de best bewaarde geheimen uit de zakenwereld. Mensen worden niet aangenomen en gepromoveerd omdat ze hard werken, maar omdat degene die erover beslist hun karakter kent en het gevoel heeft dat hij of zij het werk aankan. Ook telt mee dat de verstandhoudingen binnen het team zo goed mogelijk moeten zijn. Doordat mijn cliënt zich alleen maar op haar werk concentreerde, kreeg zij het omgekeerde van wat ze wilde: interessanter werk en de mogelijkheid om te laten zien wat ze kon.

COACHINGTIPS

- Verspil eens wat tijd. Ga ervan uit dat je ongeveer 5 procent van je tijd bezig moet zijn met het onderhouden van werkrelaties. Als het minder is, doe je iets verkeerd.
- Bepaal wat je werktijden zijn, en hou je eraan. Hoe meer tijd je inruimt om te werken, hoe meer werk je ook zult hebben. Dat betekent niet dat je nooit moet overwerken, maar als je steeds de laatste bent die het kantoor verlaat, dan klopt er iets niet.
- Bepaal aan het begin van de dag wat je aan het eind gedaan wilt hebben. Werk dat gedurende de dag op je bureau komt, kun je bewust inplannen voor een later tijdstip.

ACTIEPUNT VOOR MIJ ☐

FOUT 8
Andermans werk doen

Het is typisch een vrouwelijke eigenschap om verantwoordelijkheid te nemen voor het werk van anderen. Het zit ons in de weg. Ja, natuurlijk moet er een goed product of een goede service komen, maar het is niet alleen jóúw verantwoordelijkheid. Vrouwen hebben de vervelende gewoonte om te zeggen: 'Als ik het niet doe, dan gebeurt het niet.' Zo kun je er zeker van zijn dat jij inderdaad degene bent die het klusje moet opknappen, tot in de eeuwigheid.

En er is nog een probleem met een teveel aan verantwoordelijkheid. Terwijl vrouwen het vuile werk opknappen, werken mannen aan hun carrière. Zij zijn namelijk ook niet gek. Promotie kun je krijgen als het werk gedaan is, niet per se door zelf het werk te doen. Ik had ooit een baas die zei dat er twee soorten mensen zijn: carrièremensen en werkmensen. Werkmensen houden zich bezig met werken. Carrièremensen zijn bezig met het bouwen aan hun carrière. In alle eerlijkheid: je hebt een beetje van beide nodig om het ver te schoppen.

COACHINGTIPS

- Stel je niet meer beschikbaar voor kleine opdrachtjes. Ga desnoods op je hand zitten om te voorkomen dat je hem opsteekt.
- Herken het als er onredelijk veel aan jou gedelegeerd wordt. Oefen met zeggen, op niet-verontschuldigende toon: 'Ik zou dit graag voor je doen, maar ik kom al om in het werk.' Zeg daarna niets meer. Ga het probleem niet voor de anderen oplossen. Het is *hun* probleem, niet het jouwe.
- Als je manager of supervisor bent, laat je ondergeschikten dan niet naar boven delegeren. Dit gebeurt meestal als mensen je komen vertellen dat een opdracht niet lukt, of niet afkomt. Neem de opdracht niet over, ook al is die dan sneller klaar. Stel voor dat er een collega komt helpen. Je kunt ook van de gelegenheid gebruikmaken om de ondergeschikte te leren hoe het moet, maar alleen als je er tijd voor hebt.
- Praat tegen jezelf zodat je je niet schuldig voelt als je 'nee' zegt. Probeer iets als: 'Ik hoef me er niet schuldig over te voelen als ik voor mezelf zorg.'

ACTIEPUNT VOOR MIJ ☐

FOUT 9

Geen pauze nemen

Als je iets gedaan wilt krijgen, zet er dan een vrouw op. Dat is nu eenmaal zo, want vrouwen werken non-stop om een project af te krijgen. Maar non-stop werken is niet alleen slecht voor je gezondheid, je werkt ook niet meer optimaal. Experts zeggen dat je elke negentig minuten moet pauzeren, anders lijden je concentratie en precisie eronder.

Werken zonder pauzeren ziet er ook overspannen en inefficiënt uit. Een directeur van een bedrijf vertelde me eens dat hij zich altijd ongemakkelijk voelde als een bepaalde vrouwelijke onderdirecteur bij hem kwam rapporteren; ze zag er altijd gehaast en overwerkt uit – dat hoor je bijna nooit over een man. Door je lunchpauze heen werken helpt je niet verder. Als je eruitziet alsof je voortdurend in een poel met krokodillen zit, krijg je de speciale projecten niet toegeschoven, en krijg je dus ook geen speciale waardering. En als je nu nog steeds niet overtuigd bent, zijn er volgens zelfbenoemd timemanagementgoeroe Craig Jarrow nog vijf goede redenen om pauze te nemen:

1 **Een frisse kijk.** Als je met je hoofd in je werk begraven zit, zie je niets van de wereld om je heen. Misschien zijn de prioriteiten inmiddels wel veranderd. Als je pauze neemt, kun je afstand nemen en daarna met een frisse blik naar de zaken kijken.
2 **Opladen.** We moeten allemaal af en toe onze 'accu opladen' om te voorkomen dat we compleet uitgeblust raken. Lichaam en geest moeten de kans krijgen om bij te komen.

3 **Concentreren.** Het is niet moeilijk om je zo te laten afleiden dat je vergeet wat je eigenlijk moet doen. Een pauze helpt je in te zien wat je zo afleidt en geeft je de kans om je opnieuw te concentreren op taken die belangrijker zijn.
4 **Advies vragen.** Niemand kan het helemaal alleen. Hulp van anderen inroepen kan je veel tijd en geld besparen. Misschien hebben ze ervaring met wat jij moet doen en hebben ze advies om het sneller af te handelen.
5 **Voor jezelf zorgen.** Het leven is een marathon, geen sprint. Je kunt niet altijd 100 procent geven, dan raak je opgebrand. Zelfs hoogwaardige machines hebben onderhoud nodig om te kunnen blijven draaien. Vergeet niet jezelf te onderhouden.

COACHINGTIPS

- Zorg dat je elke negentig minuten even een loopje hebt. Maak hier een gewoonte van.
- Zorg dat je aan het begin van de week minstens één lunchafspraak hebt staan.
- Plan momenten in dat je even bij een collega gaat kletsen. Als iemand bij jou komt kletsen, stop dan met je werk en vraag hem of haar binnen.
- Gebruik de wekkerfunctie op je computer om je aan pauzes te herinneren (en pauzeer dan ook echt!)
- Gebruik je lunchpauze op een nuttige manier. Netwerk met collega's, doe een boodschapje waardoor je 's avonds eerder thuis bent of maak een wandeling waardoor je fris weer aan de slag kunt.
- Als je nu denkt: hier heb ik geen tijd voor, dan werk je echt te veel. Wil je zelf groot worden of alleen anderen helpen met groeien?

ACTIEPUNT VOOR MIJ ☐

FOUT 10
Naïef zijn

Vrouwen hebben misschien niet het alleenrecht op naïviteit, maar we nemen mensen meestal wel serieus. We vragen niet door om te kijken of de waarheid wordt verteld, omdat we de ander niet in verlegenheid willen brengen, of omdat we alleen het goede in mensen willen zien. We focussen alleen op het werk, en missen wat allemaal eromheen gebeurt.

Lisa was een vrouw die door haar naïviteit in de problemen kwam. Ze was verantwoordelijk voor de fundraising van een bekende non-profitorganisatie. Haar afdeling was efficiënt, er werd goed samengewerkt en er was een goede sfeer. Elk jaar dat Lisa aan het roer stond werden de fundraising-targets meer dan gehaald – totdat ze Adam aannam. Hij was de zoon van een van de bestuursleden en haar collega's hadden haar gewaarschuwd dat het geen goed idee was om hem aan te nemen. Lisa was er zeker van dat er geen problemen zouden zijn als ze de basisregels duidelijk zou maken en goed zou communiceren.

Binnen een paar maanden begon het team uit elkaar te vallen. De stemming was bedrukt. De maandelijkse targets werden niet gehaald. Verschillende teamleden vertelden Lisa dat Adam over haar roddelde en leugens over haar vertelde. Lisa's manager riep haar een paar keer bij zich om de onrust in haar team te bespreken. Voor het eerst in haar carrière werd ze gezien als een minder competente leider.

Toen ze het probleem openlijk met Adam besprak, ontkende hij dat hij haar gezag ondermijnde. Ze wilde hem geloven en stelde nog eens duidelijk wat ze van hem verwachtte.

Het probleem werd alleen maar erger. Bestuursleden begonnen vragen te stellen over de problemen waar ze over hoorden. Uiteindelijk vertrok Lisa bij de organisatie omdat ze een betere baan kon krijgen, maar voor de komst van Adam had ze daar nooit aan gedacht.

Als we naïviteit bij een ander zien, dan vinden we dat vaak verfrissend. Soms winnen jonge mensen er iets bij omdat anderen hun mentor willen zijn en laten zien hoe het spel werkt. Als een ervaren persoon naïef is, dan is dat alleen maar een nadeel. Als een vrouw naïef is, kan ze situaties niet goed inschatten en ook niet van haar ervaringen leren.

COACHINGTIPS

- Als je iets niet snapt, vraag dan om uitleg. Als de ander dat niet nodig vindt, wees dan op je hoede.
- Zonder steeds het slechtste van mensen te denken, moet je jezelf wel trainen in het nadenken over de motieven van anderen.
- Vertrouw niet op de expertise van één ander persoon bij belangrijke beslissingen. Vraag input van verschillende medewerkers.
- Als iedereen vindt dat iets 'niet kan' en jij de enige bent die denkt: maar ik kan ervoor zorgen dat het wel kan, dan moet er een alarm afgaan: je bent naïef.
- Vertrouw op je instincten. Als het eruitziet als een eend, klinkt als een eend en loopt als een eend – dan is het een eend.

ACTIEPUNT VOOR MIJ ☐

FOUT II
Op de kleintjes letten

We zijn gewend om verantwoording af te leggen over hoe we ons geld besteden. Als we zover zijn dat we ons eigen geld vrijelijk kunnen uitgeven, trappen we in de valkuil dat we heel zuinig gaan doen met het geld van de zaak. We doen enorm veel moeite, of ontzeggen onszelf het kleinste dingetje, omdat we bang zijn wat van het bedrijfsbudget te spenderen aan legitieme onkosten. Sommige vrouwen zijn hier zelfs trots op, terwijl het om bedragen gaat die voor het bedrijf echt te verwaarlozen zijn.

Ik zag hoe gek dat was toen ik een vrouw sprak die vertraagd was op een vlucht van Los Angeles naar New York. Ze zou eigenlijk vanuit New York een trein nemen naar de stad waar ze woonde, maar vanwege de vertraging haalde ze de laatste trein niet. Ze vroeg zich af hoe ze zo goedkoop mogelijk thuis zou kunnen komen – ze overwoog zelfs haar man te vragen haar te komen ophalen om twee uur 's nachts, zodat ze de taxikosten uit zou sparen. Dat is een vergissing! Een man zal nooit twijfelen om een taxi te nemen midden in de nacht, hoeveel het ook kost.

Als cliënten mijn onkosten betalen, doe ik mijn best om zo zuinig mogelijk te zijn. Toen ik onlangs tegen een mannelijke collega zei dat ik het zo vervelend vond dat ik de gestegen prijzen van vliegtickets aan mijn klanten moest doorberekenen, was hij verbaasd dat ik me druk maakte over wat voor zulke grote bedrijven een schijntje is. 'Ik gun mezelf niet net zoveel als wanneer ik zelf de rekening zou moeten betalen,' zei hij. 'Ik gun mezelf méér. Als zij willen dat ik fris en vrolijk verschijn, dan wil ik businessclass vliegen. Het kan me niet schelen hoe duur dat is. Ze weten dat zakendoen geld kost en dat zou jij ook moeten weten.' Tja... mijn innerlijke lieve meisje had het even moeilijk, maar ik wist dat hij gelijk had.

Een ander scenario: de assistente van een vrouwelijke leidinggevende bij een grote fabrikant stopte na tweeëntwintig jaar met werken. Haar bazin, die berucht was omdat ze altijd de hand op de knip hield, organiseerde een buffet waarvoor iedere werknemer iets te eten meebracht. Een deel van het personeel nam aan dat ze geld wilde overhouden voor een mooi afscheidscadeau en vroegen haar of ze moesten helpen om iets uit te zoeken. Tot hun verbazing zei hun bazin dat het feestje haar wel voldoende leek. Natuurlijk deed al snel het verhaal de ronde dat ze een gevoelloze vrek was. En ze was niet zuinig omdat het bedrijf in zwaar weer verkeerde, integendeel. Sterker nog, de mannelijke leidinggevenden stonden bekend om de uitbundige afscheidsfeestjes voor trouwe werknemers.

Als je te veel op de kleintjes let, ben je tijd en energie aan het verspillen. Daarbij word je gezien als iemand die nog niet echt meespeelt en zorg je ook niet goed voor de belangrijkste onderdelen van het bedrijf: jezelf en je collega's.

COACHINGTIPS

- Als je over onkosten nadenkt, kijk dan naar het totaalplaatje en hoeveel jouw onkosten daarvan uitmaken.
- Als je een budget hebt, gebruik het dan. Er zijn weinig bedrijven die hun werknemers belonen voor zuinigheid.
- Bedenk wat het besteden van een beetje geld aan werknemers je oplevert. Een lunch hier, een bloemetje daar: het budget gaat er niet kapot aan, maar je krijgt heel veel terug aan loyaliteit en goodwill.
- Tenzij je andere instructies hebt, moet je nooit toestemming vragen om geld uit te geven. Ga ervan uit dat je het wel hoort als er een probleem is. En als dat zo is, ga je dan niet verontschuldigen. Laat alleen merken dat je het begrepen hebt en vraag om verduidelijking rondom geldzaken.
- Als je een stemmetje in je hoofd hebt dat zegt: *Ik weet niet of ik dit geld mag uitgeven*, antwoord dan: *Wat kost het (qua tijd of geld) om het niét uit te geven?*

ACTIEPUNT VOOR MIJ ☐

FOUT 12

Wachten tot je krijgt wat je wilt

Maar al te vaak zijn vrouwen teleurgesteld dat ze alleen maar krijgen wat ze willen als ze er zelf om vragen. Dat begrijp ik niet. Nee heb je, ja kun je krijgen. Aan de andere kant ben je misschien iemand die nooit tevreden is; dan worden anderen moe van al je gevraag. Zulke mensen bestaan, maar de meeste vrouwen hebben het gevoel dat ze te veel vragen terwijl ze dat helemaal niet doen. Als je niets vraagt, dan riskeer je ook niet 'nee' te horen, maar je krijgt ook niet wat je wil.

De duidelijkste voorbeelden hiervan zijn vrouwen die eindelijk hun moed bij elkaar hebben geraapt en om loonsverhoging vragen. Vaak krijgen ze het gevoel dat ze iets verkeerd doen of dat ze het recht niet hebben het te vragen. Omdat ik lang in human resources heb gewerkt, weet ik dat mannen voor *zichzelf* opkomen, maar dat ze minimaliseren wat vrouwen waard zijn. Op het moment van het schrijven van dit boek verdienen fulltime werkende vrouwen in de Verenigde Staten gemiddeld $ 36.931 en fulltime werkende mannen $ 47.715. Zoals eerder genoemd ziet de vergelijking er voor zwarte vrouwen en latina's nog slechter uit. Deels heeft dit te maken met discriminatie, maar deels heeft het ermee te maken dat ondergeschikte groepen niet gewend zijn te vragen om wat ze willen.

Een cliënt belde me eens omdat ze niet dezelfde startbonus had gekregen als de anderen toen hun afdeling werd gevormd. Ik vroeg waarom ze dacht dat dat was gebeurd. Zoals mensen vaak doen als ze iets niet begrijpen, had ze een verhaal bedacht dat het te maken moest hebben met het feit dat ze geen respect kreeg of dat ze behandeld werd alsof ze onzichtbaar was. Het zat haar zo dwars dat ze er slapeloze nachten van had. Natuurlijk moest ze er wat aan doen, maar ze aarzelde om 'er een punt van te maken'.

Na veel discussie bedachten we wat ze tegen haar humanresourcesmanager kon zeggen over de misgelopen bonus. Ze wílde eigenlijk vragen of ze er recht op had. Typisch meisjesgedrag: nooit aannemen dat je ergens recht op hebt, ook al is het je beloofd. Mijn tip was om het helemaal niet te *vragen*, maar om aan te nemen dat ze de bonus had moeten krijgen, en dan uit te vinden waarom dat niet was gebeurd. Uiteindelijk stapte ze naar binnen en zei: 'Mijn startbonus stond de afgelopen twee maanden niet op mijn loonstrookje en ik vraag me af wanneer dat wel het geval is.'

En kijk eens aan, het had er niets mee te maken dat ze geen respect kreeg of dat ze een vrouw was. Hij had een foutje gemaakt. Van alle mensen die op de nieuwe afdeling kwamen werken, was zij de enige die binnen een paar weken een functioneringsgesprek zou hebben, met een jaarlijkse loonsverhoging. Hij had besloten om haar de bonus dan te geven, dan kon hij al het papierwerk in één keer doen. Toen haar functioneringsgesprek verzet was, had hij vergeten haar de bonus meteen te geven. Als ze er niet om had gevraagd, dan had het haar tot in lengte van dagen dwarsgezeten.

De les was tweeledig. Ten eerste moet je eerst de feiten verzamelen voordat je een negatief verhaal verzint. Ten tweede moet je niet wachten tot je krijgt wat je wilt – vraag erom.

COACHINGTIPS

- Bereid je mentaal voor op het indienen van verzoeken. Bedenk wat je wilt en waarom. Als je erom vraagt, wees dan direct, rechtdoorzee en geef twee of drie goede redenen bij elk verzoek. Probeer het te formuleren volgens het BLLC-model (zie fout 91).
- Overweeg om de ander voor een voldongen feit te stellen. Dat betekent dat je je verzoek moet verpakken als een mededeling. In plaats van te zeggen: 'Ik wil graag voor volgend jaar tienduizend euro extra voor het trainingsbudget', zeg je: 'Ik heb het trainingsbudget met tienduizend euro verhoogd. Dat was nodig vanwege de extra werknemers en de nieuwe apparatuur.'
- Ga op een cursus onderhandelingstechnieken.
- Maak onderscheid tussen de wens om aardig gevonden te worden en krijgen waar je recht op hebt – die dingen sluiten elkaar namelijk uit.
- Kies zorgvuldig het moment waarop je vraagt om datgene waar je recht op hebt. Vragen om een loonsverhoging nadat er net ontslagen zijn gevallen is geen goed idee. Hetzelfde geldt voor een overplaatsing midden in een cruciaal project – dan ziet het eruit alsof je het werk ontloopt. In het leven gaat het altijd om timing, ook bij je verzoeken.

ACTIEPUNT VOOR MIJ ☐

FOUT 13
Kantoorpolitiek ontlopen

Zeg me na: 'Politiek is geen vies woord.' Het ontlopen van kantoorpolitiek is net zoiets als het vermijden van het weer. Of je het nou leuk vindt of niet, het bestaat nu eenmaal. Met politiek krijg je dingen voor elkaar: op kantoor, in de regering, in professionele organisaties. Als je er niet aan meedoet, dan speel je het spel niet mee, en als je het spel niet speelt, dan kun je het nooit winnen.

Het politieke spel is niets meer dan het spel van onderlinge relaties en het idee van 'voor wat hoort wat'. Dit is heel mooi te zien in de film *Lincoln*, met Daniel Day-Lewis in de rol van Abraham 'Honest Abe' Lincoln. Hij wilde zo graag het dertiende amendement op de grondwet invoeren en zo de slavernij afschaffen dat hij zijn medestanders vroeg om het op akkoordjes te gooien met leden van het Congres, in ruil voor hun stemmen. Heiligde het doel de middelen? In dit geval zeker. Er werd geschiedenis geschreven en ontelbare slaven kregen een nieuw leven.

Opvallend genoeg vond een vriendin met wie ik de bioscoop bezocht dit juist een van de mindere punten van de film en ik denk dat veel vrouwen zich ongemakkelijk voelen bij dit soort koehandel. Mannen hebben daarentegen weinig moeite met een concept als 'de ene hand wast de andere'. Sterker nog, ik las een artikel over de film (geschreven door een man) waarin Lincoln alle lof kreeg omdat hij dankzij zijn politieke finesse voor elkaar had gekregen dat we allemaal als gelijk worden gezien (al gold die gelijkheid eerst alleen voor mannen; vrouwen moesten er nog even op wachten).

Een succesvolle werkrelatie, met je baas of een collega, is er een waarin duidelijk is wat jij te bieden hebt en wat je van de ander wilt of nodig hebt. Dat gebeurt voortdurend zonder dat je het uitspreekt. Denk aan je relatie met je beste vriendin. Je hebt soms haar advies nodig, of haar gezelschap, of je wilt met haar squashen, of wat dan ook. Als ze je geeft wat je wilt, ben jij meer geneigd om haar te geven wat zij wil. Misschien komt dit nooit ter sprake, maar de uitwisseling is er wel. Kantoorpolitiek werkt net zo. Steeds als je moeite voor iemand doet of iets geeft wat diegene nodig heeft, heb je een denkbeeldig fiche verdiend die je later kunt verzilveren voor iets wat jij nodig hebt.

COACHINGTIPS

- Benader een politieke situatie net als elke onderhandeling. Neem de tijd om uit te vinden wat de ander wil, wat jij te bieden hebt en hoe er een win-winsituatie kan ontstaan.
- Voor wat hoort wat. Niet zomaar toegeven dus; bedenk wat je terug wilt hebben. Wees niet bang om je fiches te verzilveren.
- Je kunt vaak op de lange termijn winnen door op korte termijn kleine, minder belangrijke dingen op te geven. Als je dat doet, kun je je fiches later gebruiken.
- Ga politieke problemen niet uit de weg. Mensen zullen het buiten jou om uitvechten. Benader de situatie zo dat mensen je als een politieke probleemoplosser zien, niet als het probleem zelf.

ACTIEPUNT VOOR MIJ ☐

FOUT 14
Het geweten zijn

Volgens het tijdschrift *CIO* ondervinden vrouwelijke klokkenluiders meer negatieve gevolgen als ze misstanden rapporteren dan mannen. Je zou denken dat een hoge positie binnen een bedrijf je nog enigszins beschermt tegen buitenspel worden gezet, maar dat geldt volgens het onderzoek alleen voor mannen.

De terroristische aanslagen van 11 september en de recente ontdekkingen van louche boekhoudpraktijken bij grote bedrijven hebben ons drie voorbeelden gegeven van vrouwen die het geweten van hun bedrijf waren – en erachter kwamen dat ze genegeerd, gestenigd of gekruisigd werden. Ten eerste was daar de financiële onderdirecteur van Enron, Sherron Watkins. Ze waarschuwde directeur Kenneth Lay over de boekhouding van hun bedrijf, lang voordat het onder vuur kwam te liggen. In augustus 2001 had ze een memo naar Lay geschreven over de geheimzinnigheid rondom de private investment partnerships binnen het bedrijf. 'Ik ben erg bang dat we kapot zullen gaan aan een golf van boekhoudschandalen,' schreef Watkins. 'We worden goed in de gaten gehouden en er zijn waarschijnlijk wel een paar oud-werknemers die genoeg weten over het "creatieve" boekhouden om ons in de problemen te brengen.' Helaas voor Lay en duizenden andere Enron-medewerkers deed hij niets met haar waarschuwing.

Cynthia Cooper van de financiële afdeling van WorldCom had het gevoel dat ze geen keuze had: ze moest naar de raad van bestuur om te vertellen dat er grote bedragen overgeboekt werden en dat haar managers zeiden dat ze de andere kant op moest kijken. Dit was natuurlijk het einde van een prestigieus bedrijf. Hoewel ze waardering kreeg van vreemden, werd ze door collega's gemeden en kreeg ze de schuld van het drama.

En dan was er de FBI-advocaat Coleen Rowley die het geweten van de FBI werd nadat ze een boekje opendeed over hoe de FBI voor 11 september was omgegaan met bewijzen van terroristische activiteiten. Ze werd gelauwerd door de samenleving en *Time Magazine* verkoos haar in 2002 samen met Watkins en Cooper tot 'Persoon van het Jaar', maar binnen de FBI werd ze een paria.

Moeten vrouwen dan tegen hun geweten en hun morele en ethische standaarden in handelen? Helemaal niet. Maar vrouwen zijn wel veel meer geneigd om de discrepantie tussen de regels en de praktijk aan te wijzen. De meeste mannen hebben er geen moeite mee de regels af en toe te buigen als niemand er duidelijk schade van ondervindt. Laat me een voorbeeld geven. Claudette was de assistent van de onderdirecteur van een groot mediaconcern. Haar baas kwam vaak laat op zijn werk en verwachtte van Claudette dat ze smoesjes voor hem verzon. Als er iemand om half tien belde, dan voelde het ongemakkelijk om te zeggen dat haar baas 'in een vergadering zat' of 'even van zijn plek was'. Zij vond dat de werkdag om negen uur begon en dat hij op tijd moest zijn. Ook zoiets: als haar baas laat was met zijn wekelijkse rapport, dan antedateerde hij het gewoon naar de week ervoor. Zo kon hij meer onkosten opvoeren.

Eerst vertelde ze haar baas wat de regels waren en overtuigde hij haar ervan daar toch maar van af te wijken. Nadat ze enige tijd voor deze baas had gewerkt, ging Claudette naar P&O om zich te beklagen. Ze had het gevoel dat haar baas haar ethische gevoel aantastte. Bij P&O hadden ze er echter begrip voor dat de normen van het bedrijf niet zo rigide waren en vonden ze dat ze coöperatiever moest zijn als ze een succesvolle werkrelatie met hem wilde.

Omdat ze niet van haar eigen rigide ideeën afkwam, vroeg ze om overplaatsing. Bij P&O gingen ze daar graag in mee, maar ze wisten dat ze bij een andere baas hetzelfde probleem zou krijgen. Wat haar baas van haar vroeg was niet ongebruikelijk en het was ook niet onethisch of immoreel. Claudette kreeg een andere baas die bekendstond als strakker in de leer, maar bij P&O stond ze nu wel bekend als een zeikerig type en ze kenden dus haar beperkingen bij promoties en overplaatsingen.

Dit verhaal laat zien dat je de kosten en baten altijd tegen elkaar moet afwegen; kleine onrechtmatigheden in een bedrijf aan het licht brengen weegt niet altijd op tegen de consequenties. Sherron Watkins, Cynthia Cooper en Coleen Rowley hebben iets geweldigs gedaan door hun geweten te volgen. In hun geval waren de gevolgen voor hen, hun bedrijf en hun land enorm. De meesten van ons moeten zich echter bewust worden van de onvolmaakte realiteit van de werkplek.

COACHINGTIPS

- De werkplek is geen platform voor je persoonlijke goede doelen.
- Als je wordt gevraagd om iets illegaals, onethisch of immoreels te doen, probeer dan alternatieven te bedenken. Zorg ervoor dat je niet aansprakelijk kunt worden gesteld en bewaar voldoende afstand, zodat niemand je als klokkenluider kan bestempelen.
- Verwar wat 'goed' is volgens jou niet met wat 'goed' is in het algemeen. Een controversieel standpunt innemen geeft misschien een goed gevoel, maar meestal brengt het je niet veel vooruit.
- Kies je strijd zorgvuldig. Kan er heel veel mee gewonnen worden als je je geweten volgt? Er zullen tijden zijn dat je het risico kunt nemen, maar het moet een goed overdacht risico zijn.

ACTIEPUNT VOOR MIJ ☐

FOUT 15
Klootzakken beschermen

Ik weet niet wat er aan de hand is met vrouwen en klootzakken. We zijn een soort klootzak-lokmiddel. Niet alleen trekken we ze meer aan dan mannen doen, we tolereren ze ook langer. Omdat we anderen nooit een slecht gevoel willen bezorgen, laten we ze meer van onze tijd verspillen dan zou moeten, nemen we de schuld voor hun fouten op ons, en vergoelijken we hun gedrag. Mannen hebben een veel betere radar voor klootzakken. Ze ruiken ze van grote afstand – en gaan ze angstvallig uit de weg.

Greta is een voorbeeld van een vrouw die klootzakken beschermt. Ze werkt als regulatiespecialist op Wall Street. Ze moet ervoor zorgen dat de handel legaal verloopt, en volgens de richtlijnen van haar bedrijf. Greta's directe baas is een klootzak. Hij weet niets van de richtlijnen, maar dat weerhoudt hem niet om haar voortdurend de les te lezen – en haar regelmatig verkeerde informatie te geven, waardoor het bedrijf serieus in de problemen zou kunnen komen. Hoewel Greta hem probeert te vertellen dat hij ernaast zit, staat hij er toch op dat ze zijn bevelen opvolgt.

Toen de onderdirecteur haar vroeg waarom er de laatste tijd zoveel vergissingen werden gemaakt, zei ze niet dat ze orders van haar baas opvolgde. Daarom werd zij lager beoordeeld en kreeg ze minder betaald. Niet alleen zat ze zichzelf in de weg door haar baas te beschermen, ook kwam het bedrijf in gevaar omdat de richtlijnen niet werden nageleefd.

COACHINGTIPS

- Vertrouw op je instinct. Als je iemand een klootzak vindt, dan is hij (of zij) dat waarschijnlijk ook.
- Neem afstand van klootzakken. Zorg ervoor dat je niet meegezogen wordt als hun falen aan het licht komt.
- Vertel de klootzak vriendelijk maar daadkrachtig dat hij zijn heil elders moet zoeken en niet bij jou (zie hierover ook fout 90).
- Als jij de schuld krijgt voor iets wat de klootzak heeft gedaan, aarzel dan niet om de echte schuldige aan te wijzen (dat had Greta moeten doen). Probeer het zo te zeggen: 'Ik begrijp dat dit vervelend is. Misschien moet je eens met Chris bespreken waarom hij wilde dat we het op deze manier deden?'
- Als je baas een klootzak is, is het tijd om naar een andere baan uit te kijken. Onderzoek toont aan dat het proberen je baas te veranderen een verloren zaak is. Ondergeschikten veranderen het gedrag van hun baas niet. Blijf niet hopen dat hij of zij zal veranderen, maar denk aan je eigen belangen.

ACTIEPUNT VOOR MIJ ☐

FOUT 16

Je mond houden

Omdat vrouwen bang zijn om agressief of dominant over te komen, houden ze vaak hun mond over dingen die wel degelijk gezegd moeten worden. Hoe vaak heb jij je mond niet gehouden, om vervolgens te merken dat een mannelijke collega applaus kreeg toen hij precies zei wat jij dacht? Onthoud dat beschuldigingen van dominantie bedóéld zijn om je stil te houden. Het zijn opzetjes om je er schuldig over te laten voelen dat je een andere mening of zienswijze hebt. Je mond houden maakt je gefrustreerd en het lijkt ook alsof je nergens voor staat.

Neem nou Marilyn. Ze zat midden in een e-mailoorlog met een collega die een soort antiaanbaklaag had. Geen enkele beschuldiging raakte hem, omdat hij te druk bezig was met anderen beschuldigen. Eerst probeerde ze hem rustig te houden, zodat hij haar niet zou beschuldigen, maar uiteindelijk vond hij toch iets bij haar. Waarom vertelde ze hem niet dat het geen zin had haar te beschuldigen, dat ze beter konden focussen op het probleem zelf? Ze wilde geen olie op het vuur gooien. Ik suggereerde dat als ze beschuldigd werd, ze de discussie zou omvormen tot een probleemoplossend gesprek. Ze kon dat doen op een neutrale manier: 'Beschuldigingen helpen ons niet verder, Joe. Laten we praten over hoe we het probleem van de communicatie tussen onze afdelingen kunnen oplossen.' Als hij zou antwoorden: 'Ik ben niemand aan het beschuldigen, ik zoek gewoon naar de oorzaak van het probleem,' dan kon zij antwoorden: 'Dat kan wel zo zijn, maar ik stel voor dat we het probleem gaan oplossen.'

Een interessant detail in dit verhaal is dat Marilyn een vijftigjarige, Italiaanse vrouw is uit een traditioneel gezin uit Brooklyn, en dat ze getrouwd is met een man die veel ouder is dan zij. Toen we aan het bedenken waren wat ze kon doen, kwam ze erachter dat ze opgevoed was met het idee dat je je moet schikken in de wil van machomannen. Ik wees haar erop dat ze de regels van het spel moest volgen. Thuis en in de familie was het misschien goed om zich op de vlakte te houden, maar op het werk gelden andere regels.

COACHINGTIPS

- Het is mogelijk om het ergens niet mee eens te zijn zonder dat het onaangenaam wordt. Laat eerst merken dat je hebt gehoord wat de ander zei en geef dan je mening. Dat gaat zo: 'Als ik je goed begrijp vind jij dat we Joe op die klus moeten zetten. Ik stel voor dat we een aantal andere teamleden bekijken die meer kwalificaties hebben.' Je moet hiervoor twee of drie goede redenen kunnen geven.
- Neem meer risico met het geven van je mening tijdens vergaderingen. Oefen ermee dat je minstens één keer per vergadering je mening geeft. Elke keer dat je dit doet wordt het makkelijker.
- Je kunt de gewoontes en tradities van je familie volgen, maar wees wel selectief over de situaties waarin je dit doet.
- Als je het gevoel hebt dat je te agressief bent, kun je na het geven van je mening een vraag stellen. Bijvoorbeeld: 'Zo zie ik het. Hoe denken jullie erover?'

ACTIEPUNT VOOR MIJ ☐

FOUT 17

Geen gebruikmaken van je contacten

Een vrouw die consultant was, had een idee voor een boek, maar kreeg het er bij de uitgever niet door. Toen we bespraken hoe ze de aandacht van de uitgever kon trekken, liet ze vallen dat haar vader, een internationaal leider in dit veld, een goed contact met de uitgever had. Toen ik haar vroeg waarom ze dit in godsnaam niet tegen de uitgever had gezegd, zei ze dat ze geen voorrang wilde krijgen op grond van haar familie. Dit is weer zo'n verschil tussen mannen en vrouwen. Mannen vinden het logisch dat hun contacten deuren voor ze openen; ze zien het niet als voortrekkerij. Sterker nog, dit is precies de reden dat ze hun contacten opbouwen!

Er is een verschil tussen namedropping en het gebruiken van een contact als kruiwagen. Het is nu eenmaal de realiteit dat je met de juiste contacten heel veel kunt bereiken. We doen zaken met mensen die we aardig vinden. Je kunt dus succes hebben door met succesvolle mensen om te gaan. Wees niet bang om de puntjes in je netwerk met elkaar te verbinden.

COACHINGTIPS

- Vraag toestemming om de naam van een collega te noemen als je iemands aandacht wilt trekken. Bijvoorbeeld: 'Ik hoorde dat je Ellen Torres kent. Ik wilde een afspraak met haar maken en ik vroeg me af of het goed is als ik zeg dat ik jou ken.'
- Vraag om voorgesteld te worden. Als je iemand wilt leren kennen op een feestje, vraag de gastheer of -vrouw dan om jullie aan elkaar voor te stellen.
- Stel mensen met gelijke interesses of behoeftes aan elkaar voor.
- Als je dat doet, zullen anderen dat ook eerder voor jou doen.
- Vraag referenties. Als je een baan zoekt, of alleen informatie, moet je aan mensen vragen of ze iemand kennen met wie je moet praten en of je hun naam dan mag noemen.

ACTIEPUNT VOOR MIJ ☐

FOUT 18

Niet zien wat je achterban nodig heeft

De Britse ex-premier Margaret Thatcher was opgevoed door een vader die zei dat ze altijd zelf moest denken en niet moest wankelen als anderen het niet met haar eens waren. Deze les leerde ze zo goed dat ze de 'Iron Lady' werd genoemd. Maar uiteindelijk werd haar kracht haar valkuil, toen ze in een heftige controverse terechtkwam nadat ze had voorgesteld belasting te heffen op stemrecht. Hoewel haar gehele achterban ertegen was en haar adviseurs haar aanspoorden er nog eens over na te denken, zei zij: 'Jullie kunnen je mening aanpassen. De Iron Lady past zich niet aan.'

Hoewel we geen politici zijn, hebben we toch een achterban. Zij zijn de mensen voor wie we het werk doen. Dat doen we niet alleen door onze diensten en onze producten, maar ook door te weten wat ze nodig hebben en verwachten. Dan hebben we een toegevoegde waarde. De valkuil van veel vrouwen is dat ze denken te weten wat het beste is voor hun achterban, waardoor ze de juiste vragen niet meer stellen.

Neem Belinda, technisch adviseur voor verschillende bedrijven. Belinda is verschrikkelijk slim. Ze weet precies waar ze mee bezig is. Andere adviseurs vragen háár om advies. Een paar jaar geleden ontdekte Belinda dat haar bedrijfje niet zo goed liep. Ze deed een opdracht bij een bedrijf en werd vervolgens niet teruggevraagd.

Op een dag vroeg ze aan een klant met wie ze bevriend was of hij haar wat feedback kon geven. Hij zei dat zijn bedrijf wel onder de indruk was van haar expertise, maar haar rigiditeit niet op prijs stelde. Ze schrok. Ze dacht dat ze het best mogelijke advies gaf en altijd het beste met haar klanten voorhad. In plaats daarvan kreeg ze te horen dat ze niet genoeg luisterde naar de praktische wensen van haar klanten en daarom niets toevoegde. Men zag haar als onwrikbaar en moeizaam.

Het was lastig om te horen, maar Belinda was slim genoeg om in te zien dat deze feedback van onschatbare waarde was. Als dit bedrijf er zo over dacht, gold dat waarschijnlijk ook voor anderen, maar zeiden ze er simpelweg niets over. In plaats daarvan hielden ze gewoon op haar in te huren. Dit was de reden dat ze haar bedrijf niet ontwikkelde zoals ze wilde. Met een simpele verandering wist Belinda het tij te keren. Nadat ze de problemen had geïnventariseerd en met ideeën was gekomen, stopte ze voortaan eerst om input te vragen. Als er sceptisch werd gereageerd, luisterde ze en stelde ze meer vragen, in plaats van meteen aan te nemen dat de klant niet inzag wat 'het beste' was. Ze ontdekte dat weerstand vaak te maken had met miscommunicatie; door er verder over te discussiëren begrepen beide partijen elkaar beter. In een paar gevallen wilde een klant dat haar ideeën op een andere manier werden geïmplementeerd dan zij had voorgesteld, en bleek dit inderdaad beter te werken. Ze kon deze oplossingen gebruiken bij andere klanten.

Belinda is een uitstekend voorbeeld van een vrouw die heel goed weet hoe intelligent ze is en wat ze allemaal kan. Daardoor is ze soms geneigd om neer te kijken op degenen die minder getalenteerd zijn en is ze blind voor andere oplossingen. Pas op dat je niet het slachtoffer wordt van je eigen succes.

COACHINGTIPS

- Probeer te doen wat voor het eindresultaat het beste is. Het is geen ramp om je mening te veranderen als uit de gegevens blijkt dat dat het beste is.
- Bedenk wat je achterban nodig heeft. Lees fout 13; die gaat erover dat je je netwerk moet opbouwen volgens het 'voor wat hoort wat'-principe.
- Verwar rekening houden met je achterban niet met enquêteren (zie fout 24). Dat doen mensen die geen beslissingen durven te nemen. Het rekening houden met je achterban levert je informatie op die je al dan niet gebruikt bij het beslissen.
- Als je op weerstand stuit, ga dan niet stug door met het verkopen van je idee. Dan krijg je polarisatie en werk je in de hand dat er een verliezer gaat komen. Laat weerstand een teken zijn dat je even een stapje terug moet doen om actief te luisteren.
- Lees *De vertrouwde adviseur* (Academic Service, 2001) van David Maister. Ik kom in fout 64 nog eens op dit boek terug, maar het is zo goed dat het geen kwaad kan om het twee keer te noemen. Maister legt uit hoe je vertrouwen kunt kweken op een manier die zowel je achterban als jou ten goede komt.

ACTIEPUNT VOOR MIJ ☐

3
Hoe je je gedraagt

In het toneelstuk *As You Like It* schrijft William Shakespeare:

> *All the world's a stage and all the men and women are merely players. They have their exits and their entrances and one man in his time plays many parts.*

Succes krijg je door te weten wat je rol is en hoe je die goed moet spelen. Het lijkt misschien alsof ik wil dat je nep moet zijn, maar zo is het helemaal niet. Net zoals acteurs erop worden beoordeeld hoe goed ze hun rol vertolken, wordt bij ons gekeken of we wel weten hoe we ons moeten gedragen.

Je zou kunnen zeggen dat dit hele boek gaat over hoe je je gedraagt, maar dit hoofdstuk is een beetje anders. Het gaat namelijk over het subtiele, stereotiepe gedrag waarmee vrouwen de indruk wekken dat ze minder competent zijn dan ze daadwerkelijk zijn.

Veel vrouwen denken vaak ten onrechte dat ze zich als mannen moeten gedragen om vooruit te komen. Dit zijn doorgaans dezelfde vrouwen die de regels van het spel niet begrijpen en ook niet inzien dat de regels voor mannen en vrouwen verschillend zijn. Ik leg straks uit dat je er niet naar moet streven om een zwakke imitatie van een man te zijn, maar dat je je moet gedragen als een volwassen vrouw. En niet, zoals je in je jeugd hebt geleerd, als een lief meisje.

Zoals ik al eerder zei maakt één foutje niet uit, maar als je meer van zulke fouten maakt, geef je blijk van naïviteit, een overdreven behoefte aan bevestiging en/of een gebrek aan zelfvertrouwen. En helaas maken de meeste vrouwen meer dan één zo'n fout.

FOUT 19

Moeite hebben met de overgang van lief meisje naar succesvolle vrouw

In *Nice Girls Just Don't Get It*, dat ik samen met Carol Frohlinger schreef, wilden we duidelijk maken dat het tegenovergestelde van een lief meisje geen gemeen kreng is, maar een vrouw met succes. Het grote verschil is dat een lief meisje zich zo gedraagt omdat ze wil dat anderen haar aardig vinden en dat een succesvolle vrouw zich zo gedraagt omdat ze haar doel wil bereiken. Ze weet wat ze wil, ze weet hoe ze dat kan bereiken en ze doet dat door gebruik te maken van haar goede relaties en haar emotionele intelligentie. Het schema op pagina 96 laat zien hoe je dat doet.

Waar veel vrouwen moeite mee hebben, is het lieve meisje uit hun jeugd bewust inwisselen voor de volwassen vrouw van nu. Zelfs als je met de beste bedoelingen begint, kan het verleidelijk zijn om het bijltje erbij neer te gooien als je te veel weerstand tegenkomt. Carol en ik schreven:

> 'Zodra lieve meisjes proberen te veranderen en ze hun eigen behoeften op de eerste plaats zetten, ontdekken ze dat anderen hun een schuldgevoel willen aanpraten. Ze zouden egotistisch zijn en niet om anderen geven. Het lieve meisje wil wel veranderen, maar de mensen om haar heen willen de situatie graag laten zoals die is, want daar hebben zij baat bij. Succesvolle vrouwen begrijpen dat deze weerstand onvermijdelijk is bij het vormen van relaties.'

Het probleem is dat veel vrouwen geneigd zijn te kiezen voor de weg van de minste weerstand. Op die manier gaan ze de felle discussies uit de weg waarmee veranderingen nu eenmaal gepaard gaan. Het goede nieuws is dat veel vormen van weerstand te overwinnen zijn. Obstakels die op het eerste gezicht onneembaar lijken, kun je te lijf gaan met doorzettingsvermogen, een op geduld gebaseerde strategie en tactisch inzicht.

De overgang

lief meisje

⇓

evalueer het verleden

visualiseer de toekomst

bouw relaties op die prettig werken

doe aan verwachtingsmanagement

stel betekenisvolle berichten op

wees voorbereid op tegenslag

gebruik en deel je netwerk

leef naar je waarden

⇓

succesvolle vrouw

COACHINGTIPS

- Ondervind je weerstand? Dat is een teken dat je op het goede spoor zit. Je komt op voor jezelf en voor je doelen. Enige weerstand is soms onvermijdelijk, maar laat je er niet door ontmoedigen. Gebruik die juist om je doelen dichterbij te brengen.
- Gebruik situaties waarin niet te veel op het spel staat als oefening in leren om voor jezelf op te komen. Denk bijvoorbeeld aan een artikel terugbrengen naar een winkel of een maaltijd in een restaurant terugsturen naar de keuken. Wat je hier leert, kun je op een later moment, als er meer op het spel staat, opnieuw toepassen.
- Stel vragen om te ontdekken wat de echte reden voor de weerstand is. Weten dat mensen niet willen dat je verandert is niet genoeg; je moet weten *waarom* ze dat niet willen. Als iemand de hakken in het zand zet, vraag dan naar de achterliggende redenen. Daarna kun je via onderhandelingen vaak uitkomen op een situatie die voor beide partijen werkt.

ACTIEPUNT VOOR MIJ ☐

FOUT 20

Je niet voorbereiden op sociale interactie

Het beste advies dat ik ooit op school heb gekregen kwam van een docent natuurkunde in de onderbouw: 'Wie zich goed voorbereidt, heeft meer geluk.' Dit betekent natuurlijk dat je vooruit moet denken. Dat kunnen lieve meisjes wel, maar omdat ze zo bezig zijn om alles nú goed te doen, zien ze vaak dingen over het hoofd. Daardoor zijn ze in het nadeel als ze opeens moeten improviseren, steun voor projecten of ideeën moeten optrommelen of in een sociale situatie het onderste uit de kan willen halen.

De ervaring van Deeana laat mooi zien wat er mis kan gaan als je je niet voorbereidt. Tijdens een feestje op haar werk knoopte ze een praatje aan met het hoofd van haar afdeling, met wie ze een goede verstandhouding had. Hij begon meteen te vertellen over zijn zoon, die aan dezelfde universiteit ging studeren als waar Deeana's dochter studeerde. Deeana bleef beleefd, maar wilde het gesprek eigenlijk op iets anders brengen, namelijk een groot project waaraan ze werkte en waarvoor ze zijn steun nodig had. Voordat ze daarover kon beginnen, kwam een van haar mannelijke collega's tussenbeide. Hij stak meteen van wal over de uitdagingen en prestaties van hun bedrijf in het afgelopen jaar. Het hoofd van de afdeling, dat inmiddels was uitgepraat over zijn zoon, richtte zijn aandacht op de man en zette het gesprek met hem voort. 'Ik ben blij dat ik met de directeuren door een deur kan,' aldus Deeana, 'maar ik vind het niet fijn dat ze me alleen maar zien als een moederfiguur en een vrouw die goed kan luisteren.'

Dit is voor lieve meisjes een van de valkuilen van een grote emotionele intelligentie. We kunnen anderen heel goed op hun gemak stellen, maar we buiten dat talent niet altijd voldoende uit. We moeten ons beter voorbereiden op sociale interactie en informele gesprekken, want dat zijn de perfecte gelegenheden om over zaken te beginnen.

COACHINGTIPS

- Bereid je voor op elke informele gelegenheid die je bezoekt. Zie die altijd als een kans om zakelijke kwesties aan te snijden die voor jou of je team belangrijk zijn. Als je van tevoren weet wie er aanwezig zijn, kun je bepalen wie je voor welke vragen, problemen of projecten het beste kunt aanspreken.
- Een goede voorbereiding kan je helpen om een gesprek een bepaalde richting uit te sturen. Als Deeana naar het feestje was gegaan met minstens één belangrijk onderwerp in gedachten, dan had ze het gesprek met een eenvoudige opmerking op dat thema kunnen brengen. Denk bijvoorbeeld aan: 'Wat fijn dat uw zoon daar gaat studeren. Het is een van de beste universiteiten van het land, en mochten jullie ergens hulp bij nodig hebben, laat het me dan weten. En nu ik u toch spreek, wil ik het graag nog even hebben over de voortgang op de verkoopafdeling.'
- Zorg ervoor dat je de agenda's voor zowel officiële vergaderingen als informele bijeenkomsten vooraf kunt inzien. Elke gelegenheid biedt je de kans om je persoonlijke merk verder uit te bouwen en anderen te laten zien dat je er klaar voor bent. Doe je huiswerk, dan kom je altijd beslagen ten ijs.
- Volg cursussen op het gebied van effectief communiceren en netwerken.

ACTIEPUNT VOOR MIJ ☐

FOUT 21
Multitasken

Het is bewezen dat vrouwen beter kunnen multitasken dan mannen. De hersenbalk (corpus callosum), die beide grote hersenhelften met elkaar verbindt en uitwisseling van informatie mogelijk maakt, is in vrouwelijke hersenen 30 procent beter ontwikkeld dan bij mannen. Hierdoor kan informatie sneller van de ene naar de andere helft worden doorgeseind en kan een vrouw zich op meer dan een ding tegelijk concentreren. Fantastisch, nu wordt er al helemaal van ons verwacht dat we meer doen dan mannen, en in minder tijd.

Een kennis van me, die psychiater is, zei ooit tegen me: 'Dat je iets kúnt doen, betekent nog niet dat je het móét doen.' Dat gaat zeker op voor multitasken. Jeremy Hunter is expert op het gebied van productiviteit op de werkvloer en docent aan de prestigieuze Drucker School of Management. Hij heeft ontdekt dat multitasken je niet alleen minder efficiënt maakt, maar dat het na verloop van tijd zelfs je hersenen kan beschadigen. Als je je aandacht tussen twee taken moet verdelen, neemt het intellectueel vermogen dat je aan deze taken kunt besteden af. Het resultaat? Geen van beide taken wordt goed uitgevoerd.

Hunter zegt ook dat de nadelen op de korte termijn, dus het minder efficiënt en effectief zijn, nog eens worden versterkt door nadelen op de lange termijn: een chronisch overbelast brein. Dit kan leiden tot een lawine van problemen: een slechter geheugen, concentratieverlies en het onvermogen om beslissingen te nemen of nieuwe dingen te leren. Chronische stress kan leiden tot depressie, angststoornissen, hartkwalen, onvruchtbaarheid en een verzwakt immuunsysteem. En dat kun je allemaal vermijden als je je aanleert om je op één ding tegelijk te concentreren.

COACHINGTIPS

- Vraag om hulp. We zitten vaak te multitasken omdat er te veel op onze bordjes ligt. Schakel thuis en op kantoor anderen in voor regelmatige terugkerende taken die niet per se door jou hoeven te worden gedaan.
- Kies drie tot vijf momenten per dag uit waarop je bewust níét multitaskt. Opstaan, naar je werk rijden, met vrienden of je gezin een hapje eten, sporten, met de kinderen spelen, een concert of toneelstuk bezoeken of een vergadering bijwonen. Inventariseer de momenten waarop je aan het multitasken bent en neem maatregelen om dat aantal terug te brengen.
- Laat je niet afleiden door binnenkomende mailtjes en zet het alert van je mailprogramma uit.
- En het allerbelangrijkste: focus je op je huidige taak of gezelschap.

ACTIEPUNT VOOR MIJ ☐

FOUT 22

Andere vrouwen neersabelen

Een van de vragen die me bij minstens de helft van mijn presentaties wordt gesteld is niet echt een vraag. Wanneer iemand zegt: 'Wat vind je ervan dat vrouwen elkaar niet steunen, maar juist altijd afkraken?', dan weet ik dat diegene het eigenlijk heeft over haar eigen ervaring met de soms ingewikkelde verhoudingen tussen vrouwen op de werkvloer. Mijn ervaring is heel anders. Ja, ook ik heb vrouwen gekend die me zonder aarzelen een loer zouden draaien als ze de kans kregen, maar er zijn evenveel mannen voor wie hetzelfde geldt. Dergelijk gedrag is niet aan een bepaalde sekse gebonden.

Ik denk dat er een aantal redenen is waarom vrouwen zo fel reageren op gedrag dat ze bij mannen door de vingers zien:

- We verwachten dat vrouwen ons beter behandelen dan mannen doen. Is dat niet het geval, dan treedt er een 'cognitieve dissonantie' op: we voelen ons niet op ons gemak omdat onze verwachtingen niet overeenstemmen met de werkelijkheid.
- We wijzen vrouwen veel vaker dan mannen op hun tekortkomingen; dit is zelfs sociaal acceptabel. Mannen doen dit voortdurend bij vrouwen, dus het is geen wonder dat minder verlichte vrouwen hun voorbeeld volgen.
- Er heerst meer concurrentie onder vrouwen die hogerop willen komen, simpelweg omdat ze om te beginnen al minder kansen hebben dan mannen. Vrouwen op weg naar de top zien andere vrouwen vooral als hun directe concurrenten, terecht of niet.

Vrouwen doen er beslist verkeerd aan om andere vrouwen met minder respect dan mannen te behandelen. Dan houden we namelijk alleen maar de eeuwige mythe in stand dat we elkaars grootste vijanden zijn. Een andere vrouw respectloos behandelen is dom en kan tegen je werken. Stel dat de vrouw die jou over haar op het damestoilet hoorde roddelen wordt benoemd tot het hoofd van jouw afdeling? Of dat je voor jezelf begint en zij degene is die de toeleveranciers uitkiest? Dan is ze echt niet vergeten wie je bent.

COACHINGTIPS

- Niet neersabelen, maar ophemelen. Grijp elke kans aan om de reputatie van je vrouwelijke collega's op te vijzelen. Geef ze in het openbaar een complimentje. Als constructieve feedback nodig is, geef die dan onder vier ogen.
- Beveel vrouwen aan voor promotie of projecten met het nodige aanzien en wees niet bang dat iemand je ervan beschuldigt dat je dat doet omdat het vrouwen zijn. Met dergelijke opmerkingen willen mannen voorkomen dat je het nog eens doet!
- Is er nog geen steungroep of netwerk voor vrouwen in jouw bedrijf? Richt er dan zelf eentje op. Kijk voor meer informatie over netwerken voor vrouwen op Allevrouwennetwerken.nl.
- Trek je terug uit gesprekken waarin vrouwen over andere vrouwen roddelen. Loop weg of wees zo dapper om te zeggen dat je liever goed- dan kwaadspreekt over vrouwen op kantoor.

ACTIEPUNT VOOR MIJ ☐

FOUT 23
Geen dikke huid hebben

Ken je de film *A League Of Their Own*? (Zo niet, ga dan meteen kijken, want de steun die vrouwen elkaar in deze film bieden is geweldig). Tom Hanks speelt hierin de rol van Jimmy Dugan, coach van dameshonkbalteam de Rockford Peaches die niet bepaald mals is voor zijn speelsters.

> **Jimmy Dugan:** 'Evelyn, kun je even hier komen? Voor welk team speel je?'
> **Evelyn Gardner:** 'Nou, ik ben een Peach.'
> **Jimmy Dugan:** 'Ik vroeg me gewoon af waarom je zo speelde terwijl we voor stonden. Nu kon de tegenstander twee honken verder komen en zijn we onze voorsprong kwijt. Gebruik je hersens eens. Die zitten een meter of wat boven je reet.'
> [Evelyn begint te huilen]
> **Jimmy Dugan:** 'Sta je nu te janken? Sta je te janken? STA JE TE JANKEN? Er wordt niet gejankt! BIJ HONKBAL WORDT NIET GEJANKT!'

Huilen is een van de manieren waarop vrouwen laten zien dat ze geen dikke huid hebben, en op huilen als fout ga ik later uitgebreid in. Informatie voor zich houden, iemand doodzwijgen, passief-agressief gedrag: het zijn slechts een paar van de manieren waarop vrouwen laten zien dat ze niet veel kunnen hebben. Het is je vast weleens opgevallen dat mannen elkaar kunnen uitmaken voor alles wat mooi en lelijk is en daarna samen een biertje pakken. Voor hen is een meningsverschil niet meer dan dat, maar vrouwen kunnen een enorme wrok blijven koesteren. Eén kleine misstap, en een relatie die jarenlang goed was kan zo de prullenbak in.

Als je in de categorie overgevoelige vrouwen valt, heb ik een advies van slechts vier woorden: stel je niet aan. In haar boek *The Male Factor: The Unwritten Rules, Misperceptions, and Secret Beliefs of Men in the Workplace* noemt Shaunti Feldhahn overgevoeligheid als een van de grootste ergernissen die mannen over vrouwen hebben. Mannen vatten dingen simpelweg een stuk minder persoonlijk op dan vrouwen, zo zitten ze in elkaar. Ze zien werk als iets zakelijks, niet als iets persoonlijks. Als vrouwen willen laten zien dat ze het uithoudingsvermogen hebben om in dezelfde divisie te spelen, dan moeten ze persoonlijke gevoelens langs de zijlijn parkeren, zeker als het gaat om het krijgen van feedback.

COACHINGTIPS

- Neem altijd aan dat iemand het beste met je voorheeft, niet het slechtste. De meeste mensen zijn er helemaal niet op uit om een ander af te kraken. Blijf niet doormalen over een opmerking of actie totdat je staat te koken van woede, maar probeer te bepalen wat de ander ermee bedoelt. Ja, een ondoordachte, overhaaste opmerking kan kwetsend zijn, maar je moet er geen etterende wond van maken.
- Gebruik woorden. Laat je emoties niet voor je spreken, maar ga een dialoog aan en leg uit hoe je je voelt. Vaak helpt een dergelijk gesprek de lucht te klaren.
- Schiet niet meteen in de verdediging bij negatieve feedback. Stel in plaats daarvan vragen die je helpen kritiek te begrijpen, bedank de ander omdat die de tijd heeft genomen om je feedback te geven en vraag je af of eventuele kritiek terecht is. Zo ja, doe er dan iets mee. Zo niet, laat het los.

ACTIEPUNT VOOR MIJ ☐

FOUT 24
Enquêteren voor een beslissing

Jennifer heeft gestudeerd aan een topuniversiteit en werkt voor een wereldberoemd oliebedrijf. Haar werk wordt als uitstekend beoordeeld. Toen er iemand promotie zou kunnen krijgen, stond haar naam op de lijst. Helaas wist iedereen dat ze geen stap kon zetten voordat ze iedereen om advies had gevraagd. Daarom werd ze niet gezien als iemand die snel beslissingen kon nemen. Het was uitgesloten dat ze manager kon worden.

Dit noem ik enquêteren. Anderen betrekken bij een beslissing is goed. Niet kunnen beginnen voordat je weet wat iedereen ervan vindt is niet goed. Het is een techniek die vrouwen gebruiken om latere confrontaties uit de weg te gaan. Als ze van tevoren goedkeuring kunnen krijgen, kan niemand ze later bekritiseren. Als je te zelfstandig werkt word je gezien als een *loner* die niet naar anderen luistert, en als je niet zelfstandig genoeg bent zien ze je als iemand die niet zelfverzekerd genoeg is. Het ideaal is om de waarde van input in te zien, maar toch zelfstandig te blijven.

COACHINGTIPS

- Neem meer risico zonder eerst de mening van je supervisor te vragen. Begin met kleine, onopvallende beslissingen.
- Vraag je af wat je te verliezen hebt als je zelfstandig optreedt. Ga bij jezelf na waarom je het mechanisme van goedkeuring in stand houdt.
- Ga niet te ver in de verzelfstandiging. Er zijn tijden waarin het juist goed is om veel input en/of goedkeuring te vragen. Het gaat dan meestal om belangrijke beslissingen waarmee veel gemoeid is.

ACTIEPUNT VOOR MIJ ☐

FOUT 25

Aardig gevonden willen worden

'Ik kan er niet omheen, jullie vinden me leuk! Op dit moment vinden jullie me leuk!' Dat riep Sally Field toen ze in 1984 de Oscar voor beste actrice won voor haar rol in *Places in the Heart.* Er is geen beter voorbeeld van hoe het verlangen om leuk of aardig gevonden te worden succes in de weg kan staan. Tot dat moment had Sally Field gespeeld in *Gidget, The Flying Nun* en *Smokey and the Bandit.* Deze gênante Oscarspeech werd een keerpunt. Ze begon serieuzere rollen te spelen, ging regisseren en produceren, en ging anders om met de media.

Aardig gevonden worden kan doorslaggevend zijn voor je succes. Mensen krijgen promotie (of juist niet) en worden aangenomen (of ontslagen) omdat ze wel of niet aardig gevonden worden. Bij ons op kantoor hebben we een bijzonder wetenschappelijk onderbouwde test waarmee we bepalen of iemand aardig is: de biertest. Tijdens het eerste gesprek met een cliënt vragen we onszelf af: is dit iemand met wie ik een biertje of een kop koffie zou willen drinken? Als het antwoord nee is, weten we dat ons nog heel wat te doen staat.

Het verlangen om aardig gevonden te worden zit er bij sommige mensen zó ingebakken dat ze zich bijna niet anders kunnen gedragen. Besef goed dat er verschil is tussen aardig gevonden worden en gerespecteerd worden. Als je alleen maar aardig gevonden wilt worden, loop je kans dat je niet gerespecteerd wordt. Je kunt daardoor niet het soort risico's nemen die gerespecteerde mensen wel nemen. Aan de andere kant heb je niets aan respect als niemand je aardig vindt, want dan zal nooit iemand je steunen. Paradoxaal genoeg worden de succesvolste mensen aardig gevonden én gerespecteerd.

Carol Frohlinger, die alles weet over hoe vrouwen onderhandelen, leerde me tijdens het werk aan ons gezamenlijke boek *Nice Girls Just Don't Get It* iets heel belangrijks: niet alle relaties zijn gelijkwaardig. Er zijn transactionele relaties, tussen jou en iemand met wie je zelden of eenmalig zakendoet, en persoonlijke relaties, die veel langer duren. Vrouwen zijn geneigd om beide soorten relaties precies hetzelfde te behandelen en verspillen daardoor tijd en energie (en voelen zich snel gebruikt of benadeeld). Onderscheid maken is dus essentieel.

Laten we als voorbeeld die passagier naast je in het vliegtuig nemen die een praatje met je aanknoopt. Je hebt een lange week vol besprekingen achter de rug en wilt tijdens de vlucht even relaxen en naar een muziekje luisteren. Een lief meisje voert dat gesprek omdat de medepassagier dat wil, een volwassen vrouw uit een paar beleefdheden en zet vervolgens haar koptelefoon op en leunt lekker achterover. Dit is namelijk een transactionele relatie: je ziet de ander waarschijnlijk nooit meer. Dat betekent niet dat je onbeleefd moet zijn, maar wel dat je niet zoveel energie in deze relatie hoeft te steken als in een relatie die veel belangrijker voor je is. Het doet er niet toe of deze persoon jou aardig vindt of niet.

Als je in hetzelfde vliegtuig naast een collega zit met wie je de hele week hebt samengewerkt en die een persoonlijke kwestie wil bespreken, ligt het iets ingewikkelder. Dit is namelijk een persoonlijke relatie die nog wel even zal voortduren. Je collega hoeft je niet per se aardig te vinden, maar de werkrelatie tussen jullie moet wel goed blijven.

In ieder van ons zit een klein meisje dat aardig gevonden wil worden – daar is niets mis mee. Maar als het kleine meisje de rationele volwassen vrouw gaat overschaduwen, zit er wel wat verkeerd. Aardig gevonden worden is weliswaar nodig om succesvol te zijn, maar dat alleen is niet genoeg.

COACHINGTIPS

- Vervang de gedachte: maar anderen vinden me niet aardig als ik... door: dit vinden anderen misschien niet fijn, maar ik handel in elk geval overeenkomstig mijn eigen waarden.
- Vraag je af waar dat verlangen om aardig gevonden te worden vandaan komt. De volgende vragen kunnen je op weg helpen: 'Wat is het ergste wat kan gebeuren als ik gewoon mezelf ben?' en 'Wat is mij vroeger geleerd over dat mensen mij aardig moesten vinden?' Als je deze vragen kunt beantwoorden heb je een betere kans eroverheen te komen.
- Vind een tussenweg tussen voor anderen zorgen en voor jezelf zorgen. Voordat je toestemt in iets wat je eigenlijk niet wilt, moet je je afvragen hoe erg het is als de ander een beetje geërgerd is als je weigert. Als mensen boos op ons worden, of geërgerd doen, heeft dat vaak als doel om ons naar hun pijpen te laten dansen. Trap er niet in.
- Maak onderscheid tussen transactionele en persoonlijke relaties en behandel die allebei op een andere manier.

ACTIEPUNT VOOR MIJ ☐

FOUT 26

Niet aardig gevonden willen worden

Ja, je leest het goed. Voor veel vrouwen is dit de keerzijde van de medaille als ze niet meer constant aardig gevonden hoeven te worden. Ze willen niet te slap overkomen, en daarom zeggen ze tegen zichzelf: *Ik hoef geen populariteitswedstrijd te winnen*. Nou, het is mijn taak om te zeggen: *Jawel*.

Kijk maar eens wat Hillary Clinton overkwam tijdens de Amerikaanse verkiezingen van 2008: de nominatie van presidentskandidaat ging aan haar neus voorbij. Volgens mij niet omdat het land nog niet klaar was voor een vrouw als president, maar omdat ze lang niet zo aardig werd gevonden als Barack Obama (en zeker niet zo aardig als haar man Bill).

Dokter Sharon Mass, een van de directeuren van een privékliniek, geloofde me niet. Nu mag ik haar naam en verhaal vertellen om aan te geven hoe dit fenomeen je carrière in de weg kan zitten.

Sharon heeft een hart van goud. Ze geeft echt om mensen. Ze is ook nog heel slim en de beste op haar vakgebied. Haar probleem was dat mensen dit allemaal niet over haar wisten. Ze zagen haar als een perfectionistische matrone die het werk belangrijker vond dan de behoeftes van haar personeel. Diep vanbinnen was ze bang dat er misbruik van gemaakt zou worden als mensen zagen hoe warm en empathisch ze echt was. Daarom ging ze overcompenseren. Net als veel vrouwen moest Sharon leren haar menselijke, meer stereotiepe vrouwelijke kant te laten zien, terwijl ze tegelijkertijd het beste bleef halen uit haar meer mannelijke kant.

COACHINGTIPS

- Lees *De kracht van aardig zijn, verover de markt met een glimlach* van Linda Kaplan Thaler en Robin Koval (Altamira-Becht, 2007). Dat boek is vaak de tegenhanger van het mijne genoemd, maar in feite denken we over veel dingen hetzelfde. Door onaardig te zijn kom je nooit zo ver als door aardig te zijn, maar gedraag je nooit zoals je tijdens je jeugd hebt geleerd: als een klein meisje.
- Aardig zijn betekent niet dat je over je laat lopen. Stel daarom tijdig grenzen.
- Investeer in het opbouwen van relaties. Als je een contact pas opbouwt als je het nodig hebt, ben je te laat.
- Luister naar anderen. Iedereen heeft een luisterend oor nodig. Leer wat je collega's en klanten belangrijk vinden en volg niet de gulden regel (behandel anderen zoals je zelf wilt worden behandeld), maar de platina regel: behandel anderen zoals zij willen worden behandeld.
- Denk aan het motto voor succes van Mary Kay Ash: behandel iedereen alsof ze met een bordje rondlopen waarop staat: GEEF ME HET GEVOEL DAT IK BELANGRIJK BEN.

ACTIEPUNT VOOR MIJ ☐

FOUT 27

Geen vragen stellen omdat je bang bent dat je dom overkomt

Hoe vaak moeten we horen dat er geen domme vragen bestaan, voor we het geloven? Het probleem is dat we denken dat het beter is om eruit te zien als een dommerd dan om je mond open te doen en die indruk te bevestigen. Nou, daar ben ik het niet mee eens. Een legitieme vraag stellen (niet een opmerking als vraag maskeren, daar kom ik later op) om iets te begrijpen is een teken van zelfvertrouwen, niet van onwetendheid. Als bijna dertig jaar werken binnen bedrijven me íéts heeft geleerd, dan is het dit: als ik het niet begrijp, dan begrijpt de rest het waarschijnlijk ook niet.

Lieve meisjes stellen soms geen vragen omdat ze de tijd van de groep niet willen verspillen. Vraag jezelf af of het antwoord op jouw vraag voor meer aanwezigen nuttig zou kunnen zijn. Als het antwoord alleen voor jou nuttig is, dan kun je wachten tot na de vergadering, en de vraag een-op-een stellen. Als anderen er ook wat aan hebben of als je later geen gelegenheid meer hebt om de vraag te stellen, stel hem dan. Vraag je wel af waar de anderen behoefte aan hebben. Als je al een aantal vragen hebt gesteld en je ziet de anderen onrustig worden omdat de vergadering toch al te lang duurt, bedenk dan of het echt zo belangrijk is dat je het antwoord nu krijgt.

COACHINGTIPS

- Als je iets niet snapt, vraag het dan. Dat is veel beter dan met de verkeerde informatie aan het werk gaan.
- Kijk hoe mensen zich in vergaderingen gedragen. Gebruik dit als een mogelijkheid om de groep te helpen door te zeggen: 'Ik zie aan de gezichten hier dat het nog niet helemaal duidelijk is. Kun je ons wat voorbeelden geven of het anders formuleren?'
- Als het niet duidelijk lijkt, *is* het waarschijnlijk ook niet duidelijk.
- Gebruik simpele formules om om verduidelijking te vragen. Bijvoorbeeld: 'Begrijp ik goed dat we zes maanden hebben voor fase één van het project, drie maanden voor fase twee, en zes maanden voor fase drie? 'Als je ernaast zit, dan hoor je het. Als je het goed begrepen hebt, krijg je de informatie die je nodig hebt.
- Als mensen je het gevoel geven dat je dom bent nadat je een vraag hebt gesteld, dan kun je ervan uitgaan dat het hun probleem is, niet het jouwe. Als ze dit consequent doen, vraag ze dan op de man af waarom ze het nodig vinden om jou naar beneden te halen alleen omdat je een vraag hebt gesteld.

ACTIEPUNT VOOR MIJ ☐

FOUT 28

Voor man spelen

De nadruk bij deze fout ligt op 'spelen'. Veel vrouwen hebben stereotiepe mannelijke eigenschappen en gedragen zich ernaar. Deze vrouwen zijn niet aan het spelen; ze zijn gewoon zichzelf. Voor hen werkt het. Als je niet zo bent, gedraag je dan ook niet zo. Je zult een mannenrol nooit zo goed spelen als een vrouwenrol. Inmiddels snap je wel waar dit boek over gaat: je moet een compleet arsenaal van tactieken en technieken tot je beschikking hebben die passen bij een vrouw. Je moet niet voor man spelen.

Voor man spelen brengt je op de werkvloer onherroepelijk in de problemen. Net zoals we van mannen bepaald gedrag verwachten, geldt dat ook voor vrouwen. Als ze zich anders gedragen, ontstaat er dissonantie. Als hun gedrag niet past bij onze verwachtingen, dan wantrouwen we ze of denken we dat ze hun rol niet kennen. Je moet dus de rol spelen die mensen van je verwachten, terwijl je tegelijkertijd het toneel groter maakt.

Dat je anders bent dan mannen kun je niet veranderen of verbergen. We krijgen soms het gevoel dat we ons verkeerd gedragen, maar dat is natuurlijk weer bedoeld om ons eronder te houden. Trap er niet in. Vrouwen brengen unieke vaardigheden mee die, zeker vandaag de dag, nodig zijn in bedrijven. We hebben de neiging om eerder samen te werken dan te wedijveren, eerder te luisteren dan te praten, en eerder aan sociale contacten te denken dan aan spierballengedrag; dat zijn precies de dingen die ik mannen probeer aan te leren. Maar het gaat allemaal om de balans. Net zoals mannen hun stereotiepe gedrag kunnen overdrijven, kunnen vrouwen dat ook.

Iets waar je rekening mee moet houden is dat de normen per bedrijfscultuur verschillen. In een bedrijf dat ik ken geldt dat vrouwen en mannen zich altijd als dames en heren moeten gedragen. Ik ontdekte dit toen ik feedback gaf aan een vrouw. Ik zei dat ze harder moest praten en assertiever moest zijn als ze serieus genomen wilde worden. Ze antwoordde – en andere vrouwen in de groep beaamden dit – dat de directeur niet van agressieve vrouwen hield en dat ze haar baan zou kwijtraken als ze zich anders zou gedragen. Deze vrouw had er geen moeite mee zich aan te passen aan de norm, omdat het paste bij haar karakter.

Als we deze vrouw met een toverstafje ineens in een ander bedrijf zouden neerzetten – in een cultuur waar je juist agressief móét zijn om te worden gehoord – dan zou haar gedrag uit de toon vallen en zou ze waarschijnlijk niet hetzelfde succes hebben als bij het bedrijf waar ze nu werkt. Ze zou moeten beslissen of ze haar vaardigheden zou willen uitbreiden, of dat ze op zoek zou gaan naar een andere bedrijfscultuur, waarvoor ze geen aanpassingen zou hoeven te maken. In de meeste bedrijven is de norm overigens niet zo rigide gedefinieerd en kunnen vrouwen hun grenzen verleggen zonder op het matje geroepen te worden.

COACHINGTIPS

- Blijf leren wat je eigen stijl is, wat werkt, waar je vastzit, en bedenk ook manieren waarop je je natuurlijke talenten kunt aanvullen met nieuw gedrag. Je kunt dit doen door feedback te vragen, jezelf met video op te nemen in een vergadering of terwijl je een presentatie geeft, of door een workshop persoonlijke ontwikkeling te volgen.
- Verander de regels zodat jij krijgt wat je nodig hebt, en anderen wat ze verwachten. Met je vuist op tafel slaan en hard praten is misschien niet acceptabel, maar de 'techniek van de kapotte grammofoon' (steeds hetzelfde zeggen, op verschillende manieren) kan ook veel voor je doen.
- Wees je ervan bewust dat normen per bedrijfscultuur verschillen. Wat bij een bedrijf werkt, hoeft ergens anders nog niet te werken. Observeer de normen en pas je aan. Als je jezelf er niet toe kunt zetten om je volgens de normen te gedragen, dan kun je beter een baan zoeken waar de bedrijfscultuur beter past bij jouw natuurlijke stijl.

ACTIEPUNT VOOR MIJ ☐

FOUT 29

'Een van de jongens' proberen te zijn

Deze variant op 'voor man spelen' komt vaak aan de orde in gesprekken met vrouwen die werkzaam zijn in een van oudsher door mannen gedomineerde sector, zoals de bouw, de brandweer of politie en bepaalde technische beroepen. Vooral jonge vrouwen die moeten samenwerken met oudere mannen worden soms eerder als een dochter dan als een collega behandeld.

Het valt niet mee om de enige vrouw te zijn. Mogelijk ga je je dan als 'een van de jongens' gedragen, bijvoorbeeld door te vloeken als een bootwerker, om foute grappen te lachen (of die zelf te vertellen), of tot het laatste rondje in de kroeg te blijven hangen. Op de korte termijn kan dit helpen om je als enige vrouw in het gezelschap minder ongemakkelijk te voelen, maar het is geen strategie voor op de lange termijn. Mannen prikken door dit gedrag heen en krijgen minder vertrouwen in je.

Moet je dan voor het andere uiterste kiezen en je opstellen als een femme fatale of een jonkvrouw in nood? Niks ervan, dat is net zo nep. Je kunt dit soort situaties alleen met succes de baas worden als je jezelf blijft. Benadruk je professionele instelling, maak duidelijk wat je toegevoegde waarde is en behandel de mannen vriendelijk, doortastend en met een beetje humor.

COACHINGTIPS

- Laat de jongens jongens zijn – tot op zekere hoogte. Om een of andere reden die ik nog steeds niet helemaal begrijp gaat elke groep mannen die je langere tijd bij elkaar zet vroeg of laat over tot gedrag dat je eerder in een voetbalkantine verwacht. Het is niet aan jou om ervoor te zorgen dat ze zich gedragen, maar je hoeft hun wangedrag evenmin te tolereren. Als een man vloekt en je vervolgens verontschuldigend aankijkt, zeg dan: 'Geen punt, dat heb ik wel vaker gehoord.' Aan de andere kant, als je uitwerpselen in je bouwhelm aantreft (dit overkwam een vrouw die op een raffinaderij werkte), moet je de jongens duidelijk maken dat je een volgende keer stappen tegen ze zult ondernemen.
- Verwar de mannen op je werk niet met je broers, vader, opa of echtgenoot. Vrouwen projecteren de eigenschappen van mannen uit hun eigen omgeving vaak op de mannen op hun werk, maar je gaat op een andere manier met vrienden en familie om dan met je collega's. Zie al je mannelijke collega's als gelijkwaardig, ongeacht leeftijd of positie. Daar heb je voordeel van als je ooit tegenover elkaar komt te staan.
- Til er niet zo zwaar aan. Je moet het feit dat je de enige vrouw bent met een zekere humor bekijken. Bedenk een paar rake opmerkingen die je op het juiste moment kunt gebruiken. Als een man grapt dat je als enige vrouw loopt te stuntelen, zeg dan iets als: 'Ik wil jou weleens op deze hakken zien lopen.'
- Laat iedereen versteld staan van je professionele instelling. Laat voortdurend zien wat je weet en kunt. Als je dit volhoudt, zal je sekse er na verloop van tijd niet meer toe doen. Tegen talent valt niets in te brengen.

ACTIEPUNT VOOR MIJ ☐

FOUT 30
De waarheid vertellen, de hele waarheid, en niets dan de waarheid (zo helpe u God)

Waarom hebben vrouwen zoveel vaker dan mannen de behoefte om de waarheid over zichzelf eruit te gooien, ook al halen ze zichzelf ermee naar beneden? Er is ooit een studie gedaan waarbij mannen en vrouwen zichzelf moesten beschrijven. Bij de mannen maakte het niet uit hoe ze eruitzagen, ze beschreven zichzelf positief (of ten minste neutraal).'Ik ben 1 meter 75, bruin haar, 95 kilo, en ik heb een snor,' zei een kalende, dikke man. Juist. En ik ben Julia Roberts. Vrouwen waren veel negatiever over zichzelf. 'Mijn haar wordt grijs, ik zou wel wat af mogen vallen, ik zie er niet ál te slecht uit...'

Vrouwen doen hetzelfde als ze verslag moeten uitbrengen over een project waarin iets fout is gegaan. Ze geven zichzelf de schuld en noemen alle dingen die ze anders hadden kunnen doen. Wat doen mannen? Ze zijn veel objectiever in hun beschrijvingen en betrekken het niet op zichzelf. Toen een man beschuldigd werd van het bedenken van een slechte methode, zei hij: 'Het probleem was niet de methode, het probleem was dat de methode geen realistische gegevens van het proces reflecteerde.' En wíé had die methodologie ook alweer ontwikkeld?

Anne Mulcahy, chairman en CEO van Xerox, heeft aan den lijve ondervonden hoe het vertellen van de absolute waarheid je in de problemen kan brengen. Toen ze net aangenomen was, vertelde ze op een investeerdersconferentie dat het beleidsmodel van Xerox 'onhoudbaar' was. De volgende dag daalden de aandelen van Xerox 26 procent. Mulcahy dacht dat ze rustig kon vertellen dat het beleidsmodel niet klopte, want het was algemeen bekend dat het bedrijf verlies draaide. 'Maar nu ik terugkijk,' zegt Mulcahy achteraf, 'had ik moeten zeggen: "Het bedrijf ziet in dat er veranderingen moeten worden doorgevoerd in het beleidsmodel."' Zij adviseert mensen om rechtdoorzee te zijn, maar er ook voor te zorgen dat je geen 'citaten geeft die uit hun context gerukt kunnen worden...'

Het lijkt erop dat Mulcahy nog niet had geleerd er een positieve draai aan te geven. De waarheid vertellen betekent niet dat je jezelf negatief moet presenteren. Je moet een eerlijke, objectieve beschrijving geven zonder jezelf de schuld te geven.

COACHINGTIPS

- Luister zorgvuldig naar de vraag die gesteld wordt en antwoord simpel en objectief. De vraag: 'Waarom is dit project niet op tijd afgekomen?' betekent niet dat de vraagsteller wil dat je jezelf de schuld geeft. Waarschijnlijk zijn er goede redenen dat het project niet afgekomen is en dát moet je dus wel vertellen. Een geschikt eerlijk antwoord zou zijn: 'Er zijn twee redenen. Ten eerste hadden we niet genoeg mensen beschikbaar om de onrealistische deadline te halen, en ten tweede was de benodigde informatie pas twee dagen voor de deadline beschikbaar.'
- Ook als je wel ergens schuld draagt, hoef je het niet erger te maken dan het is. Vermijd meepraten en uitleggen, en ga je al helemaal niet schuldig voelen. We maken *allemaal* fouten. Probeer je neutraal uit te drukken in plaats van je te verontschuldigen, uit te leggen en je te verdedigen. Oefen: 'Ik begrijp wat je zegt en ik zal er in het vervolg aan

denken.' Je laat niet weten of je het er wel of niet mee eens bent. Je beaamt dat je het begrepen hebt.
- Koppel al het negatiefs aan iets positiefs. Dat is wat 'een positieve draai geven' is.

Verander dit:	**In dit:**
• 'Ik moet toegeven dat ik er beter op had kunnen letten dat we binnen het budget bleven.'	• 'Hoewel we niet binnen het budget zijn gebleven, is het project wel eerder af dan gepland.'
• 'Ik zou willen dat ik me wat beter geïnformeerd had voordat ik de definitieve beslissing over die kandidaat had genomen.'	• 'Doordat deze werknemer niet bij deze baan bleek te passen, kwamen we erachter wat we wél zoeken in een kandidaat.'
• 'Ik denk niet dat ik geschikt ben voor deze baan – ik heb niet alle kwalificaties.'	• 'Het is waar dat ik niet álle kwalificaties heb, maar ik ben wel geschikt omdat ik zoveel praktijkervaring heb.

ACTIEPUNT VOOR MIJ ☐

FOUT 31

Te veel persoonlijke informatie geven

Deze fout heeft sinds de eerste editie van dit boek compleet andere proporties aangenomen. Tien jaar geleden bestonden Twitter, Facebook, Instagram, LinkedIn en al die andere netwerksites niet of nauwelijks, maar inmiddels zijn we eraan gewend om zelfs onze intiemste gedachten via internet met elkaar te delen. Gezien de vrouwelijke voorliefde voor gezelligheid kan het dan ook niet als een verrassing komen dat uit onderzoek is gebleken dat vrouwen in vergelijking met de gemiddelde volwassene:

- 8 procent vaker een blog beginnen of updaten; mannen doen dat juist 9 procent minder.
- 6 procent meer profielen op ten minste één netwerksite hebben aangemaakt; mannen 7 procent minder.
- Internet vaker gebruiken om contact te houden met vrienden en familie: 68 procent van de vrouwen doet dit, voor mannen ligt het percentage op 54.

Wat betekent dit voor jou? Dat je waarschijnlijk veel meer en veel persoonlijker informatie op internet zet dan de man aan het bureau naast je. Niemand, behalve misschien je partner, kind en heel misschien je moeder, hoeft te weten waar jij op een bepaald moment bent. Ik zit niet te wachten op mailtjes met jouw mening over van alles en nog wat. Als ik die wil horen, dan vraag ik daar wel naar. Het is bijzonder onverstandig om een toekomstige werkgever te voorzien van munitie die ooit tegen je kan worden gebruikt.

En dat is alleen nog maar digitaal. Hoe zit het met gesprekken van mens tot mens? De vrouw die me attent maakte op deze fout was een manager die had gemerkt dat de vrouwen in haar team veel te snel veel te persoonlijk werden. Toen ze een werkneemster in een persoonlijk gesprek vroeg waarom ze haar taken minder goed uitvoerde, begon deze te huilen en vertelde een lang en ingewikkeld verhaal over haar moeder die op sterven lag, haar zussen die geen verantwoordelijkheid op zich namen, dat zij alle beslissingen moest nemen en haar man werkloos was...

Relevant? Ja, maar het is meer dan haar baas moest weten. Haar baas kreeg de indruk dat ze niet goed tegen stress kon en gaf belangrijke projecten voortaan aan werknemers die stressbestendiger waren. Het delen van persoonlijke informatie is op zichzelf niet verkeerd, maar als je daarin te ver gaat, krijg je het later op je bord.

COACHINGTIPS

- Wees selectief met de persoonlijke informatie. Wat deel je met wie?
- Ga uit van de regel: beter te weinig dan te veel.
- Als je manager of supervisor bent, wees dan extra voorzichtig. De stelregel die ik hanteer is: wees de beste vriendin van je ondergeschikten, maar denk geen seconde dat zij jouw vrienden zijn. Andere managers of mensen die op hetzelfde niveau als jij werken, kun je wel in vertrouwen nemen.
- Manager of niet, je moet wel iets over jezelf vertellen, anders lijkt het alsof je iets te verbergen hebt. Door iets van je menselijke kant te laten zien, bouw je aan je netwerk.
- Als een persoonlijke situatie gaat interfereren met je werk, wees er dan eerlijk over, maar ook kort. Het is genoeg om te zeggen: 'Ik maak een moeilijke tijd door, maar mijn baan is belangrijk voor me. Ik doe mijn best om meer op de details te letten.'

ACTIEPUNT VOOR MIJ ☐

FOUT 32

Anderen nooit ofte nimmer willen beledigen

Het is een interessant fenomeen: als een man een controversiële mening heeft, voelt niemand zich beledigd. De toehoorders zijn misschien boos of gekwetst, maar de man wordt nooit voor de voeten geworpen dat hij zich onbehoorlijk heeft gedragen. Vrouwen krijgen eerder te horen dat ze over de schreef gaan, en lijken daarmee in te stemmen: moeilijke onderwerpen stellen ze liever niet aan de kaak. Dit is weer zo'n voorbeeld van iets wat tegen ons wordt gebruikt – en we stemmen er onbewust mee in. Als iemand beledigd reageert op een legitieme opmerking, dan is de impliciete boodschap dat je iets verkeerds of onbehoorlijks hebt gedaan. Daarom zul je eerder je mond houden. Als je dat vaak genoeg doet, train je anderen om zich beledigd op te stellen; zo komen ze van je af. Dat is een neerwaartse spiraal.

Karl Marx noemde het mystificatie: degenen met macht en invloed ontkennen dat er klassenverschillen zijn, en ontkennen vervolgens dat ze dat hebben ontkend. Op kantoor gaat dat als volgt.

Werknemer: 'Het is twee jaar geleden dat ik loonsverhoging heb gehad, en ik wil het er graag over hebben waarom ik denk dat ik het nu weer verdien.'
P&O-medewerker: 'Zeg je dat ik niet goed zorg voor onze werknemers?'
Werknemer: 'Nee, dat zeg ik niet, ik wil alleen praten over loonsverhoging.'

P&O-medewerker: 'Nou, je denkt dus duidelijk wel dat er een probleem is.'
Werknemer: 'Inderdaad denk ik wel dat er een probleem is als je twee jaar lang geen loonsverhoging krijgt, maar ik beschuldig jou daar niet van.'
P&O-medewerker: 'We hebben een systeem dat ervoor zorgt dat elke werknemer eerlijk betaald wordt.'
Werknemer: 'Maar als ik geen loonsverhoging heb gekregen, dan klopt er iets niet in het systeem. Ik denk dat je dat niet kunt zien vanuit jouw gezichtspunt.'

Zie je wat er gebeurt? Dit is een cirkeldiscussie waardoor het probleem nooit wordt opgelost en vrouwen de aftocht blazen of de onderwerpen niet eens ter sprake brengen. Ze zouden eens iemand beledigen.

COACHINGTIPS

- Gebruik het BLLC-model (zie fout 91) om je voor te bereiden op een moeilijk gesprek.
- Lees *Moeilijke gesprekken. Handleiding voor het voeren van gesprekken waar je als een berg tegenop ziet* door Douglas Stone (Uitgeverij Het Spectrum, 1999). Als je zo iemand bent die gesprekken vermijdt omdat je bang bent dat je iemand beledigt, dan staan hier goede tips in om te zeggen wat je wilt zonder je relatie met iemand te schaden.
- Als je een controversieel of ander standpunt hebt, probeer dan duidelijk aan te geven wat je wel en niet wilt: 'Ik wil niet dat je denkt dat ik niet gehoord hebt wat je zegt, want dat is wel zo. Ik stel voor dat we er eens op een andere manier naar kijken.'
- Laat de ander weten dat je het moeilijk vindt om iets te zeggen: 'Ik vind het een beetje moeilijk om dit te zeggen, maar ik wil je laten weten hoe deze situatie op mij overkomt.' Daardoor worden de meeste mensen geduldiger.
- Als je jezelf op een niet-beledigende manier hebt geuit en de ander is nog steeds beledigd, ga er dan niet in mee. Laat merken dat je weet dat de ander beledigd is – 'Ik zie dat je beledigd bent' – en luister naar wat hij of zij te zeggen heeft. Geef niet toe aan de neiging om de ander ook eens precies te vertellen wat jij er allemaal bij voelt.

ACTIEPUNT VOOR MIJ ☐

FOUT 33
Het belang van geld ontkennen

Ik ken alle statistieken van de verschillen in salarissen van mannen en vrouwen. Jij kent ze vast ook. Ik wil niet doen alsof deze ongelijkheid niet bestaat – dat doet het zeker. Maar tenzij je een activist voor gelijke rechten bent, heb je daar niet zoveel invloed op. De echte vraag voor veel vrouwen is: 'Wat ga je er voor jou persoonlijk aan doen?'

Geld is macht, en macht is iets wat vrouwen uit de weg gaan. Vraag een vrouw of ze machtig is en ze zal je vijf redenen geven waarom ze dat niet is. Daardoor voelt ze zich ongemakkelijk als het om geld gaat, en denkt ze dat ze minder waard is dan ze echt verdient. Of nog erger, ze denkt niet eens aan geld, als ze maar genoeg heeft om de rekeningen mee te betalen.

Het is een feit dat je krijgt waar je je op focust. Als je geen goed salaris hebt, of als je niet de loonsverhogingen krijgt waar je recht op hebt, dan moet je je op geld gaan concentreren. Dat betekent niet dat je je werk minder goed gaat doen – alleen dat je je eigen welvaren en dat van je familie net zo belangrijk vindt.

COACHINGTIPS

- Als je denkt dat je onderbetaald wordt, onderzoek dan wat normaal is voor jouw baan en jouw bedrijfstak. Je kunt dit op internet opzoeken, via een vakbeweging, of door het aan vrienden te vragen die bij andere soortgelijke bedrijven werken. Vraag wat de salarisschalen zijn, niet wat zij zelf exact verdienen.
- Als je inderdaad onderbetaald wordt, gebruik dan feiten en logica om je zaak te bepleiten. Vertel hoe jij het bedrijf geholpen hebt geld te verdienen of te besparen, en gebruik waar mogelijk cijfers. Zeg bijvoorbeeld: 'Sinds ik in deze positie zit, is onze winst met 23 procent gestegen en is het aantal klachten met 39 procent gedaald.' Vraag aan een vriend(in) om dit praatje met je te oefenen.
- Neem een abonnement op een tijdschrift dat vooral over geld en carrière gaat.
- Denk niet dat praten over geld platvloers of onbeleefd is.
- Ga bij een vrouwenbeleggingsclub, of richt er zelf een op.

ACTIEPUNT VOOR MIJ

FOUT 34
Flirten

Hoeveel duizenden vrouwen hebben hun droomprins(es) op het werk leren kennen, zijn verliefd geworden en getrouwd? Het gebeurt voortdurend en er is niet zoveel mis mee, maar het is potentieel gevaarlijk. Vraag maar aan Monica Lewinsky. Toen een journalist me ooit vroeg of een aantrekkelijke vrouw haar uiterlijk moet gebruiken om de baan te krijgen die ze wil, luidde mijn antwoord: '*Sex sells*, maar niet op de lange termijn.' De kans is groter dat het tegen je wordt gebruikt.

Ik coachte ooit een vrouw van wie iedereen dacht dat ze een affaire had met haar manager. Of dat zo was werd nooit duidelijk, maar dat was ook niet het punt. Haar gedrag richting hem deed anderen geloven dat het zo was – en dan is het een realiteit. Haar geflirt, waaruit anderen concludeerden dat er een affaire gaande was, bestond eruit dat ze een beetje te hard lachte om zijn slechte grappen, aanbood om klusjes voor hem op te knappen, het altijd met hem eens was tijdens vergaderingen en hem minstens één keer per week uit lunchen vroeg (terwijl de andere werknemers meestal tijdens de lunch doorwerkten).

Wat is er mis met een beetje leuk flirten, vraag je? We weten dat mensen vaak hun partner op het werk vinden. Het probleem is dat de vrouwen die flirten – niet de mannen – vaak het doelwit van kantoorgrappen worden, en dat zij ook het vaakst de consequenties moeten dragen. In het hierboven beschreven geval vertelden de anderen haar niets meer; men was bang dat ze het zou doorvertellen aan de baas. Ze werd niet meer vertrouwd en ze dachten ook dat ze minder goed functioneerde.

Een andere vrouw kwam er door feedback van haar collega's achter dat ze te veel flirtte. Ze was er kapot van, want ze had geen idee hoe anderen op dat idee konden zijn gekomen. Toen zag ik haar een keer terwijl ze lunchte met haar baas, en begreep ik het precies. Terwijl hij zelfverzekerd aan het kletsen was, zat zij met licht gebogen hoofd en een glimlach te luisteren. Het was duidelijk hoe dit over zou kunnen komen als flirten. Dat was het alleen niet; dit was een vrouw die uit een traditionele Ierse familie kwam, waarin het gebruikelijk was om mannen alle ruimte te geven. Ze wilde respect aan mannen tonen door er dommer uit te zien dan ze echt was.

COACHINGTIPS

- Flirt niet openlijk met collega's. Veelbetekenende blikken, gefluister en lachen om stomme grapjes horen niet thuis op kantoor.
- Als je een relatie hebt met een collega, wees dan discreet. Hou je persoonlijke leven gescheiden van je werk.
- Wees niet zo naïef dat je denkt dat je een kantoorrelatie lang geheim kunt houden. Je kunt best iets beginnen met een collega – ga er alleen niet geheimzinnig over doen.
- Als je iets krijgt met de baas (of als je zelf de baas bent, met iemand die direct onder je zit), dan speel je met vuur. Denk serieus na over de persoonlijke en professionele risico's en zoek eventueel professionele hulp.

ACTIEPUNT VOOR MIJ ☐

FOUT 35
Toegeven aan pestkoppen

Ik kom niet vaak pestkoppen tegen. De meeste mensen die bij een bedrijf werken drukken zich tactvol en diplomatiek uit; ze willen problemen oplossen, niet nieuwe creëren. Zo niet bij een recente vergadering met een onderdirecteur, die duidelijk boos was dat een bepaalde dienst per ongeluk twee keer in rekening was gebracht. Geen enkele techniek om een moeilijke situatie op te lossen werkte. Ik luisterde, herformuleerde, erkende zijn emoties... het maakte allemaal niet uit. Uiteindelijk zei ik: 'Ik ben het niet gewend dat ik persoonlijk aangevallen word.' Een derde persoon bij deze bijeenkomst probeerde in te grijpen door te zeggen: 'Nu word je wel erg defensief, Lois.' Ik antwoordde kalm: 'Als ik persoonlijk word aangevallen, reageer ik defensief.' Na de bijeenkomst zei degene die ingreep dat hij dacht dat ik het anders had kunnen afhandelen. Mijn antwoord was: 'Deze man was een pestkop, en ik wilde dat hij wist dat ik me niet laat intimideren.'

Als we op onze kop gezeten worden, doen we vaak een van deze dingen: toegeven of terugslaan. Geen van deze reacties is productief, want de dynamiek van het gesprek verandert er niet door. Als je iemand laat weten hoe je je voelt, heb je meer kans dat de aanval afgewend wordt – dat gebeurt nooit als je toegeeft. Ook als het gedrag van de pestkop niet verandert, heb je hem in ieder geval laten weten dat je het niet tolereert, en op die manier behoud je je zelfrespect. Trouwens, de dynamiek van het gesprek veranderde inderdaad na mijn opmerking tegen deze pestkop, en uiteindelijk kwamen we tot een oplossing die voor iedereen goed was.

COACHINGTIPS

- Gebruik de technieken die ik noemde (luisteren, herformuleren, emoties erkennen) om te beginnen met het uitschakelen van de pestkop. Vaak is dit al genoeg.
- Ga niet op je rug liggen met je pootjes omhoog als iemand je probeert te intimideren. Intimidatie is een tactiek die sommigen gebruiken om hun zin te krijgen. Ga na wat je op dat moment voelt en maak er een 'ik-boodschap' van. Zeg niet: 'Je luistert niet naar me,' maar 'Ik heb het gevoel dat er niet naar me geluisterd wordt'. Dat is minder aanvallend, en niemand kan jouw gevoelens ontkennen.
- Stuur de discussie in de richting van een oplossing door te laten merken dat je alles hebt gehoord en te vragen wat de ander zou willen doen: 'Ik begrijp dat je gefrustreerd bent dat die zending nog niet de deur uit is. Laten we praten over hoe we het nu zo snel mogelijk kunnen verzenden.'
- Vermijd het maken van verontschuldigingen. Als het nodig is, kun je dat ook later doen. Een pestkop wordt alleen maar gevoed door verontschuldigingen, en het versterkt het gevoel dat je een slachtoffer bent.

ACTIEPUNT VOOR MIJ ☐

FOUT 36

Je werkplek inrichten als je huiskamer

De werkplek is vaak een verlengstuk van je thuis. Je zit meestal langer op kantoor dan in je huiskamer. Dat wil alleen nog niet zeggen dat je werkplek eruit moet zien als je huiskamer. Vrouwen houden meer dan mannen van inrichten en willen graag een vriendelijke en warme omgeving creëren, niet alleen voor zichzelf, maar ook voor degenen die bij hen langskomen.

Ik ben bij vrouwen op kantoor geweest die de tl-verlichting hadden vervangen door staande lampen en bureaulampen (gezellig). Door de hele ruimte waren zachte banken, kussens en persoonlijke objectjes gestrooid. Het ligt eraan welke boodschap je wilt overbrengen, maar zo'n inrichting kan tegen je werken. Bij iemand die werknemers moet helpen, een bedrijfspsycholoog bijvoorbeeld, is het niet verkeerd, maar voor andere functies is het vreemd.

Aan de andere kant heb je iemand als Christine, dokter in een stadsziekenhuis, die níets aan haar muur had. Bij onze eerste ontmoeting viel het me op hoe streng en koud haar werkplek was. Toen we begonnen te werken en feedback vroegen van haar medewerkers, begreep ik dat dit een weerspiegeling van haar karakter was. Een van mijn coachingtips was dat ze haar werkplek wat warmer moest maken met familiefoto's en kunst, dan zou het er een stuk menselijker uitzien.

Verderop gaan we het hebben over jezelf als merk, waarbij ook je werkplek een rol speelt. Zie die als een marketinginstrument en vraag je af hoe anderen jouw werkplek zouden omschrijven. Een rommeltje? Streng? Warm? De kans is groot dat ze jou in vergelijkbare termen omschrijven. Ja, je werkplek kan een weerspiegeling zijn van wie je bent en wat je belangrijk vindt. Maar tenzij je binnenhuisarchitect bent, word je hier niet voor betaald. Door je vrouwelijkheid te benadrukken, verklein je je geloofwaardigheid.

COACHINGTIPS

- De inrichting van je werkplek moet passen bij het bedrijf. Bij een conservatieve bedrijfscultuur moet je kunst, kleuren en meubels zoeken die smaakvol en onopvallend zijn. Bij creatieve beroepen hoort een meer gewaagde aanpak.
- Gegeven dat je werkplek iets over je zegt, moet je wel over de inrichting ervan denken. Bij de meeste kantoren krijg je de meubels erbij, maar details mag je zelf toevoegen. Zoek accessoires die bij je persoonlijkheid passen zonder dat je vrouwelijke kant te veel wordt benadrukt.
- Als je neigt naar minimalisme, hang dan in ieder geval een poster op, of een leuke kalender. Het maakt je menselijker, en ze zijn nuttig als onderwerp voor smalltalk.
- Kijk met frisse blik naar je werkplek. Als er een heel belangrijk persoon langs zou komen, wat zou je dan veranderen? Waarom? Welke bijvoeglijke naamwoorden zou je gebruiken om je werkplek te beschrijven als je niet wist wie er werkte? Zijn dat de bijvoeglijke naamwoorden waarvan je wilt dat anderen ze voor jou gebruiken?
- Hou de zichtbare delen van je werkplek netjes en schoon. Dat ziet er georganiseerd uit, alsof je de situatie de baas bent.

ACTIEPUNT VOOR MIJ ☐

FOUT 37

Collega's voederen

Tenzij je in de betrokken sector werkzaam bent, horen er geen zelfgebakken koekjes, M&M's, snoepjes of ander voedsel op je bureau. Hillary Rodham Clinton is aangevallen omdat ze zei dat ze niet thuis wilde blijven om koekjes te bakken, maar ze had wel gelijk. We vinden mensen die andere mensen voeden niet belangrijk. Het klinkt als iets heel kleins, maar het blijft een feit dat je bijna nooit voedsel op een mannenbureau ziet.

Als je iemand te eten geeft, wordt dat geassocieerd met verzorgen, en verzorgen is een typisch vrouwelijke bezigheid. Daarnaast is eten op het bureau een uitnodiging om te komen kletsen (mensen pakken nooit iets zonder even te blijven staan). Verzorgen en uitnodigen tot een gesprek: alle twee heel vrouwelijk.

Natuurlijk zijn er uitzonderingen op elke regel, en zo ook op deze. Lise Dewey, manager bij de afdeling training en ontwikkeling bij Universal Entertainment, vertelde me dat ze vaak werknemers coacht die te bot, dominant en agressief zijn – vaak zijn dat mannen. Ze vertelt ze dan dat ze eens een bakje snoep op hun bureau moeten zetten. De reden ligt voor de hand – ze wil dat ze een warmer imago krijgen en hun agressieve kant een beetje compenseren.

Lise heeft ook een enorme bak snoep op haar eigen bureau. Gedeeltelijk omdat ze het zelf wil eten (dat zie je niet aan haar, trouwens), maar ook omdat de mensen die bij haar komen persoonlijke en vertrouwelijke dingen vertellen. Het snoep is bedoeld om die mensen zich op hun gemak te laten voelen.

Als je niet als een stereotype wil overkomen, zet dan geen snoep op je bureau. Dat geldt helemaal voor vrouwen die veel van de andere fouten in dit boek maken. Net als met de andere fouten is één ervan niet erg, maar een combinatie van fouten leidt ertoe dat je minder geloofwaardig wordt.

COACHINGTIPS

- Tenzij het een bewuste strategie is: geen collega's voederen.
- Als je het zonde vindt dat er na een feestje thuis eten overblijft, neem dat dan op maandag niet mee naar kantoor. De daklozenopvang of de voedselbank is een betere bestemming.
- Is er een feestje op kantoor waarvoor iedereen iets te eten moet meebrengen? Bied dan niet vrijwillig aan om dit te coördineren. Er zijn genoeg andere manieren waarop je kunt laten zien wat je talenten zijn.

ACTIEPUNT VOOR MIJ ☐

FOUT 38
Je emotionele intelligentie bagatelliseren

Met je intelligentiequotiënt, of IQ, word je geboren en er verandert gedurende je leven niet zoveel aan. Uit recent onderzoek blijkt dat dit niet de belangrijkste factor voor succes is. Zoals ik al eerder zei, speelt je emotionele quotiënt (EQ) een veel grotere rol. Psycholoog en Nobelprijswinnaar Daniel Kahneman ontdekte dat mensen liever zaken doen met iemand die ze aardig vinden en vertrouwen, dan met iemand met wie ze minder hebben, zelfs als de aardige persoon een product van een lagere kwaliteit tegen een hogere prijs biedt.

Tijdens een onderzoek naar personeelswerving bij L'Oreal bleek dat verkopers die werden aangenomen op basis van hun EQ per jaar gemiddeld $ 90.000/€ 77.000 meer verdienden dan personeel dat via traditionele selectie was ingehuurd.

In het verleden werden deze eigenschappen vaak 'soft skills' genoemd, waarschijnlijk omdat vrouwen er meer blijk van geven dan mannen. Ik werk vaak met mannelijke cliënten die deze term nogal neerbuigend gebruiken en wijs ze er dan fijntjes op dat het voor mannen blijkbaar erg lastig is om deze eigenschappen in de vingers te krijgen. Het goede nieuws voor vrouwen is dat we op vier van de vijf factoren van emotionele intelligentie beter scoren dan mannen: zelfkennis, zelfregulering, empathie en sociale vaardigheden. (Wat betreft de vijfde factor – motivatie – scoren mannen en vrouwen gelijk.) We bezitten deze belangrijke vaardigheden dus allemaal, maar weten ze doorgaans niet op waarde te schatten en gebruiken ze ook niet in ons voordeel. In plaats daarvan werken we harder en langer, maar dat zal, tenzij we een hoog EQ bezitten, niet tot meer succes leiden.

Eerder zei ik al dat onderzoek heeft uitgewezen dat bedrijven die meer vrouwen op topposities hebben ook meer omzet draaien. Hoe komt dat? Volgens Robin Cohen en Linda Kornfeld, partners bij advocatenkantoor Dickstein Shapiro, doordat vrouwen vaker dan mannen:

- Een goede band met anderen proberen op te bouwen.
- Gericht zijn op teambuilding en samenwerking. Een gemeenschappelijk doelt telt voor hen zwaarder dan individueel succes.
- Anderen motiveren met positieve, opbouwende feedback.
- De ideeën van anderen willen horen en bespreken voordat ze een definitieve beslissing nemen.

Kortom, als je je EQ gebruikt, kom je niet alleen verder in je carrière, maar wordt ook het bedrijf er beter van.

COACHINGTIPS

- Lees *Emotionele intelligentie 2.0* door Travis Bradberry en Jean Greaves (Van Duuren Management, Culemborg, 2011). Dit boek helpt je je eigen EQ te bepalen, verder te ontwikkelen en te gebruiken.
- Verwoord de emoties die tijdens vergaderingen vaak voelbaar zijn, maar zelden worden uitgesproken. Zeg in een gespannen situatie bijvoorbeeld: 'Het is duidelijk dat we hier allemaal een mening over hebben. Zullen we even een pauze nemen en het straks verder bespreken?' Zo laat je zien dat je goed de stemming kunt peilen en dat is van onschatbare waarde bij het werken in groepen.
- Begin vergaderingen met een luchtig gesprek waaruit belangstelling voor anderen blijkt. De meeste mensen praten graag over zichzelf of over dingen die ze belangrijk vinden, maar dat geldt niet voor iedereen. In dat laatste geval kun je beter snel ter zake komen.
- Gebruik bij sociale gelegenheden je EQ om mensen met een gezamenlijke interesse of achtergrond met elkaar in contact te brengen. Het wordt erg gewaardeerd als je mensen op hun gemak stelt en het gevoel geeft dat ze welkom zijn.
- Aarzel niet om iets over iemands stemming op te merken als diegene dat zelf niet doet. Als een collega in een dipje lijkt te zitten, kan 'Is alles in orde? Je lijkt niet helemaal jezelf vandaag' de ander het gevoel geven dat je hem of haar echt als mens ziet. Het is niet erg als degene er niet over wil praten, maar hij of zij zal niet vergeten dat je belangstelling hebt getoond.

ACTIEPUNT VOOR MIJ ☐

FOUT 39
Over je heen laten lopen

Voor Pablo Picasso bestonden er maar twee soorten vrouwen, godinnen en deurmatten. En aangezien je dit boek zit te lezen, heb ik het vermoeden dat je jezelf (nog) niet als godin beschouwt. Laten we eens kijken wat de verschillen zijn.

Deurmatten	**Godinnen**
Doen alles wat er van ze wordt gevraagd.	Vragen anderen van alles voor hen te doen.
Tolereren geestelijke en lichamelijke mishandeling.	Bannen mishandelaars uit hun leven.
Denken dat het hun taak is om voor anderen te zorgen.	Denken dat het de taak van anderen is om voor hen te zorgen.
Krijgen geen respect.	Worden aanbeden.
Vragen nooit iets voor zichzelf.	Vinden dat ze recht hebben op wat ze willen.
Kunnen geen nee zeggen.	Nemen nooit genoegen met nee.
Staan toe dat anderen over ze heen lopen.	Negeren degenen die over ze heen willen lopen.

Wat ben je liever? Als deurmat voel je je misschien heel even een nobele martelaar, maar op de lange termijn helpt het je geen steek verder.

COACHINGTIPS

- Stuur de verwachtingen van anderen bij door duidelijk te maken wat je wel en niet wilt doen. Zonder ooit echt 'nee' te zeggen kun je toch aangeven waar je grenzen liggen. Wanneer iemand je bijvoorbeeld vraagt om in een onredelijk korte tijd een rapport op te stellen, kun je zeggen: 'Dat wil ik heel graag doen, maar als dit de deadline is, kan ik het minder grondig doen dan ik zou willen. Geef me twee dagen meer, dan krijg je een goed eindproduct.'
- Ga op je gevoel af. Als je het gevoel hebt dat iemand misbruik van je maakt, dan is dat waarschijnlijk ook zo. Laat de ander in zo'n geval weten wat je voelt en wat er moet veranderen. Je kunt het gedrag van anderen niet veranderen, maar je kunt ongezonde situaties wel vermijden.
- Wacht niet totdat iemand je geeft wat je wilt hebben, maar vraag erom. Vrouwen verwachten te vaak dat anderen hun gedachten kunnen lezen en zijn teleurgesteld wanneer het tegendeel blijkt. Als je niks vraagt, krijg je ook niks.

ACTIEPUNT VOOR MIJ ☐

FOUT 40
Een slappe handdruk geven

Vrouwen zijn niet de enigen die dit doen, maar we zijn wel eerder geneigd om ons in te houden als we iemand een hand geven. We willen niet te mannelijk overkomen, en daarin gaan we te ver. Een handdruk is een eerste indruk. Het zegt iets over je voor je je mond ook maar opendoet. Hoewel je geen bottenbreker wilt zijn, wil je wel de boodschap overbrengen dat je iemand bent die serieus genomen moet worden. Een goede op en neer gaande beweging, een korte groet ('Wat leuk om eindelijk kennis te maken') en goed oogcontact: voilà.

COACHINGTIPS

- Oefen je handdruk met mannelijke en vrouwelijke collega's en vrienden. Vraag feedback: te slap of te stevig? Misschien is je handdruk anders voor mannen dan voor vrouwen. Ga net zo lang door met oefenen tot je een handdruk kunt geven die de juiste boodschap overbrengt.
- Dit is een tip van een collega. Hij leerde het als kleine jongen van zijn vader: blijf je hand naar voren bewegen tot jullie duimen in elkaar haken (probeer het en je ziet wat ik bedoel). Dus niet alleen de vingers pakken. (En trouwens, hoeveel vaders hebben hun dochter geleerd hoe ze iemand de hand moeten schudden?)
- Als je iemand ontmoet die zijn hand niet uitsteekt, steek dan zelf je hand uit. Dat ziet er zelfverzekerd uit.
- Afhankelijk van de situatie wil je misschien een extra warme handdruk geven. Bijvoorbeeld als je iemand voor het eerst ziet nadat jullie al veel telefonisch contact hebben gehad. Hiervoor moet je iets minder hard drukken en eventjes je linkerhand op de rechterhand van de ander leggen terwijl jullie schudden. Oefen dit tot het een tweede natuur wordt.
- Nu we het toch over begroeten hebben: er wordt me vaak gevraagd of je een collega mag omhelzen. Dat is een lastige. Ik raad aan om nooit een ander te omhelzen, tenzij diegene het initiatief neemt. Voor veel mensen komen omhelzingen te dichtbij, en bovendien maakt je begroeting dan minder indruk.

ACTIEPUNT VOOR MIJ ☐

FOUT 41
Financieel afhankelijk zijn

Virginia Woolf zei dat elke vrouw een eigen kamer nodig heeft. Andere vrouwen zullen je zeggen dat een eigen bankrekening nog veel belangrijker is. Als je afhankelijk bent van je man, je partner, of een werkgever, vertaalt financiële afhankelijkheid zich als een gebrek aan carrièrekeuzes en macht. Als je geen eigen geld hebt, als je geldzaken een troep zijn, of als je je financiële toekomst niet zeker stelt, dan ben je niet vrij.

Maar waarom is dit een carrièrefout? Omdat je, als je geen financiële zekerheid hebt, keuzes zult moeten maken die tegen je eigenbelang ingaan. Vrouwen zitten vaker vast in rotbaantjes of moeten langer doorwerken omdat ze zich het niet kunnen veroorloven om ermee te stoppen. Vrouwen nemen minder snel een moeilijke maar noodzakelijke beslissing omdat ze niet het risico willen lopen ontslagen te worden. Vrouwen zijn vaak ook minder goed in staat de financiële kant van hun werk te begrijpen omdat hun eigen zaakjes niet op orde zijn – terwijl je eigen zaakjes nu juist de leerschool zijn voor de grotere financiële zaken op je werk.

Vrouwen zijn vaak ook slecht voorbereid op het terugkeren op de arbeidsmarkt, omdat ze ertoe gedwongen worden door bijvoorbeeld een scheiding. Ik begrijp prima dat je als thuisblijfmoeder heel veel dingen leert die ook op een kantoor nuttig zijn, maar probeer dat maar eens uit te leggen aan een sollicitatiecommissie. Herintreders hebben een carrièreachterstand en krijgen zo dus slechtbetaalde baantjes.

Carrie is zo'n vrouw. Ze werkte haar hele leven voor één werkgever, en ze werkte hard. Ze was alleenstaand, had geen kinderen en hoewel ze een huis en wat spaargeld had, had ze op haar 62e niet genoeg om met pensioen te gaan. Toen het bedrijf verkocht werd, kregen de oude managers die haar kenden en respecteerden allemaal een gouden handdruk. Zij niet, want haar positie was niet hoog genoeg.

Toen er een nieuwe manager kwam, ontdekte ze dat de vaardigheden die ze in al die jaren geperfectioneerd had niet aansloten bij wat er van personeel met haar salaris verwacht werd. Ze wilden niet zozeer een jonger, goedkoper iemand als wel iemand die meer paste bij wat zij verwachtten. Met haar leeftijd en salaris had Carrie niet veel keus. Ze moest blijven werken bij een bedrijf waar men haar niet meer respecteerde. Ze moest kleine taakjes doen waarvoor ze te veel betaald kreeg, en dat allemaal omdat ze niet goed vooruitgekeken had.

COACHINGTIPS

- Zoek een goede boekhouder, en vraag deze om je te helpen met een goed financieel plan.
- Als je het niet al gedaan hebt: open nu een spaarrekening. Het maakt niet uit of je begint met vijftig of vijfhonderd euro; doe het. Laat vervolgens maandelijks een vast bedrag overschrijven, zoveel als je kunt missen.
- Als je naar de winkel gaat om iets kleins te kopen, betaal dan met een twintigje en stop het wisselgeld thuis in een pot. Wanneer de pot vol is, kun je munten en briefjes op je spaarrekening zetten.
- Zorg voor een goed pensioen, voor boven op je AOW.

ACTIEPUNT VOOR MIJ ☐

FOUT 42
Helpen

Kristen is de nieuwe manager. Ze laat zich erop voorstaan dat ze niets van anderen vraagt wat ze zelf ook niet zou willen doen. Toen haar team laatst in groepjes moest werken, en zij tussen de groepjes door liep om te helpen, vroeg een groepje haar om koffie te halen. Ze vond dat geen punt en ze bracht de koffie. Daarna vroegen ze haar om wat te kopiëren, en dat deed ze. Het laatste verzoek was of ze wat markeerstiften wilde pakken.

Eerst leek dit allemaal niet zo veelbetekenend, maar bij nadere inspectie wordt duidelijk waarom sommige teamgenoten hun deadlines niet haalden en de benodigde informatie niet gaven. Terwijl Kristen het team wilde helpen, werd ze gezien als een instrument. Terwijl zij koffie haalde, markeerstiften pakte en kopieën maakte, waren er een paar mannen in de groep die zich als echte leider opwierpen.

Begin jaren tachtig werden 135 vrouwen in het kader van een onderzoek geïnterviewd om uit te vinden hoe vrouwen aan hun kennis komen. De onderzoekers ontdekten dat veel van de vrouwen zeiden dat ze dat deden door anderen te helpen, ofwel door praktische hulp te verlenen, ofwel door te luisteren of te onderwijzen; dat gaf hun meer zelfinzicht en zelfvertrouwen. Waarom? Omdat vrouwen al vroeg leren dat anderen meer weten dan zij, dus kennis en zelfvertrouwen moeten ook van buiten komen. Door anderen te helpen krijgen vrouwen externe goedkeuring voor hun gevoel van eigenwaarde. Dit verklaart waarom zoveel vrouwen kiezen voor een hulpverlenend beroep.

Hoewel ik sterk geloof in 'dienend leiderschap', zie ik ook dat veel vrouwen er te ver in gaan en voor dezelfde problemen komen te staan als Kristen als ze een managementfunctie krijgen. Ze kunnen de overstap van 'doener' naar 'leider' niet maken. Als je bezig bent met dingen doen, kun je niet je visie uitdragen, anderen leiden, hen technisch bijstaan en het overzicht behouden.

COACHINGTIPS

- Maak onderscheid tussen 'helpen' en 'gebruikt worden'. Als je echt aan het helpen bent, dan geef je steun en informatie zodat anderen de klus kunnen klaren. Als je harder aan het werk bent dan alle anderen, dan word je gebruikt.
- In plaats van iemand anders' werk te doen, kun je ook aanbieden om de ander te leren hoe het moet. Het duurt misschien langer, maar op de lange termijn betaalt het zich terug.
- Stel jezelf de volgende vraag: bied je hulp aan omdat je wilt dat anderen je aardig vinden of wil je het echt graag doen?

ACTIEPUNT VOOR MIJ

4
Hoe je denkt

Anders denken over hoe je werkt is essentieel als je wilt stoppen met gedrag waarmee je jezelf naar beneden haalt. De meesten van ons hebben een idee van wat we moeten doen om respect te krijgen, en wat niet. Dat is bijgeloof, omdat we denken dat als we dat niet doen, er iets verschrikkelijks gebeurt. Ik zal alleen beloond worden als ik harder werk dan wie ook, is zo'n gedachte, net als: mijn baas ontslaat me als ze hoort wat ik echt denk. Die gedachten komen voort uit wat onze ouders overgebracht hebben. Misschien gold het voor hen, maar voor ons niet meer. Ook kunnen deze gedachten nuttig zijn geweest aan het begin van onze carrière, maar nu niet meer. Als we beginnen met werken, krijgen we respect en aandacht door het werk zelf, terwijl het later meer gaat om sociale intelligentie en het tonen van leiderschapskwaliteiten. Het is moeilijk om van die gedachten af te komen, omdat ze gewerkt hebben – tot nu.

Een van de moeilijkste dingen van coachen is dat je mensen nieuw gedrag moet aanleren. Het is net als het weggooien van oude gympen. Ze zitten heerlijk. Je hebt ze ingelopen. Je weet precies wat je gaat voelen als je ze aantrekt. Drie jaar geleden stonden ze geweldig, maar nu kun je ze niet meer in het openbaar aan. Dit hoofdstuk gaat over gedachten die je vroeg in je werkende leven gevormd hebt, maar die – als het even kan – eerder met pensioen moeten dan jijzelf.

FOUT 43
Denken als een werknemer

Tijdens de industriële revolutie ontstonden de eerste gespecialiseerde banen, die waren toegesneden op één bepaald aspect van het productieproces. Een goed voorbeeld was de automobielindustrie: de ene werknemer draaide de wielen vast, een ander spoot het plaatwerk, enzovoort. Dat veranderde door de opkomst van de automatisering en een betere kennis over arbeidsproductiviteit. Zelfs in Detroit, hart van de Amerikaanse auto-industrie, zijn zulke nauw omschreven functies inmiddels even antiek als de T-Ford. Autofabrikanten geven werknemers nu meer verantwoordelijkheid en een breder takenpakket.

Deze nieuwe manier van werken betekent dat je niet alleen maar op kantoor hoeft te verschijnen om je eigen kleine taakje te doen. Dan denk je namelijk als een werknemer. Ik ben zowel werknemer als werkgever geweest en ik kan je vertellen dat de een heel anders moet denken dan de ander. De baas wil geen brave werknemer, maar een partner die helpt een bepaald doel te bereiken. Het schema op pagina 153 kan helpen de verschillen te verduidelijken.

Een werknemer	Een partner in het proces
Doet haar werk.	Bedenkt hoe het bedrijf meer geld kan verdienen, geld kan besparen en efficiënter kan werken.
Zet geen vraagtekens bij autoriteit.	Zet op diplomatieke wijze vraagtekens bij regels of opdrachten die niet logisch of inefficiënt lijken.
Int haar salaris.	Krijgt er door ervaring, trainen en het grijpen van nieuwe kansen waardevolle eigenschappen bij.
Doet wat er in de functieomschrijving staat.	Doet dingen die niet van haar worden gevraagd maar die wel moeten worden gedaan en stijgt daardoor boven haar functieomschrijving uit.
Denkt van dag tot dag. Wacht op een opdracht.	Denkt ver vooruit. Zoekt naar mogelijkheden, verzamelt informatie, doet voorstellen en krijgt dingen gedaan.

Veel vrouwen hebben hun handen al zo vol dat er geen tijd is om breder en strategisch te denken. Lieve meisjes hebben amper tijd om na te denken over hun baan, laat staan hun rol. Er wordt immers van hen verwacht dat ze elke dag weer al die typische vrouwentaken verrichten. En dat willen ze heel goed doen, in plaats van dat ze doen wat goed voor hen is.

In de volgende fout leg ik uit wat je kunt doen om de partner te worden die je baas en het bedrijf nodig heeft, maar je kunt nu al beginnen met de volgende tips.

COACHINGTIPS

- Vraag je baas om taken die zijn of haar werkdruk zullen verminderen en jou tegelijkertijd de kans geven om iets nieuws te leren. Als je duidelijk maakt dat het om een winwinsituatie gaat, komt het niet over als slijmen.
- Kijk hoe je voornaamste taken passen binnen andere functies op de afdeling of in het bedrijf. Zie jezelf als een radertje in het grotere geheel van functies die met elkaar samenhangen. Neem niet alleen verantwoordelijkheid voor je eigen succes, maar ook voor dat van het bedrijf als geheel.
- Lees vakbladen om te weten wat de ontwikkelingen op jouw vakgebied zijn en doe voorstellen om die in te voeren. Deel artikelen of boeken over nieuwe werkwijzen en trends met de baas en je collega's.
- Stel jezelf voortdurend de vraag: wat kunnen we nog meer doen om onze manier van zakendoen ingrijpend te veranderen? Verzin vervolgens manieren om veranderingen door te voeren die tot een hogere omzet leiden.

ACTIEPUNT VOOR MIJ ☐

FOUT 44
Geloven in de mythe van de balans tussen werk en privé

Als de top bereiken het allerbelangrijkste voor je is, bestaat er geen goede balans tussen werk en privéleven. Het is voor mannen al niet mogelijk, dus laat staan voor vrouwen, die er vanwege hun gezin vaak zorgtaken bij hebben. De term 'balans' dreigt zelfs al in onbruik te raken. Het nieuwe toverwoord is 'leef-werkintegratie', omdat de focus voor werkende vrouwen ligt op het inpassen van het een in het ander. Anne-Marie Slaughter, die voor het tijdschrift *Atlantic* werkt, zorgde voor nogal wat opschudding met haar artikel 'Why Women Still Can't Have It All'. Daarin beschreef ze precies wat ik ook al jaren zeg: ja, vrouwen kunnen alles hebben, maar niet alles op hetzelfde moment.

Als vrouwen worden we vaak gedwongen om bijna onmogelijke keuzes te maken waar het onze carrière en ons gezin betreft. Een vrouw omschreef het als volgt: 'Als ik op mijn werk zit, heb ik het idee dat ik thuis bij mijn gezin hoor te zijn, en als ik thuis bij mijn gezin zit, heb ik het gevoel dat ik op kantoor hoor te zitten.' Nu de helft van de werknemers in onze maatschappij vrouw is en uit onderzoek duidelijk is gebleken dat de zaken beter gaan met meer vrouwen aan de top, zou je denken dat bedrijven wel hun best doen om vrouwen een betere balans tussen werk en privé te bieden. Helaas niet. En vaak maken we het onszelf nog lastiger. Kijk maar eens aan hoeveel van de volgende dingen je je thuis of op je werk schuldig maakt:

- Streven naar perfectie.
- Zelden om hulp vragen.
- Onredelijke verwachtingen hebben over wat je op een dag kunt doen.
- Je schuldig voelen omdat je nooit helemaal aan de verwachtingen van anderen kunt voldoen.
- Niet onderhandelen.
- Geloven dat je twee keer zo hard moet werken om als half zo goed te worden gezien.
- Toestaan dat anderen bepalen hoe jij je tijd indeelt.
- Overdreven veel multitasken.

Zelfs als je maar twee of drie van deze dingen doet, neem je al te veel hooi op je vork. Neem je leven eens kritisch onder de loep en kijk wat realistisch is, zonder dat je inlevert op tevredenheid en betekenis.

COACHINGTIPS

- Het hiervoor genoemde artikel van Anne-Marie Slaughter stond in 2012 het juli/augustusnummer van *Atlantic* en is nog altijd de moeite van het lezen waard. Lees het en begrijp waarom je het gevoel hebt dat je gek wordt van al die ballen die je in de lucht moet houden.
- Gooi je schuldgevoel in de prullenbak. Daar heb je helemaal niets aan. Voel je je toch schuldig? Kijk dan wat je kunt doen om de situatie te verbeteren. Kun je niets doen? Pieker er dan niet over.
- Richt je op kwaliteit, niet op kwantiteit. Overwerken maakt je niet beter in je werk en je lijkt er niet waardevoller door (zeker als er niet wordt verwacht dat je overwerkt). Sterker nog, je wekt de indruk dat je je werk niet aankunt. Zorg dat je het meeste haalt uit de tijd die je met je gezin doorbrengt. Je hebt er niets aan als je lichamelijk aanwezig, maar in gedachten afwezig bent. Richt je helemaal op wat je aan het doen bent en hou verschillende aspecten van je leven duidelijk van elkaar gescheiden. Als ik het gevoel heb dat er van alle kanten aan me wordt getrokken, doe ik graag de volgende visualisatie-oefening: ik stel me voor dat ik al mijn zorgen in een doos stop en die op de bovenste plank in mijn kast zet. Op een later tijdstip mag ik hem tevoorschijn halen om de problemen aan te pakken, maar nu richt ik me even helemaal op iets anders.
- Verzet je tegen multitasken. Zoals ik bij fout 21 al zei, wijst onderzoek keer op keer uit dat multitasken ons minder productief maakt en zelfs schadelijk kan zijn voor het brein.

ACTIEPUNT VOOR MIJ ☐

FOUT 45
Wonderen verrichten

Denk logisch na. Als je om je heen kijkt en je ziet wie er promotie krijgt, zijn dat dan degenen die wonderen verrichten? Vrouwen zijn er trots op als ze meer gedaan krijgen met minder, als ze onmogelijke deadlines toch halen, als ze water uit een steen persen. Ze denken echt dat anderen hun moeite erkennen en waarderen. Wat ze zich niet realiseren is dat ze zo de lat elke keer hoger leggen, omdat mensen steeds meer normaal gaan vinden. En dat niet alleen; terwijl de vrouwen zich uit de naad aan het werken zijn, laten de mannen zich zien op projecten waar ze meer in het oog lopen, en waar ze dus meer waardering voor krijgen.

Neem bijvoorbeeld Anita. Ze kwam uit de reclame en ging werken bij een consultancybedrijf. Ze was zonder twijfel een expert op haar gebied – dat vond iedereen. Ze moest 'puinruimen', volgens haar baas. Ze begon vroeg, bleef lang en werkte ook in het weekend. Ze kreeg grip op het probleem, en begon het al gedeeltelijk op te lossen. Wat er ook van haar gevraagd werd, Anita deed het.

In het eerste jaar kon ze niets verkeerds doen, maar in het tweede jaar kon ze niets goed doen. Men verwachtte dezelfde resultaten van haar, elke dag. Daarom moest Anita belachelijk lang op kantoor zijn. Ze had in het eerste jaar de lat zo hoog gelegd dat ze daar het tweede jaar absoluut niet bij kon, laat staan de lat nog hoger leggen. Daarmee wil ik niet zeggen dat ze het eerste jaar niet alles had moeten geven, of dat ze niet voor het hoogst haalbare moest gaan. Het betekent alleen dat je realistisch moet zijn over je werkgewoontes, en dat je niet moet denken dat 'een supervrouw zijn' effectief is.

COACHINGTIPS

- Manage de verwachtingen van anderen. Wees bereid om extra werk te doen, maar wees niet bang om het te zeggen als iets onrealistisch is. Iedereen wil altijd alles het liefst gisteren al klaar hebben. Weerstand bieden als er gebruik van je wordt gemaakt is geen carrière-killer.
- Maak een realistische dag- en weekplanning. Vrouwen denken dat er 34 uur in een dag zitten. Denk eraan: werk neemt net zoveel tijd in als er beschikbaar voor wordt gesteld. Als je 's ochtends naar je werk gaat met het idee dat je tot negen uur 's avonds gaat werken, dan gebeurt dat ook. Als je bedenkt dat je om zes uur weggaat, gebeurt dat waarschijnlijk ook.
- Als je te weinig mensen tot je beschikking hebt, vraag dan om hulp of onderhandel over de deadlines. Je kunt altijd zeggen: 'Ik zou dit graag om vijf uur afhebben, maar we hebben er de mensen niet voor. Morgen om vijf uur is realistischer.' Dan moet je misschien onderhandelen, maar ben je in elk geval niet tot middernacht bezig.

ACTIEPUNT VOOR MIJ ☐

FOUT 46
Alle verantwoordelijkheid op je nemen

Dit is net zoiets als wonderen verrichten. Het simpele feit dat je op een project bent gezet, wil nog niet zeggen dat je het in je eentje kunt of zult doen. Het betekent alleen dat jij er verantwoordelijk voor bent dat het gebeurt. Je krijgt geen zoen van de juf als je het helemaal zelf doet. Waarschijnlijk krijg je meer waardering als je gedeeltes delegeert. Dan laat je zien dat je kunt managen. Heb je nooit gemerkt dat mannen meteen beginnen met delegeren als ze een project krijgen?

Recentelijk coachte ik een vrouw die de verantwoordelijkheid had gekregen voor een liefdadigheidsproject van haar bedrijf. Het bedrijf had nooit eerder aan een non-profitorganisatie geschonken. De vrouw zag er als een berg tegen op. Ze wist niet waar ze moest beginnen. Toen we het bespraken, besefte ze dat ze het niet allemaal vandaag hoefde te doen – en ze hoefde het ook niet haar eentje te doen. Mensen in haar bedrijf en in de samenleving erbij betrekken was zelfs beter, omdat ze dan meteen meer mensen op haar hand had en gebruik kon maken van hun ideeën, hun energie, en hun mogelijkheden. Ze vertrok met het gevoel dat er een zware last van haar schouders was gevallen.

COACHINGTIPS

- Als je een project krijgt toegeschoven, begin dan niet meteen met dóén. Denk er eerst over na, ga plannen, enzovoort.
- Blijf werken aan je contacten binnen je bedrijf en de samenleving. Als je ze nodig hebt, is het te laat om iets op te bouwen. Ik kom hier nog op terug.
- Ga het wiel niet opnieuw uitvinden. Er is niet zoveel nieuws onder de zon. Als je iets moet doen, dan hebben anderen het waarschijnlijk al eerder gedaan. Vind die anderen en vraag hoe zij het hebben aangepakt.
- Leer delegeren. Ook als je niet direct mensen onder je hebt, kun je je contacten vragen je te helpen.

ACTIEPUNT VOOR MIJ

FOUT 47
Braaf de instructies volgen

Dit geldt niet voor alle vrouwen, maar voor sommigen van ons is een opdracht hetzelfde als wat een bot voor een hond is. We willen er zo graag snel aan beginnen dat we niet meer om ons heen kijken, en dus niet zien hoe we het misschien slimmer kunnen aanpakken. We kijken naar de details, niet naar het hele plaatje. Mensen die carrière maken weten hoe ze tactiek en strategie met elkaar in balans moeten brengen.

Op mijn kantoor zijn twee vrouwen die hier heel goed in zijn. Kim is gepromoveerd in de cognitieve psychologie en Majella volgt een opleiding tot illustratrice. Ze zijn aangenomen om de nieuwe projecten en cliënten te managen. Omdat ik meestal alleen het hele plaatje zie en niet de details, dacht ik vroeger dat ik detailmensen om me heen moest verzamelen, en die nam ik dus aan. Kim en Majella hebben me mijn fout doen inzien en me voor de rest van mijn leven verwend.

Als ze een opdracht krijgen, springen ze er niet meteen bovenop, maar denken ze er eerst over na, en stellen dan goede vragen. Dit spaart heel veel tijd uit – en niet te vergeten geld en frustratie – omdat we niet meer halverwege ontdekken dat we het plan niet goed doordacht hadden. Zij dragen iets bij tot het bedrijf door mijn instructies niet braaf op te volgen, maar door te denken en te plannen – en dat zou jij ook moeten willen.

COACHINGTIPS

- Ga eerst brainstormen met collega's voordat je je waagt aan complexe of grote klussen.
- Voordat je ingaat op de details van een opdracht loont het om te bedenken hoe het sneller, goedkoper of effectiever zou kunnen.
- Doe een cursus stressmanagement om te leren dat niet elke opdracht met de grootste urgentie gedaan hoeft te worden.
- Leer schaken. Daar ga je strategischer van denken.

ACTIEPUNT VOOR MIJ ☐

FOUT 48
Je baas als vaderfiguur zien

Carolyns carrière zat in de lift en ze was slim en assertief – behalve tegen mannen die boven haar stonden. Als zij haar wat vroegen, kon ze niets meer uitbrengen en werd kinderlijk. Ze wilde gecoacht worden omdat ze wist dat ze bij deze mannen verkeerd overkwam. Ze gedroeg zich als een klein meisje, en werd dus ook zo behandeld. Ik begreep al snel dat tips over assertiviteit of duidelijk spreken niet zouden helpen. Ze wist al hoe dat moest. Het probleem was dat het niet bij iedereen lukte.

Bij een van onze eerste sessies vroeg ik haar om over haar vader te vertellen. Hij bleek kolonel te zijn geweest, en hij leidde zijn gezin alsof het een legereenheid was. Hij was autoritair en kritisch, en je kon nauwelijks iets goed doen bij hem. Toen ik vroeg hoe ze haar kindertijd had overleefd, vertelde ze dat ze altijd het brave meisje was, de regels naleefde, goed haar huiswerk deed en ervoor zorgde dat ze hem niet voor het hoofd stootte. Toen ze ging werken reageerde ze op hogergeplaatste mannen alsof ze haar vader waren, en zij hun gehoorzame dochter.

Suzanne had daarentegen een heel ander soort vader. Hij was verzorgend, liefdevol en meelevend. Hij moedigde haar aan haar dromen na te jagen en ondersteunde haar emotioneel. Ze wilde gecoacht worden omdat ze niet begreep waarom ze het nooit goed deed bij haar baas. Deed ze iets verkeerd? Ik kende haar baas en ik wist (maar vertelde het niet aan Suzanne) dat iedereen hem een kritische, egoïstische betweter vond. Er was niets wat zij – of wie dan ook – kon doen om hem tevreden te stellen. Suzanne begreep niet dat niet alle mannen zo waren als haar vader, en dat ze niet kon verwachten dat iedereen haar net zo lief zou behandelen.

Carolyn en Suzanne hadden gemeen dat ze hun baas te veel als vaderfiguur zagen. Door het beste of juist het slechtste van hem te verwachten, kun je geen onafhankelijk, objectief contact met hem opbouwen.

COACHINGTIPS

- Als je anders op je baas reageert dan op andere mensen, stel jezelf dan de volgende drie vragen:
  1. *Aan wie doet hij me denken?*
  2. *Hoe gedraag ik me als hij in de buurt is?*
  3. *Waarom geef ik hem zoveel macht?*

- De antwoorden zullen je helpen begrijpen hoe je je baas ziet, en waarom.
  - Praat tegen jezelf om onderscheid te maken tussen mannelijke autoriteitsfiguren en je vader. Als je met je baas in gesprek bent, herinner jezelf er dan aan dat hij niet je vader is, en dat jullie gelijken zijn. Doe dit net zo vaak tot je het gelooft, en gedraag je er ook naar.
  - Zet je voelsprieten even uit en richt je op de boodschap die de mannelijke autoriteitsfiguur je geeft, en niet op de manier waarop. Dan hoor je het objectief en kun je er correct op reageren.

ACTIEPUNT VOOR MIJ ☐

FOUT 49
Je mogelijkheden inperken

In haar boek *Women's Reality* schrijft Anne Wilson Schaef dat in onze cultuur degenen met minder macht leven binnen de grenzen die aangegeven zijn door degenen met meer macht. Witte mannen staan aan de top van de hiërarchie en zij beslissen wat gepast is voor iedereen, dus ook voor vrouwen. Eigenlijk gaat dit boek over hoe vrouwen leven binnen de regels die mannen hebben bedacht. Een letterlijk voorbeeld is de Amerikaanse Hoge Raad. Tot vrij recentelijk – tot Sandra Day O'Connor in 1981 werd aangesteld – werden de regels in de Verenigde Staten uitsluitend door mannen bedacht.

Schaef laat zien dat we onze keuzes, zonder het ons te realiseren, door deze regels laten inperken. Het is net als met luchtvervuiling: als je die maar lang genoeg inademt, denk je dat de lucht zo hoort te zijn. Totdat je de blauwe luchten boven een natuurgebied ziet; dan realiseer je je dat het ook anders kan. Voor vrouwen is de lucht voortdurend vervuild, dus hebben we niet de gelegenheid om te zien dat het anders kan. We gaan geloven dat onze mogelijkheden beperkt zijn omdat we de beperkingen toelaten.

Nog niet zo lang geleden ontving ik een vrouw die een carrièreoptie wilde bespreken. Ze had de juiste kwalificaties, maar wist niet of het te riskant was om er helemaal voor te gaan. Ze had lang voor een non-profitorganisatie gewerkt, net onder de baas. Er waren directeuren gekomen en gegaan, en ze dacht nooit dat zij zelf de baas kon worden. De raad van bestuur bestond geheel uit conservatieve mannen, en zij hadden nooit aan haar gedacht als die hoogste functie weer eens vrijkwam. Daardoor dacht ze dat ze nooit als goede kandidaat gezien kon worden.

Na onze eerste sessie was het duidelijk dat ze het talent en de ervaring voor de baan had; ze had alleen niet het zelfvertrouwen. Ze was opgegroeid in een gezin waar de oudste broer verkozen was tot superster, en zij kreeg altijd de boodschap dat ze goed was, maar lang niet zo goed als hij. Het was duidelijk waarom ze tot dan toe tevreden was geweest met het spelen van de tweede viool.

Bij onze tweede sessie wilde ik weten waarom ze nu wel baas wilde worden. Ze zei dat ze was gaan kijken naar vrouwen met vergelijkbare carrières, en die waren nu allemaal de baas bij hun non-profitorganisatie. Ze was er anders over gaan denken, omdat ze zich schaamde dat het met haar nog niet gebeurd was, en ook omdat ze zich verveelde en toe was aan een nieuwe uitdaging.

Toen we elkaar voor de derde keer zagen, had de vrouw al bedacht hoe ze zou laten merken dat ze de baan wilde en hoe ze zou laten zien dat ze de beste was. Binnen twee maanden (het was een langzame raad van bestuur!) was ze de eerste kandidaat voor de baan, en binnen drie maanden zat ze in het kantoor van de directeur.

In een cultuur waar vrouwen zoveel subtiele en minder subtiele boodschappen krijgen over wat 'hun plaats' is, is het belangrijk om buiten de kunstmatige grenzen te denken. Een van de machtigste vrouwen in de entertainmentindustrie is de CEO van Paramount Pictures, Sherry Lansing. Ze realiseerde zich dat niemand haar aan zou bieden haar eigen studio te runnen, en dus besloot ze haar eigen productiebedrijf te beginnen. Toen ze kaskrakers als *Fatal Attraction* en *The Accused* had geproduceerd, begonnen de studiobazen geïnteresseerd te raken. In korte tijd werd ze teruggehaald naar Paramount, waar ze de hoogste positie kreeg. De les: als je je leven leidt binnen de grenzen die anderen stellen, dan weet je nooit waartoe je echt in staat bent – en er zal ook niemand anders zijn die het ziet.

COACHINGTIPS

- Ga na welke keuzes je hebt bij een keuzemoment in je carrière.
- Als je ze niet ziet, brainstorm dan met een vriend(in).
- Wees op je hoede voor het beperkende stemmetje in je hoofd:
  - *Ik zou nooit kunnen wat Kathy heeft gedaan. Ik ben niet dapper genoeg.*
  - *Ze vinden dit idee nooit goed, hoeveel feiten ik ook aandraag.*
  - *Ik kan net zo goed niet solliciteren. Ik heb niet de juiste kwalificaties.*
  - *Ik ben niet slim genoeg om te promoveren.*
  - *Ik zal nooit genoeg verdienen om eerder te kunnen stoppen met werken.*
- Ga onconventionele keuzes niet uit de weg. Voordat je een keuze maakt voor een bepaalde richting moet je een nachtje slapen over elke mogelijke keuze. Een keuze die je eerst afwijst zou weleens de goede kunnen zijn voor jou.
- Lees biografieën van succesvolle vrouwen en zie hoe zij hun mogelijkheden hebben verruimd.
- Negeer azijnpissers. Iedereen zei tegen Mary Kay Ash dat ze nooit een eigen cosmeticabedrijf kon beginnen – en nu is ze er zeer succesvol mee! Een van haar favoriete uitspraken wil ik je niet onthouden: 'Aerodynamisch gezien zou een hommel niet moeten kunnen vliegen, maar dat weet die hommel niet, dus die vliegt gewoon.'

ACTIEPUNT VOOR MIJ ☐

FOUT 50

'Voor wat hoort wat' vergeten

Mensen praten er niet graag over, maar voor elk menselijk contact geldt: voor wat hoort wat. Het kan duidelijk zijn, zoals *Ik geef je geld en jij doet je werk goed*, of subtieler: *Ik geef je een aanbeveling en jij zorgt dat mijn onkosten sneller worden verwerkt*. Het is een onuitgesproken koehandel. Vrouwen zijn vaak niet goed in dit soort handel; ze geven en verwachten er weinig tot niets voor terug.

Een belangrijk deel van het opbouwen van contacten is bepalen waar het 'voor wat hoort wat'-element zit. Wat heb jij dat anderen nodig hebben? Elke keer als je anderen iets geeft, krijg jij een denkbeeldig fiche. Het idee is dat je altijd meer fiches hebt dan je nodig hebt. De enige manier waarop dit lukt is door anderen gul tegemoet te treden.

Een voormalige cliënte, die inmiddels voor een ander bedrijf werkte, vroeg me ooit of ik een lezing wilde geven voor hun vrouwengroep. Er bleek geen budget te zijn, maar misschien wilde ik het gratis doen? Als vriendendienst? Als je bedenkt hoeveel ik normaal gesproken voor een lezing vang, is dat nogal veel gevraagd, maar ik zei toch ja. Deze vrouw had goede connecties waar ik op een dag misschien nog iets aan kon hebben.

Toen ik anderhalf jaar later op zoek was naar een geschikte locatie voor een benefietavond, moest ik weer aan haar denken. Ik wist dat het bedrijf waarvoor ze werkte meerdere zalen had en belde haar om te vragen of ze me kon helpen. Ik zei niets over de gratis lezing, want ik twijfelde er niet aan dat ze zich dat nog kon herinneren. Na enig geaarzel zei ze dat ze waarschijnlijk niets voor me kon doen, waarop ik beleefd zei dat dat niet erg was. Ik vond een andere locatie en stuurde haar wel een uitnodiging. Misschien wilde ze voor het goede doel een kaartje kopen. Ook dat gebeurde niet. Toen ze twee jaar later voor weer een ander bedrijf ging werken en me belde om opnieuw om een gunst te vragen, zei ik nee. 'Voor wat, hoort wat' werkte hier niet. Ik besteed de schaarse tijd die ik heb liever aan het helpen van mensen die niemand anders hebben of die mij ook helpen.

Het is allemaal veel minder manipulatief dan het klinkt. We doen het de hele dag door zonder het te beseffen. Stel dat ik een rapport snel afmaak voor jou, omdat jij eerder weg moet om naar de dokter te gaan. Dan krijg ik een fiche. Een paar weken later heb ik wat informatie van je nodig waarvan ik weet dat jij die hebt. Ik verzilver het fiche als jij me die informatie geeft. Soms moet je zeggen dat je iets terugverwacht ('Weet je nog dat ik jou vorige maand mijn laptop heb uitgeleend? Nou, nu heb ik een gunst te vragen...') maar meestal hoeft dat niet.

COACHINGTIPS

- Als je je best voor anderen doet, zorg er dan voor dat ze het weten. Een subtiele manier is door te zeggen: 'Of ik dit af kan maken voor ik wegga? Nou, ik heb een afspraak, maar ik bel wel even dat ik later kom.' Hiermee verdien je een fiche.
- Doe niet alsof dingen heel makkelijk zijn. Breng het zo: 'Ik heb de IT-afdeling ervan weten te overtuigen dat ze jouw laptop repareren voor ze aan de andere reparaties beginnen. Ik wist dat je hem nodig zou hebben als je op reis gaat.' Kijk, alweer een fiche.
- Iemand ondersteunen in een vergadering, in het openbaar prijzen, naar iemand luisteren: dit hoort ook allemaal bij het 'voor wat hoort wat'-systeem.
- Verzilver je fiches met beleid, maar wees niet bang ze te gebruiken. Als je een baan wilt, en iemand van wie je veel fiches hebt weet iets over de sollicitatiecommissie, vraag er dan naar. Als je iemand nodig hebt om je uit de brand te helpen, vraag dan iemand die jij vroeger al eens geholpen hebt. Hou in gedachten dat de fiches niet altijd een-op-een worden uitgewisseld, dat ze niet altijd meteén uitgewisseld worden, en dat je ook niet duidelijk hoeft te maken dat je fiches aan het verzilveren bent.

ACTIEPUNT VOOR MIJ ☐

FOUT 51

Vergaderingen overslaan

Vergeet dat vergaderen nuttig hoort te zijn, interessant, of een goede tijdsbesteding. Dat is naïef. En blijf niet aan je bureau zitten om te werken, omdat dát pas echt belangrijk is. Ik weet dat de meeste vergaderingen ongelofelijke tijdverspilling zijn als je bedenkt waar ze over zouden moeten gaan. Maar het punt is dat ze daar helemaal niet over gaan. Vergaderingen zijn bedoeld om te zien en gezien te worden, of om te vertellen waar je mee bezig bent. Je zet jezelf in de markt – hierover lees je meer in hoofdstuk 5 – en dat is iets wat de meeste vrouwen véél meer zouden moeten doen.

COACHINGTIPS

- Geen vergaderingen overslaan (als dat niet direct is...)
- Gebruik vergaderingen om je kennis te etaleren of een vaardigheid te laten zien (behalve als het notuleren of koffiezetten is). Als je hulpvaardig bent, dan kun je aanbieden de vergadering te leiden (beter dan je te zitten vervelen). Of als je een contact wilt opbouwen, dan kun je ondersteunen wat de betrokkene zegt (maar alleen als je het er ook echt mee eens bent).
- Vraag om bij vergaderingen te mogen zijn waarbij je de kans hebt om hogergeplaatst personeel te ontmoeten, of waar je een presentatie kunt houden voor iets waar je steun voor nodig hebt.
- Kies een rol die je tijdens vergaderingen kunt spelen en die je van onschatbare waarde voor het team maakt. Verduidelijk de punten van anderen of stel vragen die niemand anders durft te stellen. Zo laat je zien dat je actief meedoet en trek je de aandacht.

ACTIEPUNT VOOR MIJ ☐

FOUT 52

Werk voor je persoonlijke leven laten gaan

Je werk is niet je leven. De CEO van een groot bedrijf (een man, natuurlijk) zei me eens: 'Als mijn personeel het werk alleen kan doen als ze verder niets buiten hun werk doen, dan is er iets mis.' Als je klaar bent met je leven, wil je dan echt dat er op je grafsteen staat: ze stelde het belang van haar bedrijf altijd boven haar eigenbelang? Je moet gewoon werken voor je salaris. Je moet af en toe overwerken (betaald of onbetaald, maar altijd zonder te zeuren). Dat is alles; je hoeft niet je ziel te verkopen.

Mijn ervaring met vrouwen die alles opgeven voor hun werk is dat ze óf geen privéleven hebben, óf een privéleven dat ze liever uit de weg gaan. Met activiteiten en mensen buiten je werk blijf je positief en productief. Het is een misverstand dat je je persoonlijke leven moet opgeven om succesvol te zijn. Integendeel, je wordt er héél erg saai van.

COACHINGTIPS

- Denk twee keer na voordat je een afspraak afzegt omdat je zoveel werk hebt. Wat zijn de kosten, wat zijn de baten? Er zijn natuurlijk situaties waarin het goed is om een afspraak af te zeggen, maar als het regel wordt in plaats van uitzondering, dan klopt er iets niet.
- Zeg nooit afspraken met je kinderen af, tenzij je anders je baan kwijtraakt. En zelfs dan: denk erover na. Natuurlijk wil je je baan niet kwijt vanwege het geld dat je er verdient, maar je zou eens kunnen denken aan een baan bij een bedrijf waar ze meer begrip hebben voor het gezinsleven.
- Kies een hobby. Als je die niet hebt, zoek dan een andere reden om niet altijd met werk bezig te zijn.
- Wat wil je wél dat er op je grafsteen staat? Doe dat dan.

ACTIEPUNT VOOR MIJ ☐

FOUT 53
Je tijd laten verspillen door anderen

Volgens mij staat het op ons voorhoofd geschreven: JA GRAAG! VERSPIL MIJN DAG! Hoe kan het anders dat mensen denken dat het prima is om zo lang tegen ons aan te kletsen over helemaal niets? Ik snap niet hoe iemand mijn kantoor in kan komen en zeggen: 'Mag ik je wat vragen? Bob is te druk bezig.' O, en ik soms niet? Tijd is je kostbaarste bezit. En als het weg is, komt het nooit meer terug.

Oké, we moeten verzorgend en vriendelijk zijn en blablabla. Nou, laat me je dit vertellen: je kunt vriendelijk zijn en toch niet je tijd verspillen. Er is voor van alles tijd, maar dan wel op het goede moment. Als je tegen een deadline aan zit, naar de kapper moet, en je schoonfamilie komt eten – dan is dat niet het goede moment.

Christine Reiter is directeur van een bedrijf dat mensen helpt hun tijd te managen. Toen ik haar vertelde hoe mannen en vrouwen daarin verschillen, zei ze: 'Het verlangen iedereen tevreden te houden en niet "nee" kunnen zeggen is de grootste tijdverspilling van vrouwen. We houden niet van conflict en confrontatie. Daarom kunnen we onze grenzen niet aangeven.'

Denk niet dat je nooit tijd voor anderen moet vrijmaken. Dat zou je contacten schaden, en je zou geen denkbeeldige fiches kunnen verzamelen om later in te wisselen. Maar bedenk wel hoe je anderen toestaat je tijd op te maken, ook als je eigenlijk helemaal geen tijd hebt.

COACHINGTIPS

- Maak onderscheid tussen mensen die met je willen praten en mensen die met je moeten praten.
- Zeg mij na: 'Weet je, ik zou heel graag willen praten, maar ik heb het nogal druk. Kunnen we morgen verder praten?'
- Gebruik timemanagementtrucs: stapels papier op de lege stoelen in je kantoor leggen, je pen niet neerleggen als er iemand binnenkomt, je telefoon en e-mail alleen op bepaalde tijden beantwoorden, en een bordje met NIET STOREN aan je deur hangen als je een deadline hebt.
- Nog wat tips van Christine Reiter:
  - Bedenk hoeveel tijd je hebt – of niet hebt – als iemand met je wil praten, en bedenk dat de wereld niet vergaat als je geen tijd hebt.
  - Als mensen je grens negeren (en dat gebeurt altijd bij vrouwen), geef de grens dan nogmaals aan door bijvoorbeeld te zeggen: 'Zoals ik al zei, ik wil heel graag praten, maar vandaag heb ik er de tijd niet voor.'
  - Als anderen je meer dan twintig of dertig minuten laten wachten voor een afspraak, ga dan weg. Dit geldt ook voor zakenlunches, doktersafspraken en afspraken met vrienden.

ACTIEPUNT VOOR MIJ ☐

FOUT 54

Niet durven onderhandelen

Auteurs Carol Frohlinger en Deborah Kolb hebben al duizenden vrouwen geholpen om meer zelfvertrouwen te krijgen en betere onderhandelaars te worden. Het zal je misschien verbazen dat vrouwen net zulke goede en soms betere onderhandelaars zijn dan mannen – tenzij ze iets voor zichzelf vragen. Of het nu opslag, promotie of erkenning voor geleverd werk is, het gaat mis zodra ze er zelf iets aan kunnen verdienen.

Carol en ik hebben ons vaak afgevraagd waarom dit zo is en wat we eraan kunnen doen. Het begint eigenlijk al in onze kindertijd, wanneer we leren om ons te gedragen volgens de gendernormen die de maatschappij ons oplegt. En je weet inmiddels al dat lieve meisjes anderen het voortouw laten nemen, nooit over geld praten en nooit opscheppen over hun prestaties. Die ongeschreven regels werken ook in ons volwassen leven door. Lieve meisjes doen geen goed woordje voor zichzelf, dat hoort niet zo. Wat ze wel doen, is hard werken en hopen dat iemand dat ziet en ze dan de beloning geeft die ze verdienen. Fout! 'Als je op je werk niet proactief onderhandelt, kost dat je niet alleen geld, maar heb je ook minder kans om carrière te maken,' aldus Frohlinger. 'Vrouwen moeten ook hun hand opsteken als er een betere positie vrijkomt, anders weet niemand dat ze geïnteresseerd zijn. Ze moeten vragen om de middelen die ze nodig hebben om hun taken te verrichten. Ze moeten goede afspraken maken over voorwaarden en deadlines van een project. En ja, ze moeten zeker voor zichzelf opkomen als het om beloningen gaat.'

Tijdens het schrijven van *Nice Girls Don't Get Rich* mocht ik Lisa Barron interviewen, die aan een universiteit in Californië onderzoek doet naar gedrag binnen organisaties. Naar aanleiding van een onderzoek onder mannelijke en vrouwelijke economiestudenten publiceerde ze een artikel over de verschillende manieren waarop mannen en vrouwen onderhandelen over hun salaris. De studenten kregen een baan aangeboden met een startsalaris van $ 61.000 en een bonus van $ 50.000. Ze kregen ook te horen dat medestudenten vergelijkbare banen bij een ander bedrijf met een salaris van $ 67.000 en een bonus van $ 10.000 aangeboden kregen.

De studenten konden niet alleen onderhandelen over hun salaris, maar ook over een tegemoetkoming in studiekosten en vakantiedagen. Uiteindelijk vroegen zowel mannen als vrouwen om meer geld, maar kregen de mannen aanzienlijk meer – omdat ze om meer vroegen. Lisa ontdekte vier belangrijke redenen voor het verschil:

1 **Denken dat je ergens recht op hebt.** De mannen vonden dat ze recht hadden op meer dan hun medestudenten bij het andere bedrijf, terwijl de vrouwen het 'eerlijk' vonden als ze net zoveel kregen als hun collega's.
2 **Waarde.** De mannen maten hun salaris af aan wat ze volgens eigen zeggen waard waren. Als een collega $ 67.000 per jaar kreeg, vonden zij dat ze meer moesten krijgen omdat ze meer waard waren. Vrouwen voelden zich ongemakkelijk bij dit concept; ze vonden niet dat ze meer waard waren of konden hun waarde niet vaststellen.
3 **Jezelf bewijzen.** De vrouwen in de studie durfden pas om meer te vragen als ze hadden bewezen dat ze het hadden verdiend. De mannen vonden dat ze op grond van ervaring uit het verleden nu al recht hadden op meer.

4 **Gevolgen.** Zowel mannen als vrouwen dachten na over de gevolgen van meer geld vragen, maar mannen waren niet bang dat ze in een later stadium nadelige gevolgen van een eerdere beslissing zouden ondervinden. De vrouwen waren bang dat de sollicitatiecommissie negatief over hen zou denken of hen inhalig of onaardig zou vinden.

Het lastige is dat vrouwen niet alleen moeten leren om ergens om te vragen, maar dat ze ook moeten inzien dat de stereotiepe verwachtingen over hoe en of ze horen te onderhandelen nog altijd springlevend zijn. Ze kunnen die niet zomaar negeren; vrouwen worden geacht te 'aardig' te zijn tijdens het onderhandelen. Vrouwen kunnen dan ook het beste onderhandelen door zo onzelfzuchtig mogelijk te lijken en de indruk te wekken dat hun wensen ook het beste zijn voor het bedrijf.

Dan is er ook nog het probleem dat veel vrouwen onderhandelen gelijkstellen aan een confrontatie aangaan. Zo hoeft het niet te gaan. In hun klassieker *Excellent onderhandelen* (Business Contact, 2010) beschrijven Roger Fisher en William Ury de 'win-winonderhandeling', waarbij vrouwen zich niet alleen meer op hun gemak voelen, maar die alle betrokken partijen een goed gevoel geeft. Deze vorm van onderhandelen versterkt de relatie omdat iedereen er iets aan overhoudt, maar vereist wel begrip voor de behoeften van de tegenpartij. Vrouwen, die doorgaans beter kunnen luisteren, hebben hier een voorsprong.

En er is nog meer goed nieuws. Onderhandelen kun je leren. Investeer in jezelf, dan word je er steeds beter in en ervaar je steeds minder stress. Denk na elke belangrijke onderhandeling na over wat wel en niet werkte, en waarom.

COACHINGTIPS

Onderhandel beter en effectiever met deze tips van Carol Frohlinger:

- Zorg altijd voor excellente resultaten. Als je in je werk voortdurend alle verwachtingen overtreft, ga je vanuit een veel betere positie de onderhandelingen in. Je hebt het bedrijf immers iets te bieden en je meerderen zullen hun best willen doen om je tevreden te houden. Het vertrek van een productief persoon is immers een groot verlies.
- Doe je huiswerk. Verzamel zoveel mogelijk informatie over wat anderen in jouw bedrijfstak (of beter nog, jouw bedrijf of afdeling) verdienen. Internet kan een goed hulpmiddel zijn, maar vertrouw niet uitsluitend daarop. Steek ook je voelsprieten uit in je eigen netwerk. Dankzij deze informatie weet je wat een realistisch doel is.
- Wees duidelijk in wat je wilt. Als je niet weet wat je wilt, kun je het ook niet krijgen. Bedenk ook andere creatieve manieren om je doel te bereiken. Zeg bijvoorbeeld dat je bereid bent om grotere projecten aan te pakken of met kortere deadlines te werken als je in ruil daarvoor meer middelen tot je beschikking krijgt.
- Zorg voor een plan B. Bedenk welke alternatieven er zijn als je niet tot overeenstemming kunt komen. Hoe goed of slecht zijn die? Dit is een concept dat in *Excellent onderhandelen* de BAZO wordt genoemd, het Beste Alternatief Zonder Onderhandelen. Hoe meer alternatieven, hoe meer druk je tijdens de onderhandeling kunt zetten. Denk ook aan de BAZO van de tegenpartij; wellicht heeft die net zoveel te verliezen als jullie er niet uitkomen.
- Reken op tegenstand. Bedenk vooraf welke tegenstand je kunt ondervinden en hoe je daarop gaat reageren. Het gaat

niet alleen om weten wat je wilt zeggen, maar ook hoe je dat gaat zeggen. Vraag voor een belangrijke onderhandeling aan een vriend(in) of die vooraf met je wil oefenen. Geef hem of haar genoeg informatie over de situatie en de tegenpartij, zodat hij of zij de rol met verve kan spelen.

ACTIEPUNT VOOR MIJ

FOUT 55

Je carrièredoelen te vroeg opgeven

Succes leidt tot meer succes. Eleanor Roosevelt zei al: 'Je krijgt moed en zelfvertrouwen als je dingen doet waarvan je dacht dat je ze niet kon.' Het probleem dat vrouwen vaak hebben is dat ze door anderen op een zijspoor worden gezet. Mary Catherine Bateson, de dochter van de antropologen Margaret Mead en Gregory Bateson, schreef er een heel inzichtelijk boek over, *Composing a Life*. Ze observeert dat de levens van vrouwen niet lineair verlopen, maar steeds een andere richting uitgaan. 'Onze levens gaan niet alleen een andere kant op,' schrijft ze, 'maar dat gebeurt ook nog eens steeds opnieuw; gedeeltelijk komt dat doordat we steeds langer gezond en productief blijven.'

Toen ik bij een groot bedrijf werkte, zag ik heel veel hoogopgeleide, slimme vrouwen die alleen maar lage baantjes kregen, omdat ze hun eerdere doelen hadden opgegeven. Ze dachten dat ze de draad weer konden oppakken. Ik hield eens een sollicitatiegesprek met een vrouw voor een baan als communicatiemedewerker. De vrouw was heel vaak aan dingen begonnen en er weer mee gestopt. Ze had Engels gestudeerd en was van plan geweest om journalist te worden. De afgelopen twaalf jaar had ze administratieve baantjes gehad (elk gedurende acht tot achttien maanden), omdat ze haar man volgde als hij weer eens aan de andere kant van het land een baan kreeg. Ze was een aardige vrouw die duidelijk heel slim was, maar ze moest wel toegeven dat ze niet op de hoogte was van de laatste ontwikkelingen op het gebied van de communicatie. Dit in combinatie met haar onduidelijke arbeidsverleden maakte dat ik haar niet met een goed geweten naar de volgende ronde door kon laten gaan. Als ze op de hoogte was gebleven van de ontwikkelingen, dan had ik haar misschien laten doorgaan. Als ze haar persoonlijke doelen wat meer had nagestreefd – ongeacht hoe klein die doelen zijn – dan had ik haar ook daadkrachtiger ingeschat, en dus geschikter voor de baan. In plaats daarvan lagen haar mogelijkheden nu anders; ze zou moeten beginnen als secretaresse, en zich dan eventueel opwerken.

Ook als je om een of andere reden niet de hoofdredacteur van een landelijk dagblad wordt, blijf dan wel betrokken bij je interesses, en blijf ook op de hoogte van de ontwikkelingen. Misschien kun je succesvol worden, maar als je jezelf schikt naar de prioriteiten van iemand anders, of de verwachtingen van de samenleving, dan word je niet meer beoordeeld naar je kunnen maar naar je verleden.

COACHINGTIPS

- Als er iets gebeurt waardoor je je carrièredoel moet aanpassen, bedenk dan een strategisch plan voor je leven waardoor je op de hoogte blijft van de ontwikkelingen in jouw veld. Praat met vrienden en familie en vraag of ze je helpen om gefocust te blijven.
- Diploma's zijn belangrijk, niet alleen om banen te krijgen, maar ook voor je gevoel van eigenwaarde. Ook als je ze niet nodig hebt voor je werk, heb je ze zelf misschien wel nodig. Als dat zo is, ga dan een opleiding doen, en haal dat diploma.
- Wanneer anderen je van je pad af proberen te brengen, besef dan dat dat normaal is – maar geef er niet aan toe. Als een systeem verandert (politiek, ecologisch, gezin), dan wil het eigenlijk zo snel mogelijk terug naar de status quo. Zo werkt het met jou ook: mensen zijn eraan gewend dat je je eigen behoeften niet vooropstelt, en zo houden ze het het liefst.
- Als je een tijdje thuisblijfmoeder wilt zijn, blijf dan wel bezig in jouw veld door bijvoorbeeld nog een cursus te volgen.
- Als je begint als vrijwilliger kun je ervaring opdoen met de nieuwste technologie in jouw veld, en dat komt je weer van pas als je weer aan het werk kunt gaan.

ACTIEPUNT VOOR MIJ ☐

FOUT 56

Denken dat een netwerk niet belangrijk is

Er was eens, lang, lang geleden, een tijd dat mensen hun werk deden, er geld voor kregen, naar huis gingen en rustig gingen slapen. Als ze hun werk goed deden, dan hoefden ze niet bang te zijn om hun baan te verliezen. Er werd voor hen gezorgd. Dat is een sprookje. Zelfs in Nederland kun je er niet meer op rekenen dat je je baan tot in de eeuwigheid kunt behouden.

Veel vrouwen geloven nog steeds in het sprookje. Ze gaan naar kantoor, doen hun werk, houden het rustig, en denken dat dit genoeg is om hun carrière te beschermen. Fout! Je staat midden in een ingewikkeld netwerk.

Netwerk

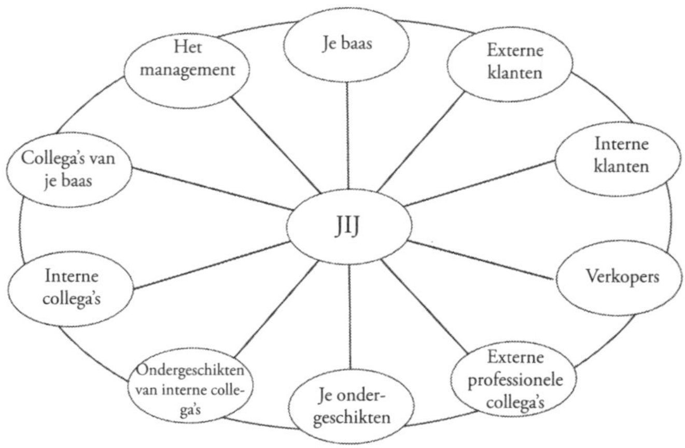

Het is jouw taak om met iedereen in die cirkel een goed contact op te bouwen. Je hoeft niet te gaan golfen of biertjes te drinken, maar je moet het op de een of andere manier wel voor elkaar krijgen als je succes op lange termijn wilt.

Ik zou nu een verhaal kunnen vertellen over iemand bij wie het misging omdat ze haar contacten niet had onderhouden, maar laat me voor de verandering eens een succesverhaal vertellen. Alexis heeft een hoge positie bij een internationaal speelgoedbedrijf. Toen ze een aantal jaren voor dit bedrijf werkte, ging haar baas weg en kreeg ze een nieuwe baas van buitenaf. Alexis kon het niet goed vinden met deze nieuwe baas, en natuurlijk werden beide partijen hier ontevreden van.

De nieuwe baas stond op het punt haar te ontslaan en vroeg aan P&O hem daarbij te helpen. Hij vond wel dat ze haar werk goed deed, maar ze konden het over belangrijke dingen niet eens worden. Om zijn zaak kracht bij te zetten vroeg hij om feedback aan haar netwerk. Hij ging ervan uit dat niemand met haar om kon gaan.

Hij was verbaasd toen hij de resultaten zag. De vrouw bleek een heel goede netwerker te zijn. Ze had goede contacten met de klanten, en ook met de verkopers, haar collega's en met haar ondergeschikten. Allemaal prezen ze haar arbeidsethos, haar integriteit en haar aandacht voor wat klanten nodig hadden. Als je de commentaren las, zou je denken dat iedereen zijn kinderen naar haar had vernoemd. Het was duidelijk dat als de baas haar zou ontslaan, hij heel veel goodwill kwijt zou raken. Omdat ze zo'n goed netwerk had, werd haar baas gedwongen een manier te vinden om goed met haar te kunnen werken.

Netwerk

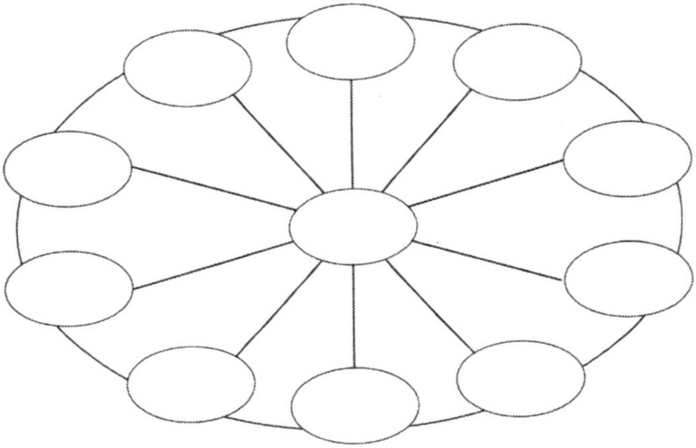

Dit verhaal laat zien hoeveel een netwerk voor je kan doen. De meesten van ons zullen het niet op zo'n dramatische manier nodig hebben, maar we moeten allemaal weleens onze contacten aanspreken om ons professioneel te helpen. En onthoud: als je dat contact nodig hebt, is het al te laat om het nog op te bouwen.

COACHINGTIPS

- Kijk nog eens naar het lege diagram op pagina 188 en schrijf onder elke categorie wie erbij hoort binnen jouw werksituatie.
- Ontwikkel een plan om je contacten op te bouwen (of te behouden). Denk aan het 'voor wat hoort wat'-principe (zie fouten 13 en 50).
- Word actief lid van een beroepsvereniging.
- Zeg tegen jezelf: *Een netwerk opbouwen is geen tijdverspilling*. Want dat klopt. Hoe meer goede contacten, hoe meer toegang tot informatie en fondsen.
- Schrijf op wie je ontmoet en welke informatie je hebt gegeven. Koop hiervoor een schriftje, of maak er een map op je computer voor aan.

ACTIEPUNT VOOR MIJ ☐

FOUT 57
Beloningen weigeren

Toni werd gepromoveerd tot senior-manager binnen haar bedrijf. Het bedrijf had een regeling voor welk niveau in wat voor soort kamer mocht werken. Je kent het wel – de laagsten zaten midden in de kantoortuin, iets hoger kreeg een plekje bij het raam, nog hoger kreeg meer ruimte enzovoort totdat je bij de hoogste rang kwam: een eigen kamer op de hoek van het gebouw, met een deur, mahoniehouten meubilair en een mooie kleur vloerbedekking. (Toen ik nog in de zakenwereld werkte, zei ik altijd: 'Ik wil gepromoveerd worden naar een eigen deur.') Toni mocht haar eigen kamer betrekken, met een raam (en een deur) en meubilair van namaakmahonie. Toen ze te horen kreeg dat ze moest verhuizen van haar ruime plekje bij het raam in de kantoortuin, weigerde ze; ze zag het nut er niet van in, en het was zo'n gedoe om te verhuizen. Fout!

Nancy had net zoiets. Omdat ze promotie maakte, had ze recht op een nieuwe kamer, meubilair, pc enzovoort. Nancy wachtte op het groene licht om te verhuizen, maar dat groene licht kwam nooit. Op een dag ging ze naar haar baas en vroeg wat er aan de hand was. Hij liet haar weten dat hij net iemand had aangenomen die die kamer nodig zou hebben. Je raadt het al: dat was een man. Omdat Nancy zo dankbaar was dat ze promotie kreeg, wou ze niet zeuren en bleef in haar hoekje in de kantoortuin zitten. Een grote fout!

COACHINGTIPS

- Je neemt een beloning niet aan omdat je die wilt hebben, of omdat je die verdient. Je neemt haar aan omdat je daarmee je imago in de hand houdt.
- Als men 'vergeet' om je de beloning toe te kennen, ga er dan mee naar het management. Het zou een vergissing kunnen zijn. Aan de andere kant zou het ook kunnen dat ze hopen dat je net als veel vrouwen bent, en het nooit ter sprake brengt.
- Als je niet de beloning krijgt die overeenstemt met je positie, en je weet dat er geen vergissing in het spel is, ga dan vragen waarom dat zo is. Het minste wat je gedaan moet krijgen is dat iemand je recht in de ogen kijkt en je vertelt dat je niet krijgt wat de anderen in dezelfde functie wel krijgen.
- Als je het erg vindt dat je anders behandeld wordt, en je bent bereid de consequenties te dragen, stap er dan mee naar het hoogste management. Je hoeft niet zeurderig te doen of de schuldige aan te wijzen, maar leg de situatie wel uit. Zeg wat je wilt dat er gebeurt, en binnen hoeveel tijd. Het ergste wat je kunt horen is 'nee'. Als dat zo is, laat het dan zitten, tenzij je dit ziet als je laatste, grootste slag.
- Als je promotie krijgt, vraag dan wat dat inhoudt. Vaak krijg je zulke informatie niet automatisch, of pas veel te laat.

ACTIEPUNT VOOR MIJ ☐

FOUT 58
Negatieve verhalen bedenken

Mijn moeder was een meester in het bedenken van negatieve verhalen als er iets misging. Als iemand koel tegen haar had gedaan, dan dacht ze hardop: 'Misschien was het cadeau dat ik hem heb gegeven niet mooi genoeg.' Als ik een bepaalde baan niet kreeg, dan zei ze: 'Misschien had je de verkeerde jurk aan.' Als mijn vader een promotie misliep, dan kreeg hij te horen: 'Misschien heb je de baas beledigd.' Als gevolg hiervan dacht ik altijd dat ik iets fout had gedaan als er iets niet helemaal volgens plan ging – en ik weet dat ik niet de enige ben. Veel vrouwen hebben precies hetzelfde.

Als je negatieve verhalen verzint op je werk, breng je jezelf voortdurend in de positie dat je aan jezelf moet twijfelen. Je aarzelt om risico's te nemen omdat je bang bent dat je fouten je gaan achtervolgen. Je kunt er totaal verkrampt van raken.

Ik zal een voorbeeld geven. Een ex-cliënt belde om een promotie met me te bespreken. Ze zou manager van haar afdeling kunnen worden. Ze was nog niet zo lang werkzaam bij dit bedrijf, dus het was nogal een compliment dat ze deze baan aangeboden kreeg. Binnen een paar uur had ze echter zoveel negatieve verhalen bedacht over wat er allemaal mis kon gaan, dat ze ging aarzelen of ze de baan wel moest nemen; misschien zou ze immers wel falen.

Ze had wel gelijk dat er dingen mis konden gaan, maar ze kon deze negatieve gedachtestroom niet lang genoeg onderbreken om te bedenken dat die dingen heus niet allemaal mis hóéfden te gaan. Als ze niet in staat zou zijn de moeilijkheden de baas te blijven, dan zou ze die baan niet aangeboden hebben gekregen. Uiteindelijk nam ze de baan aan, en – het verbaast niemand behalve haarzelf – ze doet het geweldig.

COACHINGTIPS

- Om te beginnen moet je de negatieve verhalen door neutrale vervangen. Bedenk alternatieve scenario's die je vertellen dat wat fout is gegaan niet per se aan jou hoeft te liggen.
- Focus op de oplossingen, niet op de problemen. Zwelgen in een zee van negativiteit zorgt ervoor dat je de oplossingen niet meer ziet.
- Lees *Niet durven, toch doen!* van Susan Jeffers (Tirion Algemeen, 2000). Niet nieuw, wel goed. De titel zegt het al een beetje: angst is een slechte raadgever. Dit boek geeft concrete tips hoe je je negatieve gedachten kunt omzetten in positieve resultaten.

ACTIEPUNT VOOR MIJ

FOUT 59
Perfectie nastreven

Omdat we hebben geleerd dat we onvolmaakte wezens zijn, met wie van alles mis is, overcompenseren wij vrouwen door perfectie na te gaan streven. Rationeel weten we wel dat dat onmogelijk is, maar emotioneel doen we het zodra we ons onzeker of incompetent voelen. Wat een tijd- en energieverspilling! We zouden de tijd die we nu besteden aan het perfectioneren van goede dingen kunnen gebruiken voor nieuwe producten, contacten en projecten. Elders in dit boek heb ik het erover gehad hoe we anderen onze tijd laten verspillen. Hier gaat het nu over hoe we zelf onze tijd verspillen.

Julia is hier een perfect voorbeeld van. Voordat ze gecoacht werd, maakte ze zichzelf gek door alles honderd keer te checken – en het dan nog eens te checken. Dat deed ze met alles wat haar kantoor uitging. Haar compulsieve drang tot perfectie had haar huwelijk al verpest, veroorzaakte fysieke problemen en maakte de mensen die met haar werkten helemaal gestoord. Niemand wilde haar in het team omdat ze bekendstond als de grootste muggenzifter ter wereld. Haar carrière werd dus ernstig belemmerd doordat ze de onbelangrijke details niet los kon laten. Onbewust liet ze anderen weten dat niets goed genoeg voor haar was. Ze gaf anderen zelfs het gevoel dat zij niet goed genoeg waren. Wie wil er nou met zo iemand werken?

Mannen snappen dit beter dan vrouwen. Ze zien in wanneer iets goed genoeg is en gaan dan verder met de volgende stap. Waar denk je dat ze anders de tijd vandaan halen om te netwerken, met collega's te lunchen en vergaderingen van hun beroepsvereniging bij te wonen? Ze hebben door dat je beter later een fout kunt corrigeren (als die er al is) dan eindeloos te blijven doorvlooien in de hoop dat je er eentje vindt.

COACHINGTIPS

- Perk de tijd dat je ergens aan werkt bewust in. Als je weet dat je maar een uur de tijd hebt om een rapport te corrigeren, dan doe je het ook in een uur. Als je je schema helemaal blanco laat, dan leidt de drang naar perfectie ertoe dat je er langer aan besteedt dan nodig.
- Vraag om feedback. Voordat je extra gaat werken aan iets wat misschien al af is, kun je vragen wat een collega ervan vindt. Het zou best al helemaal prima kunnen zijn.
- Als je gedrag neigt tot obsessief of compulsief gedrag, moet je professionele hulp zoeken. Het zou kunnen zijn dat medicatie je kan helpen om de angst onder controle te houden die vaak geassocieerd wordt met perfectionisme.
- Ga voor de volle 80 procent. Het verschil tussen 80 en 100 procent wordt door de meeste mensen niet opgemerkt, maar je houdt dan wel meer tijd over voor andere belangrijke dingen.
- Lees *De moed van imperfectie; laten gaan wie je denkt te moeten zijn* (Lev., 2013) en *Gelukkig ben ik niet de enige; maak van schaamte en kwetsbaarheid je kracht* (Lev., 2014) van Brené Brown. Brown, die je misschien kent van haar TED Talks, ziet kwetsbaarheid als een positief element dat je leven kan verrijken en gaat hier in deze twee titels dieper op in.
- Vraag je regelmatig af of je op een nuttige manier met je tijd omgaat. Als het antwoord 'ja' is, vraag dan waarom. Als je antwoord iets te maken heeft met je zelfbeeld en met

wat anderen van je zouden kunnen vinden, dan ben je wellicht aan het streven naar perfectie.
- Stap af van de wens om als perfect gezien te worden, en leg je neer bij het idee dat anderen je als mens zullen zien. Je bént per slot van rekening een mens.

ACTIEPUNT VOOR MIJ ☐

FOUT 60
Geen ondernemer durven zijn

Toen ik tegen mijn moeder zei dat ik ontslag nam om een eigen bedrijf te beginnen, luidde haar antwoord: 'Ik word niet goed bij de gedachte dat je geen baan zult hebben.' Toevallig heb ik twee broers die allebei een eigen bedrijf hebben, maar niemand heeft hen ooit mannen zonder baan genoemd. Mijn moeders opmerking laat heel mooi zien waarom veel vrouwen die ontevreden zijn over hun gebrek aan kansen in het bedrijfsleven toch niet voor zichzelf durven te beginnen. Als anderen denken dat we geen eigen bedrijf kunnen leiden en ons dus ook niet aanmoedigen, is het geen wonder dat we onze kans op succes niet hoog inschatten.

Ik had, omdat ik meer lef dan verstand had, geen flauw idee hoe moeilijk het zou zijn, maar mijn mantra luidde: falen is geen optie. We zijn nu dertig jaar verder en ik werk nog steeds voor mezelf. En ik ben er trots op.

Mary Kay Ash, een van de vrouwelijke ondernemers die ik het meest bewonder, laat duidelijk zien wat je kunt bereiken als je toch de sprong waagt. In de begindagen van haar bedrijf werd er veelvuldig beweerd dat haar handeltje in cosmetica nooit zou kunnen opboksen tegen grote jongens als Revlon, Estée Lauder en CoverGirl. Ze was immers een alleenstaande moeder die weinig van make-up wist en zelfs nog minder van het runnen van een bedrijf. Maar ze had een visie: ze wilde vrouwen economisch zelfstandig maken en in staat stellen om gezin en werk te combineren. Ze begon haar bedrijf in 1963 en stak daar al haar spaargeld ($ 5000) in. Haar visie legde haar geen windeieren. In 2003 was Mary Kay Cosmetics een van de grootste directe verkopers van make-up en huidverzorgingsproducten ter wereld. Er zijn wereldwijd meer dan een miljoen onafhankelijke consulentes in dienst en de jaarlijkse omzet bedraagt bijna $ 1,8 miljard.

Iedere vrouw die voor het bedrijf werkt, ziet zichzelf als een onderneemster in de voetsporen van Mary Kay. Ik heb een aantal van hen gesproken voor mijn boek *See Jane Lead: 99 Ways for Women to Take Charge at Work* en dat was enorm inspirerend. Het werk als onafhankelijk consulente had hun leven veranderd en ze waren inderdaad in staat om de balans te vinden die de oprichtster voor ogen had gehad.

In de afgelopen twintig jaar zijn vrouwen in grotere getale een eigen bedrijf begonnen dan mannen. In 2018 zullen vrouwen verantwoordelijk zijn voor het creëren van meer dan de helft van de verwachte 9,72 miljoen banen in de VS. Als jij een van die vrouwen bent die genoeg heeft van de spelletjes in het zakenleven en het gebrek aan respect voor vrouwen die werk en gezin willen combineren, denk dan eens na over een eigen bedrijf. Dan heb je pas echt de touwtjes in handen.

COACHINGTIPS

- Ga eens praten met plaatselijke onderneemsters. Vraag hoe zij zijn begonnen, wat de grootste uitdagingen waren en wat hun tips zijn voor het starten van een eigen bedrijf. De meeste vrouwen helpen andere vrouwen graag een handje.
- De KvK organiseert regelmatig informatiebijeenkomsten voor starters. Kijk op Kvk.nl voor de agenda van een afdeling bij jou in de buurt.
- Ook bij de MKB Servicedesk vind je informatie en tips: Mkbservicedesk.nl.

ACTIEPUNT VOOR MIJ ☐

5
Hoe je jezelf op de markt brengt

Als je aan bekende merknamen denkt, welke komen er dan meteen bovendrijven? Waarschijnlijk denk je aan Coca-Cola, Nike en Dreft, om maar wat te noemen. Sommige merken zijn zo sterk dat ze het product vervangen hebben. Als iemand zegt: 'Wil je een Kleenex?' dan hoeft het helemaal niet zo te zijn dat je ook echt een tissue van Kleenex krijgt. Merknamen krijgen een goede reputatie door twee dingen: consistente kwaliteit en marketing. Een van tweeën is niet genoeg om een merk te laten overleven in de markt, je hebt het allebei nodig.

Dr. Bruce Heller is directeur van het bedrijf Stategic Leadership Solutions in Encino, California. Hij coacht mensen zodat ze zichzelf gaan zien als een merk dat ze op de markt moeten brengen. 'Je moet je werkplek bekijken als je markt,' zegt Heller. 'En het product ben jij.' Je maakt een merk van jezelf door eerst te bepalen wat jou uniek maakt ten opzichte van de andere mensen op je werkplek, om die verschillen vervolgens te marketen.

Een van de favoriete uitspraken van dr. Heller is: 'Uit het oog, uit het hart, uit de markt.' Vooral voor vrouwen is dit een belangrijke boodschap. Als kleine meisjes hebben we geleerd dat we wel gezien mogen worden, maar niet gehoord. Als we die boodschap meenemen naar ons werk betekent dat: ons werk doen, maar op een onopvallende, stille manier. Ik hoor vrouwen vaak zeggen dat het ze niet uitmaakt als ze niet geprezen worden voor hun werk; ze zijn al blij als ze iets kunnen bijdragen tot het eindproduct. Het resultaat is dat we vergeten worden bij promoties en opdrachten die we wél verdiend hebben. De coachingtips in dit hoofdstuk helpen je om je merk te ontwikkelen, de waarde ervan in te zien en een plan te maken om jezelf op de markt te brengen.

FOUT 61
Je merk niet definiëren

Niet zo heel lang geleden hield ik een sollicitatiegesprek met een vrouw die gepromoveerd was in de organisatiepsychologie. Ze wilde een baan als coach. Ze leek het soort opleiding en de ervaring te hebben die ik zocht, maar ik wist niet goed wat haar specialiteit was. Omdat we bekendstaan als een bedrijf met experts op verschillende gebieden die leidinggevenden heel specifiek advies kunnen geven, vroeg ik aan de vrouw: 'Vertel me eens waar je bekend om staat.' Gedurende de volgende 35 minuten vertelde ze me alles wat ze had gedaan, waar ze in geïnteresseerd was, en hoe ze een bijdrage kon leveren aan het bedrijf. Het probleem was dat ze mijn vraag niet beantwoordde. Hoewel ik nog drie kwartier doorging met vragen, op verschillende manieren, kwam ik er maar niet achter wat haar uniek maakte als organisatiepsycholoog.

Jezelf als merk neerzetten betekent dat je belooft een bepaalde kwaliteit te leveren, waardoor anderen ook wat van je verwachten. Als je het goed doet, worden de waarden, de persoonlijkheid en de mogelijkheden van de persoon erachter goed gecommuniceerd. Dat gebeurde niet tijdens het sollicitatiegesprek. Ze werd niet geselecteerd omdat ze haar merk niet duidelijk had gedefinieerd.

Een ander voorbeeld: toen ik gast was bij een radioprogramma over vrouwen en geld kwam er een telefoontje binnen van een vrouw die wilde weten hoe ze haar kinderdagverblijf beter in de markt kon zetten. Ik vroeg haar wat haar kinderdagverblijf zo anders maakte dan al die andere. Er viel een doodse stilte, gevolgd door 'Geen idee'. Tenzij je duidelijk kunt maken wat jouw merk van andere onderscheidt, kun je het nooit succesvol in de markt zetten.

COACHINGTIPS

- Maak een lijst van de drie tot vijf dingen die je het leukst vindt aan je werk. We zijn vaak het best in wat we het leukst vinden, dus als je je op deze dingen richt, zoek je in de goede richting. Misschien heb je dingen op je lijst staan als 'anderen helpen', 'luisteren', 'problemen oplossen', 'onderhandelen', 'technische rapporten schrijven', 'projecten managen', 'informatie verzamelen', 'oplossingen implementeren', enzovoort.
- Vervolgens moet je deze dingen vertalen naar drie sterke punten waar het bedrijf wat aan heeft. Bijvoorbeeld: 'Ik kan goed luisteren, waardoor ik goed informatie kan verzamelen uit moeilijke bronnen. Daarnaast kan ik goed schrijven, waardoor ik de verzamelde informatie objectief kan presenteren. Ten derde kan ik, nadat de informatie verzameld en gerapporteerd is, oplossingen zien en die implementeren.' Oefen deze zinnen hardop zodat je ze, wanneer het nodig is, zelfverzekerd en zonder haperen uit kunt spreken.
- Bedenk hoe deze talenten je onderscheiden van anderen. Het kan bijvoorbeeld uniek zijn dat je goed bent in het verzamelen van informatie als je bij een bedrijf werkt dat voornamelijk bezig is met productie. Of het goed kunnen opbouwen van contacten kan bijzonder zijn binnen een bedrijf waar het vooral om intellectuele prestaties gaat.
- Maak deze zin af: 'Daar loopt een vrouw die...' Gedraag je nu op een manier waardoor deze uitspraak werkelijkheid kan worden.

ACTIEPUNT VOOR MIJ ☐

FOUT 62

Jezelf niet binnen vijf minuten kunnen verkopen

Debra was als personeelschef bij een groot entertainmentbedrijf verantwoordelijk voor het werven van minderheden. Toen bleek dat er tijdens een benefietavond een stoel te weinig aan de tafel van haar bedrijf was, vroeg Debra, die niet op haar mondje is gevallen, of ze bij een andere tafel mocht aanschuiven. Dat kon, en natuurlijk werd haar meteen gevraagd waar ze werkte en wat haar functie was

Debra omschreef haar baan als volgt:

> 'Ik ben personeelschef bij een van de grootste entertainmentbedrijven van het land en verantwoordelijk voor het diversiteitsbeleid. Dankzij de door mijn ontwikkelde programma's voor het werven en behouden van minderheden is onze omzet gestegen. Alleen al in het afgelopen jaar hebben we 22 procent meer minderheden kunnen inhuren en is er 8 procent minder vertrokken. Het is geweldig dat iedereen zich op alle niveaus inzet voor diversiteit en dat we zulke goede resultaten boeken!'

De rest van de avond babbelde ze met de mensen aan haar tafel en deelde visitekaartjes uit aan degenen die daarom vroegen. De volgende morgen was er een voicemail van een van de gasten aan die tafel, die zo onder de indruk was geweest van haar enthousiasme en inzet dat hij over een vacature in zijn bedrijf wilde praten. Na het gesprek deed hij haar een aanbod waartegen ze geen nee kon zeggen.

Tijdens mijn workshop leiderschap voor vrouwen doe ik

vaak een oefening waarbij het er heel anders aan toe gaat. Ik vraag alle deelneemsters om zich voor te stellen, waarna de eerste vrouw steevast zegt hoe ze heet, waar ze werkt en hoelang ze al voor het bedrijf werkt. Zelden noemt iemand haar functieomschrijving, en het komt nog minder vaak voor dat een vrouw vertelt wat zij voor de omzet van het bedrijf betekent.

Wat zeg jij als iemand je vraagt om je voor te stellen? Ben je net als Debra, of lijk je meer op al die lieve meisjes die ik in loop der jaren hetzelfde saaie riedeltje heb horen afdraaien? Vertel je iets waardoor mensen zullen onthouden wie je bent, of zeg je precies hetzelfde als al die anderen?

Je merk in de markt zetten begint met een verkooppraatje. Je moet je natuurlijk aan de feiten houden, maar je moet ook je unieke vaardigheden benadrukken en uitleggen waarom jij bijzonder bent. Veel vrouwen zeggen bang te zijn dat ze te veel opscheppen. Klonk het alsof Debra aan het opscheppen was, of vertelde ze gewoon heel enthousiast over haar werk? Als je de waarheid spreekt, je functie omschrijft en een aantal dingen noemt waarop je trots bent, is dat zeker geen opscheppen.

COACHINGTIPS

- Bereid een verkooppraatje waarmee je jezelf binnen een paar minuten kunt aanprijzen. Maak duidelijk wie je bent, wat je graag doet en wat je voor je bedrijf betekent. Het maakt niet uit of je op de administratie werkt of onderdirecteur bent, het effect is hetzelfde: je zet jezelf neer als een merk dat anderen willen 'kopen'. Waarom zou een ander geloven dat je iets kunt bijdragen als je dat zelf niet eens gelooft?
- Oefen dit praatje totdat het uitermate soepel van je lippen rolt. Dit kan even duren, zeker als je niet gewend bent om je eigen loftrompet te steken. Vraag vrienden om feedback; ze moeten net doen alsof ze je niet kennen en je voor het eerst horen. Vergeet niet om je praatje aan te passen als er iets in je situatie verandert.
- Spreek met bezieling. Het gaat er niet om wat je zegt, maar hoe je het zegt. Enthousiasme en energie zijn hier de sleutelwoorden.

ACTIEPUNT VOOR MIJ ☐

FOUT 63
Je baan naar beneden halen

Ik kan niet eens zeggen hoe vaak ik het gehoord heb. Als je aan een vrouw vraagt: 'Wat doe je?', dan halen ze in het antwoord zichzelf naar beneden. 'O, ik manage alleen maar een advocatenkantoor.' 'Ik ben maar administratief medewerker.' 'Ik ben zo'n beetje de baas van de IT-groep.' Dat lijken me geen merken die ik beter zou willen leren kennen. Er klinkt schaamte uit en een gebrek aan trots. Élke baan in élke organisatie is broodnodig. Ook al ben je niet de directeur van Nestlé, je zou je baan niet hebben als die niet nodig was voor het bedrijf. Bepalen waarom je bedrijf jóú nodig heeft is cruciaal als je je merk op de markt wilt zetten.

Wat me aan dit fenomeen misschien wel het meest stoort, is dat vrouwen in veel gevallen hun merk naar beneden halen omdat ze geloven wat anderen over hen of hun rol zeggen. Als je partner op een feestje vertelt dat jij geen echte carrière hebt omdat je het huishoudinkomen met je uitzendbaantje aanvult, of als je vader tegen iedereen die het wil horen trots meldt dat je broer advocaat is, kun je je al snel minderwaardig voelen.

Er bestaat een grap die precies hierom draait. Er wordt voor het eerst van vrouw als president van de Verenigde Staten gekozen. Wanneer ze haar moeder vraagt wat die voor de inauguratie aantrekt, antwoordt moeder dat ze niet gaat omdat ze niets geschikts heeft. Uiteindelijk lukt het de vrouw toch om haar moeder over te halen om te komen. Vlak voordat ze de eed aflegt, hoort ze een hoge functionaris tegen haar moeder fluisteren: 'U bent vast erg trots op uw dochter.'

Waarop haar moeder antwoordt: 'Ja, maar haar broer is dokter.'

De Schotse schrijver Thomas Carlyle zei al: 'Al het werk, zelfs het spinnen van katoen, is nobel; werk op zich is nobel.' Het maakt niet uit wat je doet, wees er trots op en laat anderen zien en horen dat je dat bent. Ook dat vormt onderdeel van je persoonlijke merk.

COACHINGTIPS

- Sta niet toe dat anderen de waarde van je werk bepalen. Jij bent de enige die dat kan doen.
- Beschrijf je werk niet met verkleinwoordjes of bagatelliserende termen.
- Of je nu kantoren bouwt of kantoren schoonmaakt, wees er trots op.

ACTIEPUNT VOOR MIJ ☐

FOUT 64

Je adviserende kwaliteiten onderschatten

Heb je ooit een collega geholpen met een lastig probleem oplossen? Dan ben je een adviseur. Heb je je baas overgehaald om voor een andere werkwijze te kiezen dan oorspronkelijk was afgesproken? Dan ben je ook een adviseur. En je bent er ook een als je een vriendin dankzij jouw advies voor een grote fout hebt kunnen behoeden. Vrouwen hebben vaak niet door dat ze juist in hun rol als 'vertrouwde adviseur' aan hun relaties werken. Als je 'Ik kan gewoon goed luisteren' zegt, doe je een eigenschap die van onschatbare waarde is zwaar tekort. In *De vertrouwde adviseur* (Academic Service, 2001) legt David Maister uit dat we juist door goed te luisteren en advies te geven vertrouwen en zelfvertrouwen kunnen kweken. Zijn boek is voornamelijk op consultants gericht, maar het is nuttig voor iedereen die 'kan uitstekend advies geven' deel van haar merk wil maken.

Goed kunnen luisteren en anderen willen helpen zijn eigenschappen die veel vrouwen van nature bezitten. Zie ze als waardevolle handelswaar waar je je voordeel mee kunt doen. Lieve meisjes geven voortdurend goede raad, maar vestigen hier nooit de aandacht op. Slimme vrouwen maken er een uniek verkoopargument van.

COACHINGTIPS

- Lees *De vertrouwde adviseur* van David Maister (Academic Service, 2001) voor een beter begrip van de rollen die we binnen onze organisaties vervullen en de functie van advies geven daarin.
- Beschouw jezelf als 'intern adviseur'. Het maakt niet uit wat je positie, ervaring of kennis is, in combinatie met een sterk netwerk kun je je eerste stappen in deze functie zetten. Noem deze omschrijving als je jezelf in de markt wilt zetten.
- Voel je niet mislukt als adviseur als je goede raad wordt genegeerd of niet wordt opgevolgd. Adviseurs willen van nature invloed uitoefenen, maar de uiteindelijke beslissing ligt bij hun 'cliënten'. Laat altijd de mogelijkheid open voor verdere discussie.

ACTIEPUNT VOOR MIJ

FOUT 65

Alleen je voor- of koosnaam gebruiken

Wanneer hoorde je voor het laatst dat een mannelijke hooggeplaatste werd aangesproken met een koosnaampje? Billy Gates? Georgie Bush? Verkleinwoorden verkleinen datgene waarover het gaat, dus ook mensen. Ze passen bij kinderen. Ook bij volwassenen kunnen ze gebruikt worden als teken van affectie – maar de meeste mannen zijn van hun kindernaam afgestapt in de puberteit. Laura Bush mag haar man 'Georgie' noemen, maar zijn medewerkers zul je er niet op betrappen.

Ik vind het altijd verbazingwekkend wanneer vrouwen zich voorstellen met hun volwassen naam en de ander die naam meteen verkleint. Een cliënt van mij heet Teresa, maar ze wordt altijd meteen 'Terri' genoemd. 'Iemand die Jim heet, wordt nooit meteen "Jimmy" genoemd,' zegt ze.

Wat ik me ook afvraag: waarom nemen zoveel vrouwen de telefoon op zonder hun achternaam te noemen? Waarom staat hun achternaam niet op hun voicemailtekst? 'Hoi, dit is de voicemail van Sarah, spreek een bericht in...' Tijdens een workshop zei een vrouw dat ze dit doet omdat de combinatie van haar voornaam en dubbele achternaam anders zo lang is. Waar hebben we over? Je volledige naam noemen kost je hoogstens een seconde extra, dus doe het!

Veel administratief medewerksters doen dit – en het is nergens voor nodig. Je hoort een man bijna nooit alleen zijn voornaam noemen. Het is een klein maar belangrijk verschil. Als je alleen je voornaam gebruikt, krijg je weer de kinderstatus. Als je aan een kind vraagt hoe het heet, krijg je alleen een voornaam te horen. De combinatie van voor- en achternaam brengt je op het niveau van de volwassenen.

COACHINGTIPS

- Zelfs als je al je hele leven Kathy, Debbie, Maggie of Sandy heet: stel jezelf voortaan voor met je hele naam. Na een tijdje wennen anderen er wel aan. Verander je naam op visitekaartjes, je naambordje en je briefpapier naar Kathleen, Debra, Margaret of Sandra. Zo word je veel sneller serieus genomen.
- Spreek je voor- en achternaam in op je voicemail, gebruik beide namen in e-mails, je e-mailadres en als je de telefoon opneemt.
- Als mensen je naam verkleinen, corrigeer ze dan door gewoon je eigen naam te herhalen.

ACTIEPUNT VOOR MIJ ☐

FOUT 66

Wachten tot je wordt opgemerkt

Haar bedrijf werd ingekrompen, en Jacqueline wilde per se binnen het bedrijf blijven. Ze wist dat er achter gesloten deuren beslissingen werden genomen over wie mocht blijven en wie niet. Nerveus wachtte ze op haar lot. Ik suggereerde dat ze best eens naar haar baas of de P&O-medewerker kon gaan om voor zichzelf op te komen. Het was alsof ik haar had voorgesteld om naakt over de afdeling te rennen. Ze kon niets bedenken wat iets uit zou maken, en ze kon het zich ook niet voorstellen dat ze überhaupt bij de baas binnen zou stappen.

Bedrijven worden kleiner, de organisaties platter, en daarom moet je opgemerkt worden – voordat ze mensen gaan ontslaan. Als er ontslagen gaan vallen, dan gaat het erom dat je duidelijk maakt waarom jouw merk in de nieuwe organisatiestructuur onmisbaar is. Bij een platte organisatie is het zaak dat je projecten in handen krijgt waarmee je jezelf in de kijker speelt. Mensen die deze projecten krijgen hebben vaak subtiel (of minder subtiel) laten weten dat hun vaardigheden onmisbaar zijn bij zo'n project. Als je gaat wachten tot ze je opmerken, kom je nergens. Je moet weten wat je eigen merk waard is en het op het juiste moment zien te verkopen. Vrouwen, en vooral diegenen die zichzelf niet goed kunnen verkopen, worden vaak overgeslagen. Niet omdat ze het niet kunnen, maar omdat ze te bescheiden zijn, of omdat ze ten onrechte denken dat hun sterke punten vanzelf wel opgemerkt worden.

COACHINGTIPS

- Als je een bepaalde opdracht wilt, vraag er dan om.
- Als je een carrièrestap wilt maken, praat er dan over. Laat anderen weten dat je eraan toe bent. Hoe meer je erover praat, hoe meer kans dat je hoort over nieuwe mogelijkheden.
- Laat voortdurend zien wat je hebt gedaan, op een subtiele manier. Misschien kun je wekelijks of tweewekelijks een printje maken van wat je hebt gedaan. Of je kunt op een vergadering vertellen hoe je een bepaald probleem hebt opgelost.
- Stel een marketingplan op. Stel je je eigen toekomst voor en schrijf de stappen op die nodig zijn om daar te komen.
- Blijf leren, vraag feedback of coaching, blijf dingen proberen waarvan je nog niet weet of je er goed in bent. Daardoor ben je voorbereid op onverwachte wendingen en mogelijkheden.
- Vraag iemand in een hogere positie of ze een goed woordje voor je willen doen en je naam willen noemen.

ACTIEPUNT VOOR MIJ ☐

FOUT 67

Belangrijke opdrachten weigeren

De directeur van een klein filiaal van een groot bedrijf werd gevraagd of ze wilde plaatsnemen in de raad van commissarissen. Ze liep al tijden te klagen dat ze niet genoeg waardering kreeg voor het winstgevend maken van een hopeloos project. Het verzoek om in de raad van commissarissen te komen was niet alleen een blijk van waardering wat haar eigen filiaal betreft, maar gaf ook aan dat men haar voor het hele bedrijf waardevol achtte. Wat denk je dat ze deed? Ze sloeg het aanbod af, omdat ze vroeger weleens naar zulke vergaderingen was geweest en had gezien dat het allemaal tijdverspilling was. Het eerste wat ik riep was: 'Quit bein' a girl!' Ik kon het niet binnenhouden. Zonder het grote plaatje te bekijken had ze gereageerd op de manier die ze nog uit haar kindertijd kende – hard werken en geen tijd of geld verspillen. Op dat moment moest ik denken aan al die fouten die ik vrouwen in de loop der jaren had zien maken, juist vanwege de boodschappen die ze in hun jeugd hadden meegekregen. Ik wist natuurlijk wel dat opvoeding invloed op je carrière heeft, maar ik had er niet bij stilgestaan dat jongens andere boodschappen krijgen dan meisjes. Na mijn gesprek met deze vrouw maakte ik op weg naar huis een eerste opzet voor wat uiteindelijk dit boek zou worden.

De kans om je vaardigheden aan het hele bedrijf te tonen doet zich veel vaker voor. Als je bij een belangrijke vergadering aanwezig mag zijn of als je een presentatie mag doen: het zijn *high profile*-opdrachten die je eigenlijk niet mag weigeren.

Ik snap wel dat we het allemaal druk hebben, dat vergaderingen veel te lang duren en dat presentaties riskant zijn. Nou en? Grijp die kansen om jezelf te profileren en bouw aan je contacten met de mensen die ertoe doen. Onthoud: 90 procent van je succes heb je al binnen als je alleen al aanwezig bent!

COACHINGTIPS

- Als je uitgenodigd wordt om erbij te komen zitten, neem de uitnodiging dan aan. Als je geen tijd hebt, maak je maar tijd. Je investeert in je toekomst.
- Als je een nieuwe functie of opdracht krijgt aangeboden, neem die dan aan. Als anderen er genoeg vertrouwen in hebben dat je het aankunt, dan moet jij dat vertrouwen ook hebben.
- Vraag om belangrijke, misschien wel riskante opdrachten. Wie niet waagt, die niet wint.
- Hou vrijwillig presentaties bij het hoger management. Het levert meer op dan het je kost, en je kunt er niet aan wennen als je het níét doet. Jezelf laten zien aan het hoger management is cruciaal om erkenning te krijgen.
- Blijf eraan denken dat je meerderen eigenlijk je klanten zijn. Je moet dus weten wat zij nodig hebben, en zorgen dat ze dat hebben.

ACTIEPUNT VOOR MIJ ☐

FOUT 68

Niet aan tafel gaan zitten

In de vorige fout had ik het al over figuurlijk een plaatsje aan tafel weigeren, maar nu gaat het om de letterlijke betekenis. Mijn goede vriendin Diana, verantwoordelijk voor een filiaal van een grote financiële instelling, kwam bij me eten en ik vroeg haar hoe haar jaarlijkse uitstapje met het management was verlopen. Ik spitste meteen mijn oren toen ze zei dat haar baas haar op een avond had gevraagd om voor het diner bij hem aan te schuiven, maar dat ze die plaats had vrijgehouden voor iemand die minder vaak de gelegenheid had om hem te spreken. Voordat ik kon zeggen dat ze zich als een meisje had gedragen, voegde ze eraan toe dat een mannelijke collega (die haar baas net zo vaak te spreken krijgt als zij) het plekje inpikte. Zelfs Diana's man stond met open mond toen hij dit hoorde.

Het is goed bedoeld, maar je plekje naast de belangrijkste persoon aan tafel voor een ander vrijlaten is een van de grootste fouten die je kunt maken. Je berooft jezelf van de kans om met je baas te praten én van een plek aan tafel waar iedereen je ziet. Het maakt niet uit of het een gewone vergadering of een bijzondere gelegenheid is, je moet geen nee zeggen tegen de kans om een persoonlijk gesprek met een meerdere te voeren. Sterker nog, je moet je best doen om die kans te creëren.

Wat ook me ook altijd verbaast: als een vrouw binnenkomt bij wat een goedbezochte vergadering dreigt te worden, kiest ze vaak voor een van de stoelen langs de muur, niet voor een zitplaats aan tafel. Het lieve meisje kiest voor de zijlijn, omdat ze de plek in midden wil openlaten voor 'belangrijker' mensen.

Je bent geen klein kind meer. Als je gehoord en gezien wilt worden en duidelijk wilt maken dat je met 'de grote jongens' meedoet, dan ga je aan tafel zitten. Letterlijk.

COACHINGTIPS

- Als iemand je vraagt om erbij te komen zitten, doe dat dan.
- Als er niet genoeg stoelen voor iedereen zijn, haal je er eentje en schuif je die ertussen.
- Kun je kiezen waar je gaat zitten? Pak dan de stoel naast de machtigste persoon. Zijn of haar aanzien straalt op jou af.

ACTIEPUNT VOOR MIJ ☐

FOUT 69
Bescheiden zijn

Zowel jongens als meisjes leren dat ze bescheiden moeten zijn, maar vrouwen nemen deze les véél te serieus. Alles heeft zijn grens, dus ook bescheidenheid. Als je een berg hebt verplaatst, de geluidsbarrière hebt doorbroken of een wonder hebt verricht, dan moet je niet bescheiden zijn. Als mensen niet opmerken dat je iets geweldigs hebt gedaan, dan is het jouw taak om ze erop te wijzen. Doen alsof het makkelijk was terwijl het heel moeilijk was is geen goede marketingtechniek.

Helena laat zien hoe je veel te bescheiden kunt zijn. Zij en haar team moeten zorgen voor het assessment van het management binnen het bedrijf. Voor elke topmanager stellen ze een ontwikkelingsprogramma op, en ze coachen hen ook. Toen haar bedrijf fuseerde, kreeg ze bijna twee keer zoveel werk, maar haar team bleef hetzelfde. Toch lukte het haar om het werk op een creatieve manier gedaan te krijgen.

Bij haar jaarlijkse functioneringsgesprek complimenteerde Helena's baas haar, en gaf haar een flinke bonus. Omdat ze blij was dat ze erkenning kreeg, zei ze bescheiden: 'Ach, zoveel stelde het niet voor.' Ze wilde eigenlijk meer personeel vragen, maar toen ze een compliment en een bonus kreeg, was ze helemaal van haar stuk gebracht en dacht er niet aan om de erkenning te gebruiken om zichzelf te marketen. Toen moest ze een nieuwe strategie bedenken om meer personeel te krijgen. Ze had immers al toegegeven dat het werk niet zoveel voorstelde.

Een ander voorbeeld van bescheidenheid is het wegmoffelen van diploma's, onderscheidingen of foto's waarop je samen met belangrijke personen staat. Ik zat een keer bij een cliënte op haar werkkamer toen ze werd weggeroepen voor een telefoontje. Tijdens haar afwezigheid bekeek ik haar persoonlijke herinneringen en foto's en zag tot mijn verbazing dat ze samen met Hillary Clinton op de foto stond – en dat ze die had verstopt achter allerlei snuisterijen. Toen ze terugkwam, wees ik naar de foto en vroeg ik waarom die niet veel meer in het zicht hing. Je kunt haar antwoord vast wel raden: ze wilde niet opscheppen.

Ik kan tot mijn genoegen melden dat deze cliënte nu, vijftien jaar later, onderdirecteur van een afdeling in haar bedrijf is en dat de foto sinds ons gesprek een prominente plek heeft gekregen. Heeft ze daar haar succes aan te danken? Nee, natuurlijk niet, maar door haar licht niet langer onder de korenmaat te zetten, laat ze zien dat ze een sterk merk is.

COACHINGTIPS

- Zeg nooit (nooit! nooit!) meer: 'Het stelde niets voor.'
- Als je moet rapporteren wat je hebt gedaan, stel het dan niet minder belangrijk voor dan het is. Helena had moeten zeggen: 'Iedereen in het team heeft 's avonds en in het weekend moeten werken, maar ik ben trots op wat we gedaan hebben en ook blij dat jij het ziet.'
- Als je een compliment krijgt, kijk de ander dan aan en zeg simpelweg: 'Dank je.' Haal jezelf niet naar beneden.
- Als je bedankbriefjes van klanten krijgt, laat die dan aan je manager zien.
- Maak een 'goed gedaan'-mapje. Hierin stop je alle dingen waar je trots op bent: bedankbriefjes, goede beoordelingen, enzovoort. Kijk ernaar op de momenten dat je aan jezelf twijfelt.

ACTIEPUNT VOOR MIJ ☐

FOUT 70
Verkeerd gebruik van sociale media

Een vooraanstaand instituut belde me onlangs omdat een vrouw die ooit voor me heeft gewerkt me als referentie had genoemd. Ik zei dat ik heel tevreden over haar was geweest en haar kon aanbevelen, maar toen vroeg de man: 'Ik hoef toch niet bang te zijn dat ze dingen doet die de naam van onze organisatie schaden?' Die vraag overviel me nogal. Het bleek dat hij haar had gegoogeld en op een MySpace-pagina van jaren geleden was gestuit, die ze had gemaakt toen ze begin twintig was. Daarop stond ze als deelneemster aan een *wet T-shirt*-wedstrijd, compleet met neusring en een biertje in haar hand.

We doen allemaal dingen waarvan we liever niet willen dat een toekomstige werkgever ze ziet. Ik ben blij dat er nog geen sociale media bestonden toen ik mijn eerste stappen op de werkvloer zette! Ik doe mijn best om te voorkomen dat vrienden en familie ongunstige berichten op mijn Facebook zetten of me op foto's taggen die me niet bevallen, en ik kan iedereen aanraden hier scherp op te letten. Er mag helemaal niets op je sociale media staan wat op een of andere manier nadelig kan zijn voor je goede naam of je merk. Als iets eenmaal op internet staat, is dat voor eeuwig.

Met behulp van merkenexpert Ryan Rancatore (Personalbranding101.com) heb ik een lijst van andere digitale valkuilen samengesteld:

1 **Je profiel niet volledig invullen.** Dit kan twee dingen betekenen: je hebt zo weinig te melden dat je niet eens een gemiddeld profiel kunt invullen, of je bent erg lui.
2 **Meerdere namen gebruiken.** Facebook, Twitter en LinkedIn zijn netwerken die samen jouw grotere netwerk vormen. Breng je contacten niet nodeloos in de war door op elke site een andere naam te gebruiken. De sterkste merken zijn zo sterk geworden omdat ze duidelijk, ondubbelzinnig en consequent zijn. Wees dat dus ook.
3 **Je profielen niet aan elkaar linken.** Waarom is dit belangrijk? Omdat er dan meer punten zijn waar mensen zich aan je netwerk kunnen verbinden. Als je naam telkens weer opduikt, blijft je merk beter hangen.
4 **Een robot zijn.** Gebruik nooit de standaardtekst van LinkedIn zelf om met een ander in contact te komen. Volgens Rancatore zeg je met zo'n berichtje: 'Ik wil je wel aan mijn professionele netwerk toevoegen, maar ik ben te lamlendig om je persoonlijk aan te spreken.'
5 **Alleen aan zelfpromotie denken.** 90 procent van je posts dient te bestaan uit nuttige links of persoonlijk commentaar. In de overige 10 procent mag je jezelf aanprijzen zoveel je wilt.

COACHINGTIPS

Deze tips zijn afkomstig van Poonam Sagar, digital media consultant en coach bij PT Infotech Solutions (Infotech.co.id) in Indonesië.

- Wees vriendelijk. Je wilt netwerken, niet de narcist uithangen (niet iedereen kent het verschil). Je sociale media zijn het uithangbord van je merk, en zoals ik al eerder zei, willen mensen aardige, intelligente merken. Als je je via sociale media vooral negatief uitlaat of andere mensen of producten afkraakt, verliest je merk snel zijn glans.
- Wees behulpzaam. Deel waardevolle informatie, dan krijg je ook sneller iets terug. Post linkjes naar artikelen of blogs waarvan je weet dat anderen in je netwerk ze interessant zullen vinden. Ze zien je dan je al snel als waardevol en dat is goed voor je reputatie.
- Bouw je eigen website. Dat kost vrijwel niets en is binnen een paar uur gepiept. Kun je dit niet alleen, vraag dan een technisch aangelegde kennis om hulp en bied in ruil jouw expertise op een ander gebied aan.
- Post interessante content van hoge kwaliteit en zorg ervoor dat zoekmachines het snel kunnen vinden. Je kunt nog zulke briljante blogposts of de grappige updates schrijven, je hebt er niks aan als niemand ze kan vinden.
- Kies je connecties met zorg uit en loop regelmatig je privacy-instellingen na. Stuur alleen vriendschapsverzoeken naar mensen die je kent, wilt leren kennen of iets voor je kunnen betekenen en neem ze ook alleen van deze groep aan.

ACTIEPUNT VOOR MIJ ☐

FOUT 71
Ineffectief gebruik van sociale media

Naast verkeerd gebruik van sociale media (dat kan schadelijk zijn voor je merk) is er ook nog zoiets als ineffectief gebruik (daar heeft je merk niets aan). Ik ben niet bepaald een *early adopter* (iemand die meteen van de nieuwste ontwikkelingen gebruik wil maken) maar zelfs ik ken de kracht van sociale media. Daarom heb ik pagina's op LinkedIn en Facebook (bij Twitter trek ik de grens). Een paar jaar lang heb ik zelfs samen met een paar collega's een blog gehad, totdat ons duidelijk werd dat er zoveel blogs bestonden dat mensen met geen mogelijkheid de informatie konden vinden die ze zochten. Ik kies nu voor kanalen gericht op informatie over werk en carrière die een aanvulling vormen op mijn boeken, lezingen en werk als coach. Ik breng, kortom, het merk Lois Frankel onder de aandacht als informatiebron voor alles wat met vrouwen en carrière te maken heeft.

Ik heb al verteld hoe nadelig het is als je niet op sociale media zit. Nu moet je je afvragen hoe je sociale media zo effectief mogelijk kunt inzetten om jouw merk onder de aandacht te brengen. We weten al dat je als vrouw vaker op sociale media zit dan je mannelijke collega's, maar we weten ook dat het meisje in je er niet alles uithaalt wat erin zit. Als een voormalig lief meisje vind ik het vreselijk om anderen te vragen om aanbevelingen of introducties, maar als ik het niet doe, snijd ik mezelf in de vingers.

Digital media-consultant en coach Poonam Sagar weet waaraan je moet denken als je je online in de kijker wilt zetten en hoe je dat het beste kunt doen:

Wie ben je? Welke kennis heb je te bieden? Waar wil je bekend om staan? Hoe wil je dat collega's, anderen in jouw vakgebied en potentiële werkgevers je zien? Je online merk wordt voor een groot deel bepaald door de informatie die je deelt in je profiel en in je postjes. Googel je eigen naam eens en kijk welk 'beeld' de resultaten bij je oproepen. Komt dat overeen met wie je online wil zijn?

De drie basisvoorwaarden voor effectief gebruik van sociale media zijn:

- **Bepaal je doel.** Maak geen account aan als je geen idee hebt waar je een bepaald platform of applicatie voor wilt gebruiken.
- **Wees consistent.** Gebruik op alle sociale media dezelfde stem en laat overal hetzelfde beeld zien. Vul je profiel op de sites van jouw keuze aan met een beknopt cv en een professionele foto. Bedenk een persoonlijke leus.
- **Doe mee.** Sociale media bestaan bij de gratie van delen. Hoe actiever je deelneemt, des te meer je profiel opvalt.

COACHINGTIPS

- Kijk voordat je een account aanmaakt goed hoe bepaalde sites je persoonlijke gegevens bewaren en gebruiken en hoe de regels luiden.
- Maak een schema voor je gebruik van sociale media, bijvoorbeeld om de dag een kwartier. Zo voorkom je dat je er te veel tijd aan besteedt.
- Bepaal wat je wel en niet wilt delen door je privacy-instellingen aan te passen. Post alleen informatie en foto's die iedereen mag zien. Verwijder tags van foto's waarmee je minder gelukkig bent. Neem alleen verzoeken aan van mensen met wie je online wilt communiceren.
- Koester en bedank je relaties. Deel hun postjes en link naar hen op LinkedIn en Twitter. Vergeet nooit om anderen te bedanken.

ACTIEPUNT VOOR MIJ ☐

FOUT 72

In de veilige zone blijven

Ik vroeg ooit aan een man waarom hij een baan had aangenomen terwijl hij wist dat hij niet aan de vereisten voldeed. Hij antwoordde: 'Ik ben slim. Ik leer dat wel bij.' Vrouwen blijven te lang op een plek zitten omdat ze bang zijn dat ze anders te veel hooi op hun vork nemen. Pas als een vrouw 100 procent zeker is dat ze voldoet aan álle vereisten voor een baan, wil ze hem hebben. Mannen zijn eerder geneigd om risico's te nemen – ze doen dingen die ze nog nooit hebben gedaan, om te bewijzen dat ze het kunnen.

Tegenwoordig is iemand die te lang in een baan blijft zitten, verdacht – wat is er mis met zo iemand? Te volgzaam, en misschien niet genoeg op de hoogte van de laatste ontwikkelingen. Vrouwen weigeren zelfs opdrachten waarvoor ze persoonlijk uitgekozen zijn als ze zelf het gevoel hebben dat ze niet gekwalificeerd zijn. Een grote fout. Je wordt meteen van het lijstje geschrapt als je weigert. In de toekomst vragen ze je niet meer.

Ironisch genoeg vinden vrouwen die in de veilige zone blijven niet dat dat een deugd is. De meeste mensen willen lijken op de mensen die risico's nemen, en enthousiast en daadkrachtig zijn.

COACHINGTIPS

- Kijk – tenzij je verantwoordelijkheden binnen je baan sterk veranderen – ongeveer elke drie jaar uit naar een nieuwe baan – maximaal elke vijf jaar.
- Laat je faalangst je niet dicteren om een baan af te slaan die je met een minimum aan opleiding wel zou kunnen doen.
- Blijf op de hoogte van de laatste ontwikkelingen in jouw werkveld door cursussen te volgen en boeken te lezen. Als je de laatste tijd niets nieuws hebt geleerd, ben je niet aan het groeien.
- Werp jezelf op voor opdrachten waarvoor je op je tenen moet lopen, of waarvoor je nieuwe vaardigheden moet leren: goed voor je portfolio. Als je bereid bent het risico te nemen dat je misschien faalt, zal niemand het je kwalijk nemen dat je nog het een en ander moet leren.
- Begin meteen uit te kijken naar de volgende baan op dag één van je nieuwe baan. Je doet er nog een paar jaar niets mee, maar jezelf openstellen voor nieuwe mogelijkheden maakt je proactief op de arbeidsmarkt.

ACTIEPUNT VOOR MIJ ☐

FOUT 73
Je ideeën weggeven

Het is een bekend verhaal. Vrouw heeft idee. Vrouw vertelt idee. Idee wordt genegeerd. Man lanceert hetzelfde idee. Man wordt gepromoveerd. Schuld? Vrouw. Ze liet het idee stelen zonder duidelijk te maken van wie het idee oorspronkelijk was. Waarom? Omdat ze al zo onzeker is en niet egoïstisch, bezitterig, ruziezoekerig en oncoöperatief wil overkomen. Steeds als je een idee weggeeft, geef je een beetje zelfrespect weg. Als je dit vaak genoeg doet, stroomt je zelfvertrouwen weg door het afvoerputje.

Denk niet dat je idee genegeerd wordt omdat je een vrouw bent. Ik ben bij vergaderingen geweest waar ideeën van vrouwen om de simpelste redenen genegeerd werden: ze spraken niet hard genoeg, ze fluisterden hun idee in het oor van de man die naast hen zat, die het vervolgens hardop bracht als zijn eigen idee, of hun timing was gewoon niet goed. Dit zijn problemen die je vrij gemakkelijk kunt oplossen.

Het gaat niet alleen om het weggeven van je ideeën, het gaat ook om het vinden van manieren om je ideeën te verkopen. Ze hebben marktwaarde. Elke keer als een idee van jou gebruikt wordt, heb je iets verkocht. Als je genoeg verkoopt, en veel denkbeeldige fiches hebt verzameld, kun je die later weer inruilen voor gunsten, mooie opdrachten of extraatjes.

COACHINGTIPS

- Probeer een vraag te stellen nadat je een idee hebt gelanceerd. Bijvoorbeeld: 'Ik stel voor dat we de mogelijke oplossingen rangschikken en de twee oplossingen boven aan de lijst meteen implementeren. Zijn er bezwaren tegen als we hier direct mee aan de slag gaan?' Hierdoor krijg je eerder erkenning en discussie.
- Als iemand hetzelfde zegt als jij net zei (ook al formuleerde je het anders), benoem het dan: 'Ik geloof dat je voortbouwt op mijn suggestie van daarnet, dus ik sta erachter.'
- Spreek met luide stem, zodat je gehoord wordt.
- Eerst het idee tegen degene naast je fluisteren om bevestiging te krijgen is niet goed. Neem liever het risico om je idee direct en zelfverzekerd op tafel te gooien.
- Schrijf je ideeën op, waar mogelijk. Dat ziet er geloofwaardiger uit, en mensen onthouden waar de ideeën vandaan kwamen. Het geschreven woord is nog steeds een van de machtigste vormen van communicatie, en sommige mensen reageren veel beter als ze kunnen 'zien' wat je zegt.

ACTIEPUNT VOOR MIJ ☐

FOUT 74
Een stereotiepe baan hebben

Meer dan dertig jaar heb ik vrouwen in stereotiepe rollen gezien – als secretaresse, als P&O-medewerker, als assistent – die 's avonds naar de universiteit gingen in de hoop een hogere functie te krijgen. Ik heb ook hoogopgeleide vrouwen gezien die een stereotiepe vrouwenbaan aannamen om bij een bedrijf binnen te komen, in de hoop opgemerkt en gepromoveerd te worden. Helaas heb ik niet veel vrouwen gezien die hierin succesvol waren. Als je jezelf opsluit in het 'vrouwengetto' word je gebrandmerkt als ongeschikt voor hoger werk. Vind ik dit terecht? Natuurlijk niet.

Kijk eens rond in je bedrijf. Zijn er van die vrouwenafdelingen? Het geldt vaak voor P&O. Bedenk: verpleegster en onderwijzeres zijn vrouwenberoepen, en die worden traditioneel dan ook slechter betaald.

Zit je in zo'n situatie? Als dat zo is, dan word je niet hetzelfde beoordeeld als de degenen die werken op een afdeling met evenveel mannen als vrouwen. Kijk maar naar de bankwereld. Toen kasmedewerker als beroep nog status had, werd het voornamelijk uitgeoefend door mannen. Toen er meer vrouwen kasmedewerker werden, zakte het salaris en werd de baan minder prestigieus. Te lang op zo'n afdeling blijven is geen goede marketingstrategie.

COACHINGTIPS

- Zoek opdrachten bij afdelingen waar net zoveel mannen als vrouwen werken.
- Als men je vraagt een stereotiepe rol te vervullen, bedenk dan of de kosten op lange termijn opwegen tegen de baten op korte termijn.
- Werp je nooit op om koffie te zetten of kopieën te maken voor een vergadering. Als het je gevraagd wordt, stel dan voor dat deze taak geroteerd wordt, of verdeeld op basis van senioriteit (zie ook fout 119.)
- Als je meer opleiding of training nodig hebt om uit die vrouwenbaan te komen, zorg dan dat je die krijgt. Je investeert in je toekomst.
- Als je alles hebt gedaan om van de vrouwenafdeling af te komen maar het is niet gelukt, dan kan het zijn dat je al gebrandmerkt bent. Je moet dan misschien eens op zoek naar een nieuwe werkgever.

ACTIEPUNT VOOR MIJ ☐

FOUT 75
Feedback negeren

Er wordt gepraat, over ons allemaal. Als we de kamer uitlopen, achter onze rug. Je moet weten wat er gezegd wordt, anders kun je jezelf niet effectief marketen. Vaak negeren mensen feedback (misschien gaat het dan vanzelf weg) of wuiven die weg: 'Dat is maar één mening van één persoon.' Hoe je overkomt is de realiteit. Mensen kunnen niet ruiken wat je vanbinnen bedoelt, ze kunnen je alleen beoordelen op grond van je gedrag. Je kunt je gedrag wel uitleggen of verdedigen, maar dan heb je het probleem niet opgelost: je hebt een merk in handen dat niet aan de verwachtingen van de klant voldoet. Vroeg of laat wordt het product niet meer gekocht. Wij zeggen tegen onze cliënten: 'Als drie mensen tegen je zeggen dat je dronken bent, ga dan naar bed.'

COACHINGTIPS

- Vraag aan de humanresourcesafdeling of je 360-graden-feedback kunt krijgen. Daardoor kun je jezelf zien zoals anderen je zien en kom je er ook achter waar je verbeteringen kunt aanbrengen.
- Maak het gemakkelijk voor je baas om je feedback te geven door er regelmatig om te vragen.
- Als je feedback krijgt, schiet dan niet meteen in de verdediging, maar vraag om verduidelijking: 'Kun je vertellen wanneer en hoe ik dat doe?' Niet meteen gaan uitleggen waarom je dat doet.
- Als de feedback je steekt, vraag dan of je er even over na mag denken. Als je verduidelijking nodig hebt, vraag daar dan pas om als je dat op een onemotionele manier kunt.
- Veel mensen willen geen eerlijke feedback geven. Als iemand dat wel doet, moet je het dan ook als een cadeau beschouwen.
- Als je om feedback vraagt, dan betekent dat dat je er iets mee gaat doen. Laat mensen weten hoe je bezig bent om jezelf te ontwikkelen. Daardoor vestig je de aandacht op de positieve veranderingen.

ACTIEPUNT VOOR MIJ ☐

FOUT 76
Onzichtbaar zijn

Wist je dat Osama bin Laden kon worden opgepakt dankzij een vrouw? Alle aandacht ging uit naar het team van mariniers dat hem uiteindelijk wist te vangen, maar zonder het harde werk van een data-analiste bij de CIA was het nooit gelukt. Volgens een van de mariniers 'zette ze alles klaar' voor hun succes. Om veiligheidsredenen mag haar naam natuurlijk niet worden genoemd, maar ik vind het vooral verrassend dat veel mensen niet eens weten dat ze bestaat. En dat terwijl een van de mariniers tegen de regels in een boek schreef over de actie.

Ik help mee bij een leiderschapsprogramma (voor mannen en vrouwen) waarin mensen uit hetzelfde bedrijf in kleine groepjes moeten werken om een reëel probleem op te lossen. Met behulp van een speciaal probleemoplossingsmodel moeten ze met een oplossing komen en een presentatie voorbereiden. Op de laatste dag moeten ze die presentatie ook echt doen voor het management. Ze krijgen commentaar van het management. Vaak zijn de oplossingen zo goed dat ze ook echt geïmplementeerd worden.

Natuurlijk zijn de vrouwen steeds de werkbijtjes in deze oefening. Ze zorgen dat de mannen gefocust blijven. Ze maken de powerpointpresentatie en zorgen ervoor dat iedereen genoeg inbreng heeft. Als besloten moet worden wie de presentatie gaat geven, is het een heel ander verhaal. In de twintig jaar dat ik deze oefening al leid, kan ik me geen enkele keer herinneren dat een vrouw zich opwierp. Ze stelden voor dat de meest verbaal begaafde man in het gezelschap het woord zou nemen.

Vrouwen zijn al zo onzichtbaar, ze hoeven echt niet zelf stappen te ondernemen om nooit, maar dan ook nooit opgemerkt te worden! Deze situaties zijn goede gelegenheden om je merk te promoten. Geef die mogelijkheid niet weg aan een concurrent – zelfs niet als het een oefenwedstrijd is.

COACHINGTIPS

- Werp je op als voorzitter bij vergaderingen.
- Stel voor om een presentatie te maken over waar je mee bezig bent.
- Schrijf artikelen voor lokale kranten, professionele tijdschriften of het bedrijfskrantje.
- Als er vrijwilligers worden gezocht die met het hogere management in gesprek willen gaan, grijp die kans dan.
- Zorg ervoor dat je bij vergaderingen niet onzichtbaar blijft. Je ideeën uiten is een goede manier om je merk te promoten.

ACTIEPUNT VOOR MIJ ☐

FOUT 77

De kans op een 'nieuwe jij' verspelen

Wat doe je als je opnieuw gaat studeren en een diploma haalt, maar iedereen je blijft behandelen als de administratieve assistente van vroeger? Of als je je gedrag na bepaalde feedback keurig aanpast en niemand het merkt? En wat moet je doen als je je baan kwijtraakt omdat de sector waar je werkt overbodig wordt? Pamela Mitchell, auteur van *The 10 Laws of Career Reinvention* kent het antwoord: opnieuw beginnen, maar dan anders.

Pamela heeft een kleine vragenlijst opgesteld waarmee jij kunt bepalen of je het over een andere boeg moet gooien.

1. Op zondagavond denk ik:

A. *Leuk, morgen kan ik weer naar mijn werk.*
B. *Het weekend is alweer voorbij en ik ben nog steeds gestrest.*
C. *Ik zie als een berg op tegen morgen.*
D. *Ik ben lekker uitgerust.*

2. Op mijn werk:

A. *Barst ik van de energie. Ik werk in een leuk team/aan leuke projecten en vind het heerlijk op kantoor.*
B. *Verveel ik me best wel. Ik doe al een tijdje hetzelfde.*
C. *Ben ik uitgeblust. Ik vind mijn collega's niet aardig en zie niet snel iets veranderen.*
D. *Zie ik vooral uitdagingen. Ik leer telkens iets nieuws en heb er lol in.*

3. De verstandhouding met mijn baas:

A. Is goed. Hij/zij steunt me en biedt me alle middelen die ik nodig heb.

B. Stelt niet veel voor. We zien elkaar zelden en hij/zij vraagt me bijna nooit iets.

C. Is slecht. We werken niet prettig samen en botsen vaak met elkaar.

D. Is stimulerend. Hij/zij besteedt veel tijd aan het ontwikkelen van mijn talenten.

4. Het hogere kader van mijn bedrijf:

A. Kan niet zonder me. Ik draag heel veel bij aan ons succes en dat weten ze.

B. Weet niet eens dat ik besta. Ik kan er net zo goed niet zijn.

C. Vindt me een lastpost. Ik ben het niet altijd met ze eens en steek dat niet onder stoelen of banken.

D. Vindt me een aanwinst. Mijn baas vertelt ze dat ik mijn werk goed doe.

Kijk nu wat je score is:

Vooral A: Je hebt plezier in je werk en zit op het goede spoor. Dit is niet het goede moment om voor een andere carrière te kiezen. Neem in plaats daarvan elk jaar je doelen onder de loep en bereid je voor op nieuwe ontwikkelingen.

Vooral B: Je hart ligt niet op kantoor en dat is duidelijk te merken. Tijd voor iets nieuws.

Vooral C: Je vindt je werk maar niks en dat weet iedereen om je heen ook. Zoek meteen een nieuwe baan, voordat je de laan uit wordt gestuurd.

Vooral D: Je leert en groeit nog steeds en hebt plezier in je werk. Ga niet op je lauweren rusten, maar grijp je kansen en leer nieuwe vaardigheden, voor het geval dat.

Wees niet zo'n meisje dat in stilte lijdt en afwacht totdat er vanzelf iets zal veranderen. Dat gebeurt namelijk niet. Gebruik in plaats daarvan deze tips van Pamela voor een 'nieuwe jij'.

COACHINGTIPS

- Begin klein. Kies een andere kleur haar, afvallen, een nieuwe sport of hobby. De kleine stapjes geven je een breder perspectief en bereiden je zo voor op grotere veranderingen.
- Kies een maatje. Het over een andere boeg gooien is een eenzame klus. Misschien worstelt een collega met hetzelfde probleem en kunnen jullie elke week samen bespreken hoe het gaat.
- Schrap het woord 'excuus' uit je woordenboek. Een excuus is simpelweg een uiting van angst. Praat niet over wat je niet kunt veranderen, maar bedenk waarom je wel kunt veranderen – en hoe je dat gaat doen.
- Stap uit je comfortzone. Daarbuiten ligt het leven dat je wilt leiden.
- Gun jezelf tijd. De meeste mensen willen meteen resultaat zien, maar dat is niet realistisch. Stel jezelf doelen en hou je voortgang bij. Vergeet niet jezelf af en toe te belonen voor wat je al hebt bereikt.

ACTIEPUNT VOOR MIJ ☐

FOUT 78

Blind zijn voor wat je achterlaat

'Waar is het forensische bewijs van mijn bestaan? Wat zullen ze vinden als ze naar vingerafdrukken zoeken?' Zo luidden de woorden van een werknemer die dolgraag iets tastbaars wilde achterlaten op de plek waar hij jarenlang met ziel en zaligheid had gewerkt. Toen ik een vriendin over zijn opmerking vertelde, zei ze: 'Ik ben helemaal niet bezig met de vraag of ik iets achterlaat. Ik wil gewoon mijn werk goed doen.' Natuurlijk. Lieve meisjes cijferen zichzelf weg, terwijl je, als je je werk goed doet, wel degelijk iets achterlaat.

Dat hoeft niet meteen een gebouw te zijn met je naam erop, een liefdadigheidsfonds of een leerstoel aan je oude universiteit. De meeste mensen houden het bescheiden en zien de dingen die ze achterlaten niet als onderdeel van hun merk. Misschien zit je op een punt in je carrière waarop je nog helemaal niet met dit soort dingen bezig bent, maar ik raad wel iedereen aan om na te denken over wat je wilt achterlaten, wat je baan ook is. Dan kun je je ernaar gedragen.

Samen met psychotherapeut Susan Picascia ontwikkelde ik het schema op de volgende pagina dat aangeeft welke taak er bij welke fase in je loopbaan hoort. Die fasen worden niet bepaald door je leeftijd, maar door de tijd die je hebt besteed aan de carrière waarvoor je hebt gekozen. Het valt je wellicht op dat het schema doet denken aan de piramide van Maslow, maar dan toegespitst op werk. We geloven namelijk dat streven naar voldoening in je werk belangrijk is voor je persoonlijke ontwikkeling. Als die ontwikkeling wordt verstoord, uit zich dat vaak in ontevredenheid of onverschilligheid jegens dat werk.

Fasen van je carrière

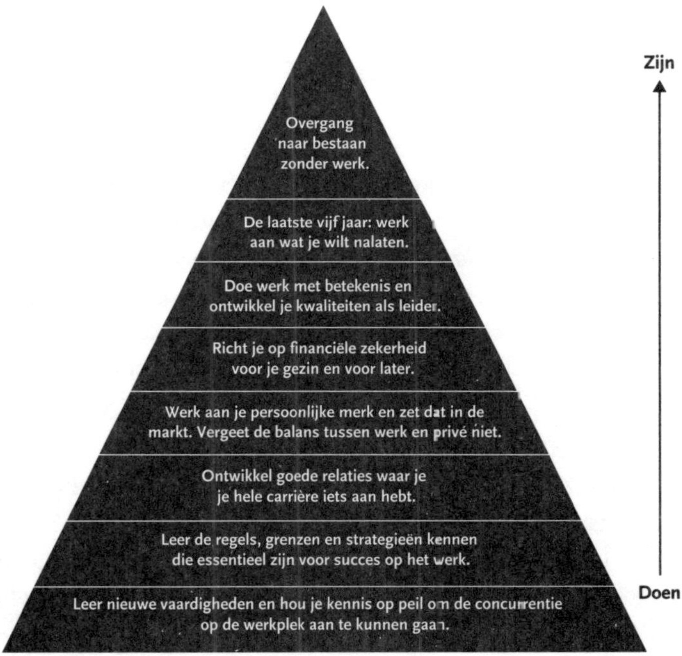

In dit schema staan veel elementen die we in dit boek al eerder hebben behandeld, zoals het ontwikkelen van je persoonlijke merk en bedenken wat je wilt nalaten. Die twee elementen horen bij elkaar. Ik heb te vaak gezien dat vrouwen die van onschatbare waarde waren voor een bedrijf hun eigen inbreng bagatelliseerden en snel in de vergetelheid raakten. Soms kwam dat doordat hun merk niet in orde was, soms gingen ze simpelweg met pensioen of kregen ze een andere baan. Jean-Paul Sartre heeft ooit gezegd dat de carrière waarvoor we kiezen de duidelijkste uitspraak is die we over onszelf doen. Het merk dat je tijdens je loopbaan neerzet, bepaalt grotendeels wat je achterlaat.

COACHINGTIPS

- Word mentor. Dit kun je op elke leeftijd en in elke fase van je loopbaan doen. Is er binnen het bedrijf niemand die steun nodig heeft, word dan mentor van jonge vrouwen in je omgeving. Vraag bij je gemeente of plaatselijke hulporganisaties of er momenteel mentorprojecten lopen.
- Neem risico en spreek uit wat anderen niet durven zeggen. Als je ergens al lang werkt, naam heb gemaakt en weet dat je bedrijf je bijdragen waardeert, kun je meer te zeggen dan werknemers lager op de totempaal. Dit is een uitgelezen moment om zorgen uit te spreken die je tot nu toe niet durfde te verwoorden.
- Bedenk nieuwe systemen of processen. Je hebt mogelijk meer kennis en expertise dan anderen. Breng technische deskundigen van alle leeftijden bij elkaar en ontwikkel nieuwe werkwijzen die het bedrijf iets kunnen opleveren. Spreek ook je externe netwerk aan. Niet alleen omdat daar ook kennis zit, maar ook om contacten warm te houden. Mocht je het bedrijf ooit (moeten) verlaten, dan kan iemand uit je netwerk je misschien verder helpen.

ACTIEPUNT VOOR MIJ ☐

6
Hoe je klinkt

Er is een Chinese verwensing die op veel vrouwen van toepassing is: 'Dat je een mooi idee moge hebben, en dat je er niemand van kan overtuigen.' De beste ideeën verdwijnen in de afvoerput als ze niet geloofwaardig en met zelfvertrouwen gecommuniceerd worden. Dr. Albert Mehrabian, emeritushoogleraar psychologie aan de universiteit van Californië, ontwikkelde de zogenaamde 7%-38%-55%-regel: je ontleent 7 procent van je geloofwaardigheid aan wat je zegt (de inhoud van je boodschap), 38 procent aan hoe je klinkt (de toon van je stem, hoe luid je spreekt) en 55 procent aan je uiterlijk (je kleding, houding en non-verbale boodschappen).

Deze factoren dragen ook bij aan je *gravitas*, volgens sommigen de kern van communicatie. Sylvia Ann Hewlett en haar medeauteurs beschrijven dit fenomeen in een onderzoek als 'een elegante verpakking waarmee je de aandacht trekt en indruk maakt, zodat je je belangrijkste vaardigheden, verworven kennis, opgedane ervaring en talent kunt laten stralen en zo anderen kunt aantrekken.'

Dit hoofdstuk gaat op al deze factoren in en reikt je de taal aan die je moet oefenen. Probeer de coachingtips eens hardop te zeggen. Wijs een tip niet af alleen omdat het ongemakkelijk voelt om te zeggen; misschien heb je die tip júíst wel nodig. Onthoud dit goed: 90 procent van je geloofwaardigheid wordt veroorzaakt door hoe je eruitziet en hoe je klinkt.

Elementen van geloofwaardigheid

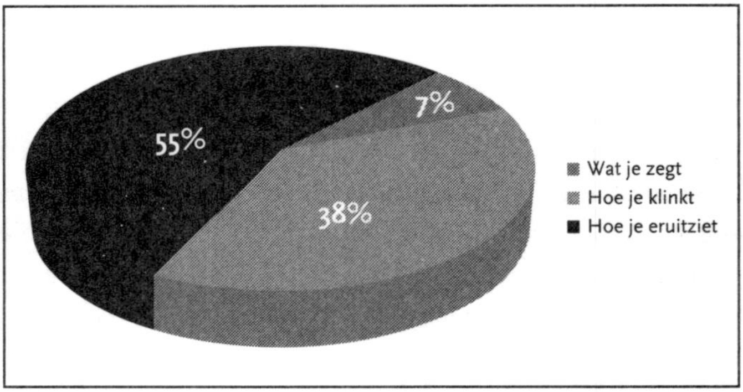

FOUT 79

Mededelingen als vraag formuleren

Dit is de meest voorkomende fout die vrouwen maken: een vraag stellen omdat dat de veiligste manier is om een idee te uiten zonder te direct of dwingend over te komen. Zulke vragen klinken vaak zo: 'Wat denk je ervan als we eens...' of 'Heb je al gedacht aan...' Door een vraag te stellen geven we het idee weg. En kijk eens naar deze conversatie:

Anne: 'Denk je dat we meer budget moeten krijgen voor onderzoek zodat we beter voorbereid zijn op onverwachte vraag uit de markt?'
Peter: 'Nee, volgens mij moeten we meer geld voor marketing vrijmaken. We moeten een buzz creëren en dan pas nadenken over wat de vraag kan worden.'
Anne: 'Dat is wel waar, maar we moeten wel voorbereid zijn om de vraag aan te kunnen.'
Peter: 'Waarom vroeg je het dan?'

Ooit coachte ik een vrouw in een hoge functie die door mensen om haar heen als intimiderend werd gezien. Het was meteen duidelijk waarom: ze was lang, indrukwekkend en werkte met een militaire precisie in de defensie-industrie. Anderen waren bang voor haar en durfden niet tegen haar in te gaan. Tijdens onze eerste afspraak deden we een rollenspel waarin ze om input van haar team vroeg, maar die niet kreeg. Ze vroeg me wat ik van een bepaalde procedure vond en reageerde op mijn antwoord met een 'ja, maar'-vraag. 'Ja, maar denk je niet dat...' Nadat ze dit een paar keer had herhaald, begreep ik heel goed waar het misging.

Haar vragen waren niet bedoeld om een gesprek uit te lokken, ze waren (al dan niet bewust) bedoeld om anderen te laten doen wat zij wilde. Op het eerste gezicht leek ze heel geïnteresseerd in de mening van anderen, maar haar ondergeschikten wisten dat hun oordeel er niet toe deed en hielden daarom maar hun mond. Later hoorde ik dat een eerdere coach haar had juist had aangeraden om interesse te tonen en vragen te stellen, maar ik ben er vrij zeker van dat die coach dat zo niet bedoelde!

Als je je mening als vragen formuleert, geef je anderen de indruk dat je niet achter je ideeën staat of dat je onzeker bent. De kans is groot dat je voorstellen dan genegeerd of onderuitgehaald worden. Een mening vermommen als vraag is vooral frustrerend en irritant. Als je bang bent dat je te bazig overkomt, bedenk dan een andere manier om je standpunt te formuleren, maar maak er nooit ofte nimmer een vraag van. Tenzij je iemand echt iets wilt vragen.

COACHINGTIPS

- Doe mededelingen. Steeds als je dreigt een vraag van je mening te maken, moet je je inhouden en er een mededeling van maken.
- Bewaar je vragen voor die momenten dat je ze echt nodig hebt om informatie te verkrijgen.
- Breng je ideeën in de stellende vorm: 'Ik stel voor dat we ons voorbereiden op de veranderende vraag door meer geld richting onderzoek te sluizen.' Ook als iemand het niet met je eens is, sta je sterker om je positie te verdedigen.
- Na een voorstel kun je zeggen: 'Ik ben benieuwd wat jullie ervan denken.' Zo voel je je prettiger bij die directe mededeling, zonder dat je onzeker overkomt.

ACTIEPUNT VOOR MIJ

FOUT 80

Preambules gebruiken

Een preambule is een cocktail van woorden en non-woorden die mensen gebruiken voordat ze bij hun punt komen. Het is als een kast die volgestouwd is met troep. Hetzelfde geldt voor woorden. Hoe meer woorden je gebruikt, hoe meer je boodschap wordt verdund en hoe minder de luisteraar ervan oppikt.

Vrouwen gebruiken preambules om hun boodschap te verzachten en minder direct of agressief over te komen. Kijk maar:

> 'Weet je, ik zat te denken over dat probleem dat we hebben met de productiviteit. Ik heb er trouwens met meer mensen over gepraat, en veel van ons maken zich zorgen over de verminderde productiviteit gedurende de afgelopen drie kwartalen, dus ik ben niet de enige. Nu ik er nog eens over nadenk, het gaat misschien zelfs over meer dan drie kwartalen. We weten dit eigenlijk al heel lang, maar hebben er geen rekening mee gehouden. In ieder geval moeten we een manier vinden om met dit probleem om te gaan en ik denk dat ik misschien een idee heb. Ik zeg niet dat het het beste idee is of het enige idee, alleen dat het een idee is. Andere mensen hebben overigens ook ideeën, maar die mogen ze zelf naar voren brengen wat mij betreft. Nou, mijn idee...'

Ja, en het punt is...? Deze persoon heeft waarschijnlijk boven haar bed hangen: 'Waarom zou ik weinig woorden gebruiken als het ook met veel kan?' Dezelfde boodschap kan gebracht worden in een fractie van het aantal woorden: 'We hebben al een tijd problemen met de productiviteit, en ik heb een idee over hoe we die problemen kunnen oplossen.'

COACHINGTIPS

- Begin met je conclusie. Orden je gedachten voordat je je mond opendoet. Stel jezelf de volgende vragen: 'Wat is mijn belangrijkste onderwerp?' en 'Wat zijn de twee of drie punten die echt moeten overkomen bij de luisteraar?'
- Je mantra moet zijn: kort klinkt zelfverzekerd. Als je iets belangrijks te vertellen hebt, oefen dan eerst. Slijp er net zo lang aan totdat je het in een minimum aan woorden kan.
- Probeer stellig te zijn, maar ook kort: 'Ik stel voor dat we een cross-functionele analyse maken om erachter te komen waarom de productiviteit de afgelopen drie kwartalen gedaald is, en wat we eraan kunnen doen.'

ACTIEPUNT VOOR MIJ ☐

FOUT 81
Uitleggen

Het vervolg op de preambule is de lange uitleg. Heb je éíndelijk je punt aan de orde gesteld, ga je het zitten ondermijnen met een nog langere uitleg. Iedereen is inmiddels mentaal uitgecheckt. De combinatie van de preambule met de lange uitleg is dodelijk. Waarom begaan vrouwen deze fatale vergissing vaker dan mannen? Er zijn een paar redenen. Hoe meer woorden, hoe zachter de boodschap, en God verhoede dat we te krachtig klinken. Een andere reden is dat we bang zijn dat we niet grondig genoeg zijn geweest, dus omdat we 'perfect' willen zijn, blijven we maar praten. Een derde reden is dat onze opmerkingen vaak niet gehoord worden, dus blijven we praten om toch in 's hemelsnaam feedback te krijgen. En ten slotte zijn we aan het overcompenseren voor onze onzekerheid. We denken dat we onze zaak beter bepleiten als we meer praten... terwijl het omgekeerde waar is.

Laten we eens kijken naar de preambule in fout 80, en het vervolg, de lange uitleg:

> '... Ik zeg niet dat het het beste idee is of het enige idee, alleen dat het een idee is. Andere mensen hebben overigens ook ideeën, maar die mogen ze zelf naar voren brengen wat mij betreft. Nou, mijn idee is dat we een soort onderzoek doen naar het bedrijfsklimaat. Je weet wel, zo'n onderzoek waarbij we aan de werknemers vragen hoe ze werken, of ze tevreden zijn over hun baan, hoe hun relatie met hun supervisor is, enzovoort. Veel bedrijven doen dat. We kunnen iemand van buiten halen of het zelf doen. Als jul-

lie het goedvinden, wil ik best eens bekijken wat het beste zou zijn. Of ik zou anders een team kunnen samenstellen dat gaat kijken wat het beste is. Maar aan de andere kant kan ik het ook zelf onderzoeken, en dan later vertellen wat ik heb uitgezocht.'

Zoals ik al zei... dodelijk.

COACHINGTIPS

- Kort je uitleg in tot de helft of een kwart.
- Als je je punt gemaakt hebt, mag je daar niet meer dan twee of drie opmerkingen bij maken. Dan moet je stoppen. Als je erkenning wil, kan je stilte een teken zijn voor anderen dat ze iets moeten zeggen.
- Zo zou de boodschap eruitzien als je alle coachingtips zou opvolgen:

  'Ik stel voor dat we een cross-functionele analyse maken om erachter te komen waarom de productiviteit de afgelopen drie kwartalen gedaald is, en wat we eraan kunnen doen. Dan weten we wat onze sterke punten zijn, welke fouten we maken, en wat we moeten doen. Ik zal de leiding nemen. Willen jullie hier nog iets aan toevoegen?'

- Bied weerstand aan het stemmetje in je hoofd dat zegt: *Nog niet klaar.* Je hoeft niet alles te zeggen wat je weet over een onderwerp. Het ligt aan je niveau van expertise; wat jij ziet als incompleet is voor een ander prima. Hier geldt: minder is meer.

ACTIEPUNT VOOR MIJ

FOUT 82

Om toestemming vragen

Heb je ooit gemerkt dat mannen nooit om toestemming vragen? Ze vragen om vergiffenis achteraf. Ik heb het idee dat vrouwen uit gewoonte om toestemming vragen, niet omdat ze echt iemand nodig hebben om ze het groene licht te geven. Het is net zoiets als vragen stellen om het veilig te houden – maar je kunt jezelf ermee in de weg zitten. In onze cultuur verwachten we niet van volwassenen dat ze toestemming vragen. Steeds als een vrouw toestemming vraagt om iets te zeggen of te doen, kleineert ze zichzelf, en vervalt ze in de positie van een kind. Ze krijgt ook veel vaker 'nee' te horen. Als we toestemming vragen, krijgen we niet te horen dat we een fout hebben gemaakt – maar we komen ook niet bepaald zelfverzekerd over.

Vrouwen vragen toestemming voor de simpelste dingen – een dagje vrij – en de raarste: of ze geld mogen uitgeven aan iets wat de afdeling nodig heeft, ook al hebben ze daar allang de verantwoordelijkheid voor gekregen. Ik zal nooit vergeten hoe ik een vrouw hoorde klagen dat ze nooit een uitstapje mocht maken met haar afdeling, terwijl een mannelijke collega zijn hele team drie dagen meenam om uit te rusten. Toen ik haar vroeg hoe ze dat uitje dan organiseerde, gaf ze toe dat ze dacht dat het correct was om eerst aan de baas te vragen of iedereen een dag afwezig mocht zijn. Hij antwoordde dat hij dat liever niet had. Toen ze aan haar mannelijke collega had gevraagd hoe hij het bij de baas voor elkaar had gekregen, antwoordde hij: 'Ik heb er nog nooit aan gedacht het eerst te vragen.'

Het maakt niet uit wat je positie is, je mag binnen bepaalde grenzen altijd zelf beslissingen nemen. Je moet zorgen voor duidelijkheid over die grenzen in overleg met je baas, en erbinnen blijven. Of je nu secretaresse bent of afdelingshoofd, overal zijn vrouwen die niets zelfstandig doen. Geloof me, je baas wil graag dat je het heft in eigen handen neemt. Daar word je voor betaald, en zijn of haar werk wordt er makkelijker door.

COACHINGTIPS

- Laat anderen weten wat je gaat doen; vraag geen toestemming. Zo respecteer je het feit dat ze op de hoogte moeten zijn, maar hangen jouw acties niet af van hun goedkeuring.
- Ga ervan uit dat iedereen in jouw positie dezelfde dingen mag.
- Verander dit: 'Zou je het een probleem vinden als ik morgen thuis werk? Er wordt namelijk iets thuis bij mij bezorgd.' In dit: 'Ik wilde even melden dat ik morgen thuis werk. Ik verwacht een pakketje thuis.'
- Als mensen een probleem hebben met wat je zegt, dan laten ze je dat wel weten. Daarna kun je beginnen met onderhandelen.
- Als je moeite hebt met het doen van stellige mededelingen, dan kun je je boodschap verzachten met een extra opmerking. Je vraagt geen toestemming maar zegt iets als dit: 'Ik ben van plan een nota te schrijven waarin alle problemen van de klant aan bod komen. Als die af is, zou ik graag jouw commentaar willen.'
- Trap er zelf ook niet in als iemand een mededeling doet die vermomd is als vraag.
- Een vraag stellen is alleen goed als je informatie nodig hebt. Stel zulke vragen dan ook vrijelijk, maar vermijd wel dat je een hele groep gijzelt door jouw spervuur van vragen. Let op de lichaamstaal van anderen; daaraan kun je zien of ze weer verder willen. Stel de vragen die je nog hebt buiten de vergadering om.

ACTIEPUNT VOOR MIJ ☐

FOUT 83
Je verontschuldigen

Ik keek naar de British Open toen Tiger Woods net verloren had. De sportverslaggever gaf blijk van zijn medeleven omdat Woods duidelijk zijn dag niet had gehad; hij hadden missers gemaakt en zijn normale niveau bij lange na niet gehaald. Woods antwoordde: 'Ik heb niet slecht gespeeld. Ik had de wind tegen.' Hieraan kun je zien dat mannen overduidelijke fouten altijd zullen minimaliseren of ontkennen, zodat ze er maar geen verantwoordelijkheid voor hoeven te nemen, laat staan zich verontschuldigen.

Vrouwen kunnen hier iets van leren. Je verontschuldigen voor kleine fouten die je niet expres hebt gemaakt is slecht voor je zelfvertrouwen en het vertrouwen dat anderen in je hebben. Of ze nou per ongeluk tegen iemand opbotst of een kleine vergissing op het werk maakt, een vrouw zal zich er veel sneller voor verontschuldigen dan een man. Het is onze tweede natuur, en we doen het om de echte oorzaak niet te hoeven noemen: de slechte communicatie van de ander. Het is een conflictvermijdende tactiek, maar het lijkt alsof jij in de fout bent gegaan terwijl dat niet zo is.

Een voorbeeld. Een vrouw begon een coachingsessie met vertellen dat haar baas haar net had uitgefoeterd omdat ze hem niet had verteld over een vergadering die hij had willen bijwonen. Ze had hem van tevoren een e-mail gestuurd met alle informatie, maar die had hij niet gelezen of onthouden. Ik vroeg haar hoe ze de situatie had afgehandeld, en ik zag dat ze trots was op haar antwoord. Omdat we het eerder hadden gehad over onterechte verontschuldigingen, wist ze dat ze dat niet wilde doen. Op vriendelijke toon had ze dus het volgende gezegd: 'Ik heb de e-mail meteen naar je doorgestuurd. Als je wilt dat ik in het vervolg check of je de informatie ook echt ontvangen hebt, doe ik dat graag.'

Dit was een geweldig antwoord. Ten eerste verontschuldigde ze zich niet, en daardoor voelde ze zich krachtig en niet als een kind dat een standje kreeg. Ten tweede is er natuurlijk geen baas te vinden die wil dat iedereen persoonlijk komt checken of hij e-mails heeft ontvangen. Door met beide benen op de grond te blijven verzon ze een alternatief waar hij nooit in mee zou gaan. Eigenlijk liet ze hem heel diplomatiek weten dat hij zijn mail eens wat beter moest lezen.

COACHINGTIPS

- Tel eens hoe vaak je je onterecht verontschuldigt. Bewaar je verontschuldigingen voor grote fouten (en die zijn er niet veel).
- Als je een fout maakt waar je je voor moet verontschuldigen, doe dit dan maar één keer, en ga dan over tot het oplossen van het probleem.
- Als je de neiging voelt je te verontschuldigen, bedenk dan objectief wat er mis is gegaan en hoe het opgelost kan worden.
- Met een combinatie van deze tips kun je een mededeling doen waar geen verontschuldiging in zit: 'Op grond van de informatie die ik van jou heb gekregen kon ik niet weten wat je verwachtte. Vertel me nou eens wat je in gedachten hebt, dan kan ik de nodige aanpassingen maken.'
- Verontschuldig je niet om daarmee aardig gevonden te worden. Ga uit van gelijkwaardigheid – het maakt niet uit met wie je van doen hebt. Hij of zij heeft misschien een hogere positie, maar daarmee is het nog geen beter mens.

ACTIEPUNT VOOR MIJ ☐

FOUT 84
Minimaliseren

Hoewel vrouwen er niet het alleenrecht op hebben, doen ze het wel veel vaker dan mannen. Door te minimaliseren maak je iets minder belangrijk. De zeventienjarige dochter van mijn neef deed dat onlangs, en daardoor werd ik eraan herinnerd dat we het al vroeg leren: 'Niet opscheppen.'

Bij een familiefeest zei haar grootvader trots dat ze prijzen had gewonnen op school. Toen ik haar feliciteerde en vroeg wat voor prijzen het dan waren, zei ze: 'O, het zijn maar Golden State Awards.' Nu had ik ook geen idee wat voor prijzen dat zijn, maar ik wist wel dat ze meer had gepresteerd dan de anderen in haar klas. Ze minimaliseerde haar prestatie door het woordje 'maar'.

Op het werk gebeurt dit ook; dan wordt succes niet toegeschreven aan talent, ijver of kennis. Als ze complimenten of felicitaties krijgt, dan zegt een vrouw vaak: 'Ach, het stelde niets voor,' of: 'Ik heb gewoon geluk gehad.' Als je zulk soort antwoorden maar vaak genoeg geeft, ga je ze nog geloven ook.

COACHINGTIPS

- Oefen met zeggen: 'Dank je. Ik ben er ook blij mee.' Zeg dit net zo vaak tot het een automatisme wordt.
- Beschrijf je prestaties zonder minimaliserende woorden. Zeg dus niet: 'Het was maar...', 'Ik heb alleen...', of 'Ik vond het zelf ook verbazingwekkend'.
- Als je per se bescheiden wilt zijn, zeg dan zoiets: 'Dank je. Ik ben trots op wat ik bereikt heb, en ik ben degenen die me geholpen hebben dan ook dankbaar.'

ACTIEPUNT VOOR MIJ ☐

FOUT 85
Verzachtende woorden gebruiken

Vrouwen zijn vaak bang om te direct, geopinieerd of zeker over te komen, en daarom gebruiken ze verzachtende woorden. Je boodschap wordt er zachter, maar ook zwakker van. Je krijgt dan zulk soort zinnen:

'Het is zo van...'
'We hebben zo'n beetje...'
'Misschien zouden we...'
'Misschien zou het beter zijn als...'
'We zouden kunnen...'

Bah! Om gek van te worden. De luisteraar antwoordt of denkt:

'Hóé is het precies?'
'Wát hebben jullie dan gedaan?'
'Moeten we het nou wél of níét doen?'
'Is het nou beter of niet?'
'Ja, maar is dat béter?'

COACHINGTIPS

- Geef je mening op een duidelijke manier. Niet dogmatisch, maar direct en zonder verzachtende woorden.
- Als je denkt dat je te hard overkomt, kun je er een zin aan toevoegen. Bijvoorbeeld: 'Ik vind dat we nu tot actie over moeten gaan, en niet langer moeten wachten. Ik ben benieuwd wat jullie ervan denken.'
- Als je niet zeker van je zaak bent, zeg dan eerst waarom dat is, of hoe je wel zeker zou kunnen zijn. 'Met de informatie die we nu hebben weet ik niet of we wel zo snel tot actie over moeten gaan. Ik zou meer moeten weten voor ik een beslissing kan nemen.' Dat is duidelijk, maar niet weifelachtig.

ACTIEPUNT VOOR MIJ ☐

FOUT 86
De vraag niet beantwoorden

Heb je ooit verstijfd van angst op je stoel gezeten omdat je opeens een vraag kreeg die je niet had verwacht? Je hart begint te bonken en je verstand zoekt wanhopig naar woorden die nog enigszins intelligent overkomen. De seconden tikken uiterst traag voorbij. En wat doe je uiteindelijk? Je begint te praten om de stilte te vullen en hoopt dat je uiteindelijk iets zinnigs zal invallen.

Kijk maar eens naar deze conversatie tussen een baas en iemand die direct onder haar staat.

> **Baas:** 'Denk je dat we onze aandeelhouders moeten vertellen dat we verliezen verwachten, of moeten we wachten totdat we zeker weten hoeveel het zal zijn?'
> **Ondergeschikte:** 'Nou, we zouden ze nu kunnen vertellen wat we verwachten. Aan de andere kant kunnen we ook wachten, zodat we precieze cijfers hebben. Als we het nu vertellen moeten we allemaal vragen beantwoorden waar we het antwoord nog niet op weten. Maar als we wachten lijkt het alsof we iets verborgen houden. Er zijn voors en tegens bij beide opties.'

Raad eens? De baas weet al dat er voors en tegens zijn. Ze zou ze waarschijnlijk net zo goed kunnen opsommen als haar ondergeschikte. Ze wil alleen een antwoord. Mijn Indonesische cliënten (die allemaal op een typisch vrouwelijke manier communiceren, ook als het mannen zijn) noemen dit *basabasi*: 'vaag praten'. Vrouwen denken vaak dat ze de luxe hebben om hardop te denken als ze een moeilijke vraag krijgen. Ze denken dat ze het beste helpen als ze alle opties op tafel werpen. Het overduidelijke probleem is dat de vragensteller met de vragen blijft zitten. Als je het mij vraagt is het alweer zo'n vrouwelijke tactiek om maar vooral geen risico te lopen. Dit heet struisvogelpolitiek. Als er ooit een gelegenheid is dat je direct moet zijn, dan is het in een antwoord op een directe vraag.

COACHINGTIPS

- Antwoord direct. Er zijn maar een paar soorten vragen: open vraag, ja/nee-vraag en meerkeuzevraag. De vraag hierboven behoort tot de laatste categorie: 'Moeten we de informatie nu geven of moeten we wachten?' De eerste woorden die je mond verlaten moeten de keuze weergeven, of je zelfbedachte derde alternatief. De zin zou als volgt kunnen beginnen: 'Geen van beide. Ik denk dat we de resultaten voor zichzelf moeten laten spreken als we de jaarcijfers aankondigen.'
- De onwil om direct te antwoorden komt vaak voort uit het verlangen om het 'perfecte' of 'juiste' antwoord te hebben. Ik hoor mensen vaak op een ja/nee-vraag antwoorden: 'Ik kan niet ja of nee zeggen.' Dat kun je dus wél. Je neemt een risico en je laat jezelf zien, maar het is beter om vol overtuiging de fout in te gaan dan om vaag te praten.
- Je moet je gedachten organiseren door je een conclusie voor te stellen. Tom Henschel is de directeur van Essential Communications, en traint zijn cliënten om hun antwoorden op te breken in stukjes: de conclusie en twee of drie stukjes aanvullende informatie. Een antwoord kan dan zo klinken: 'Ik stel voor dat we de informatie nu geven. Ik

heb daar twee redenen voor. Ten eerste denk ik dat het beter is om het fout te hebben maar wel helemaal openhartig te zijn, dan dat we beschuldigd worden van het achterhouden van informatie. Ten tweede weten we bijna zeker dat we verliezen gaan lijden, maar als het niet zo is, dan zijn de aandeelhouders alleen maar opgelucht en hebben we niets verloren.'

- Als je een open vraag beantwoordt, nummer je ideeën dan. 'Ik heb drie ideeën...' of 'We kunnen twee kanten op...'
- Doe eens een cursus improvisatietheater. Het helpt je om met beide benen op de grond te blijven staan als je overvallen wordt door een vraag. Improvisatie is op veel manieren nuttig.

ACTIEPUNT VOOR MIJ ☐

FOUT 87
Te snel praten

Ik was door het dolle heen toen ik voor het eerst in de *Today Show* met Ann Curry mocht verschijnen. Ik weet niet wat me bezielde (high van de adrenaline, vermoed ik), maar na het interview vroeg ik haar of ik haar een tip mocht geven. Ze aarzelde, maar zei toch ja. Ik raadde haar aan om langzamer te praten, want nu wekte ze de indruk dat ze te weinig tijd voor ons gesprek wilde nemen. Ze ging niet in de verdediging, maar legde uit dat de regie telkens 'Sneller, sneller' in haar oortje fluisterde. Ik zei dat ik haar medepresentator nooit sneller hoorde praten, maar dat ze tegen hem vast hetzelfde zeiden (of misschien wel niet, want ze weten dat ze dat bij een man niet hoeven te proberen).

Ann is in 2012 bij het programma weggegaan, maar waarschijnlijk niet omdat ze te snel sprak. Ik heb haar leren kennen als een slimme, moedige vrouw met een groot hart. Kort voor het interview keek ze me recht aan en gaf me een *fistbump* met de woorden: 'Laten we iets goeds voor vrouwen doen.' Ik vermoed (maar meer dan een vermoeden is het niet) dat Ann moest vertrekken omdat ze op het verkeerde veld speelde. Door de jaren heen is de *Today Show* van toon en format veranderd, en zij past meer bij een programma met serieuzere onderwerpen.

Maar ik dwaal af! Velen van ons hebben ooit de boodschap gekregen dat we te veel praten, en nu zijn we bang dat ze te lang de aandacht vasthouden. We gaan sneller praten om te voorkomen dat iemand ons onderbreekt of zegt dat we te veel praten. Neem je daarentegen de tijd om je boodschap te uiten, dan maak je duidelijk wat je waard bent. Je zegt eigenlijk: 'Ik mag gehoord worden.'

Omdat je geloofwaardigheid voor een groot deel afhangt van hoe je klinkt, moet je uitstralen dat je goed nadenkt, dat je zelfvertrouwen hebt en dat je accuraat bent. Door te snel te praten bereik je precies het tegenovergestelde. Anderen kunnen denken dat je de tijd niet waard bent, of dat je boodschap niet belangrijk genoeg is. Haasten kan lijken op onzorgvuldigheid. Als anderen het zo interpreteren, dan kunnen ze ook gaan twijfelen of je wel accuraat bent.

COACHINGTIPS

- Oefen met rustig praten. Het kan helpen om een presentatie op muziek te oefenen – als het maar niet de *Sabeldans* is.
- Vraag aan een vriend of collega of hij of zij je discreet een teken wil geven als je te snel begint te praten.
- Zeg tegen jezelf dat je het waard bent om alle tijd te nemen die nodig is voor dat wat je moet vertellen (als je het maar wel doet volgens de methode van de eerder gegeven tips).

ACTIEPUNT VOOR MIJ ☐

FOUT 88
Het jargon niet kennen

Elke bedrijfstak heeft een eigen jargon. We vinden het natuurlijk allemaal leuk om grapjes te maken over dat jargon: 'We moeten deze toko draaiende houden', 'Ze doen aan marketing en andere takken van sport', of 'Er zijn een tig aantal trajecten.' Maar als we die taal niet kunnen gebruiken, verraadt dat ongemakkelijkheid. Je krijgt invloed door je bedrijfstak te kennen, en je kunt die invloed uitoefenen door de taal te spreken die uniek is voor die bedrijfstak. Vrouwen denken vaak dat ze meer macht krijgen als ze het werk zelf goed doen. Fout.

Een vrouw met wie ik heb gewerkt vroeg zich af waarom ze voortdurend werd overgeslagen voor promoties. Ze werd altijd positief beoordeeld in functioneringsgesprekken, en ze kreeg ook vaak complimentjes over haar expertise en haar bijdragen aan de afdeling. Er waren vaak assessments om het hogere management een duidelijker beeld te geven van de high potentials. Iedereen moest wat tests doen en een gesprek met een psycholoog. Het resultaat: ze was meer dan gemiddeld intelligent, een goede probleemoplosser en misschien een goede manager, maar ze kon niet goed meepraten over dingen in het bedrijf waar ze zelf niet mee te maken had.

Kortom, verdiep jezelf eens in de lingo van je toko; het is een traject naast je eigenlijke werk, en een heel andere tak van sport.

COACHINGTIPS

- Lees *Het Financieele Dagblad* of het economiekatern van een gewone krant. Je kunt er relevante informatie voor je eigen werk uit halen, maar je leert ook meer over het taalgebruik in de zakenwereld.
- Vraag iemand op de financiële afdeling om je de basisbeginselen te vertellen.
- Neem een abonnement op een tijdschrift over jouw sector.
- Volg een cursus boekhouden.
- Zorg zelf voor je eigen boekhouding en financiën.
- Onderzoek wat in jouw sector de benchmarks zijn.

ACTIEPUNT VOOR MIJ ☐

FOUT 89

Non-woorden gebruiken

Non-woorden zijn de geluiden en woorden die als opvulsel dienen tijdens een stilte. Als je ze gebruikt, klink je onzeker en aarzelend. Voorbeelden zijn 'eh' en 'weetjewel' en 'enzo'. Alles wat je herhaalt om een stilte op te vullen wordt een non-woord, en leidt af van de boodschap.

Als je alles zou opschrijven wat je zegt, dan, eh, zou je toch eh, niet willen dat het het er zeg maar uit zou zien alsof, eh, je geen idee ofzo zou hebben waar je het over had, zeg maar, begrijp je wat ik bedoel? Het bewust worden van deze geloofwaardigheidsvernietigers is het moeilijkste van het doorbreken van de gewoonte. Als je op je non-woorden gaat letten hoor je waarschijnlijk maar 10 procent van wat je echt zegt, hoe zorgvuldig je ook naar jezelf luistert.

COACHINGTIPS

- Vraag een collega die je vertrouwt om feedback over je gebruik van non-woorden.
- Vraag om directe feedback aan een vriendin of een collega. Vraag of ze tijdens een kopje koffie steeds met haar vingers knipt als je een non-woord gebruikt.
- Vraag ook om feedback buiten je werk. Hoe meer feedback je krijgt, hoe sneller je je gewoontes kunt veranderen.
- Neem jezelf op op video terwijl je een presentatie houdt, en let bij het terugkijken vooral op hoe je klinkt.
- Neem jezelf op als je iemand antwoord geeft of als je aan de telefoon zit. Luister het bandje later af en tel de non-woorden.
- Leer je op je gemak te voelen tijdens stiltes – dit kan heel handig zijn bij communicatie.

ACTIEPUNT VOOR MIJ ☐

FOUT 90

Wollig taalgebruik hanteren

Hier is nog een manier waarop vrouwen hun aarzeling om (te) direct over te komen, tentoonspreiden: wollig taalgebruik. Ik kan het het best laten zien door wollig taalgebruik te vergelijken met niet-wollig taalgebruik (en ik voel me alleen al wollig door het op te schrijven!).

Wollig	**Zelfverzekerder geformuleerd**
'Ik heb het gevoel dat we...'	'Ik denk dat het het beste is als we...'
'Ik zou misschien...'	'Ik ben van plan...'
'Je zou misschien kunnen overwegen...'	'Ik zou je adviseren...'
'Hoe zou het voor jou voelen als we...'	'Wat zeg je ervan als we...'
'Je zou hier tegenin kunnen brengen dat...'	'De tegenpartij zou zeggen...'
'Mijn gedachte hierover is...'	'Mijn voorstel is het volgende...

Je snapt wat ik bedoel. Dit zijn allebei manieren om dezelfde boodschap over te brengen, maar de manier aan de rechterkant is assertiever. De spreker staat er duidelijk meer achter, en ze wil ook meer zichtbaar worden. Misschien vind je dit muggenzifterij, maar ons taalgebruik vertelt iets over ons, onze waarden en onze intenties.

COACHINGTIPS

- Oefen met het uitspreken van statements die beginnen met: 'Ik denk', 'Ik geloof', 'Ik stel voor', 'Ik ben van plan', of zelfs 'Ik heb het idee'.
- Neem meer risico door de gedachten met meer overtuiging te verwoorden.
- Leer een zakelijker taalgebruik aan door boeken en artikelen bedoeld voor de zakenwereld te lezen.
- Als je brieven of e-mails schrijft, ga er dan nog eens doorheen om te kijken of je ze krachtiger kunt maken.
- Geef je wollige taal niet helemaal op, wees er alleen kritischer op wanneer je die gebruikt. Soms kan het juist nuttig zijn als je collega's helpt of coacht.

ACTIEPUNT VOOR MIJ ☐

FOUT 91

De sandwich

Ik weet niet wie er verantwoordelijk is voor het idee dat je feedback zou moeten geven volgens de sandwichmethode. Het is manipulatief en je wordt er niet directer van. Het sandwichmodel zegt dat je altijd moet beginnen en eindigen met positieve feedback, en de negatieve feedback ertussen moet stoppen. Vergeet dit. Nu. Het werkt niet. Misschien is het makkelijker voor jou, maar niet voor degene die de feedback krijgt. Ik aarzel om een voorbeeld te geven, omdat ik niet wil dat je denkt dat je dit juist moet aanleren, maar omdat ik duidelijk wil zijn. Goed, hier komt het:

> 'Greg, Ik wil je graag wat feedback geven over je werk aan het Jackson-project. Ik waardeer het dat je tijd uittrok om echt een goed contact met de cliënt op te bouwen. Aan de andere kant zou ik wel graag gezien hebben dat je meer onderzoek had gedaan, zodat je de cliënt ook een onderbouwd voorstel had kunnen doen. Maar over het algemeen vind ik dat je goed bent omgegaan met de verwachtingen van de cliënt.'

Nou, wat neemt Greg hiervan mee? Hij zal zichzelf afvragen of hij het nu goed heeft gedaan of niet. Ook al was de laatste zin positief, de belangrijkste zin was dat niet, en daar gaat hij op focussen. Het apart houden van positieve en negatieve feedback is veel duidelijker en effectiever, omdat je laat weten wat je verwacht en wat je goed vindt. Kritiek leveren is altijd moeilijk, hoe geroutineerd je ook bent. Daarom gebruik ik de 'zeven staat tot één'-regel (zie de tips).

Vooral vrouwen zijn niet graag de boodschapper van slecht nieuws. De meesten van ons vermijden het zelfs als de pest. Om effectief te zijn, moet feedback specifiek zijn, gericht op gedrag, en positieve resultaten ten doel hebben. Het was beter geweest om Greg zo te benaderen:

> 'Greg, ik wil je wat feedback geven over het Jackson-project. Ik had het idee dat je niet genoeg research had gedaan, waardoor de cliënt met vragen bleef zitten [specifiek]. In de toekomst wil ik graag dat je beter bepaalt wat onze concurrenten doen en analyseert of onze methode beter is [gericht op gedrag]. Dan kan de cliënt een beter onderlegde beslissing nemen, en dat ook sneller doen [positieve resultaten].'

COACHINGTIPS

- Kritiek geven is veel makkelijker als je de 'zeven staat tot één'-regel gebruikt. Uiteindelijk moet je zeven stukjes positieve feedback geven tegen elk stukje negatieve feedback. Daardoor hoort de ontvanger dat je met zijn of haar ontwikkeling bezig bent, en niet zomaar kritisch bent.
- Als je positieve kritiek geeft, hoed je ervoor dat er geen stiekeme negatieve kritiek in zit. Dat klinkt als iets wat je schoonmoeder zou kunnen zeggen: 'Het eten was heerlijk. Zóveel beter dan de vorige drie keer dat je voor ons gekookt hebt.'
- Hou in gedachten dat je zowel positieve als negatieve feedback geeft.

Feedback geven wordt makkelijker met het BLLC-model:

- **B** = Beschrijf waarom jullie dit gesprek hebben. 'Frank, ik wil graag even met je praten over iets wat is gebeurd toen we vorige week samenwerkten.'
- **L** = Leg uit hoe jij de situatie ziet en vraag hoe de ander het ziet. 'Ik had het idee dat al het werk bij mij terechtkwam omdat jij steeds laat kwam en vroeg wegging. Ik vraag me af hoe jij dat ziet.'
- **L** = Laat zien dat je de ander hebt gehoord en vertel wat je graag zou zien gebeuren. 'Ik begrijp dat je familieproblemen had en als ik dat van tevoren had geweten, had ik het anders kunnen regelen. In de toekomst zou het handig zijn als je het laat weten als je je niet voor 100 procent in kunt zetten als we samen moeten werken.'
- **C** = Verbind er Consequenties aan (positief of negatief, afhankelijk van de ernst van het probleem). 'Dank je dat je me hebt laten uitpraten. Als onze interne communicatie beter wordt, kunnen we betere service aan onze cliënten leveren.'

ACTIEPUNT VOOR MIJ ☐

FOUT 92
Zachtjes praten

Toen ik veertien was, werkte ik in een stomerij die in handen was van een vrouw die vaak zware hoofdpijn had. Als je ooit overdag in een stomerij bent geweest weet je dat er constant lawaai is van machines. Ik praatte op luide toon met iemand die daar ook werkte, en de bazin kwam naar me toe en fluisterde in mijn oor: 'Weet je dan niet dat dames nooit hard praten?' Daarna heb ik jarenlang zacht gepraat omdat ik bang was dat ik anders geen dame was. Dertig jaar later realiseerde ik me dat mijn bazin waarschijnlijk gewoon hoofdpijn had en wilde dat ik mijn mond hield. Ik vraag me af hoeveel andere vrouwen die boodschap hebben gekregen – en misschien om dezelfde reden.

Het volume van ons stemgeluid is alweer zoiets waarmee we de indruk die anderen van ons hebben kunnen beïnvloeden. Vrouwen hebben sowieso vaak een zachtere stem. Als we zacht spreken, lijkt het of we onzeker zijn. Je volume heeft ook invloed op je lichaamstaal. Hoe harder je praat, hoe meer je gebaart. Als je een goed volume hebt en de gebaren die daarbij horen, laat je zien dat je autoriteit en expertise hebt.

COACHINGTIPS

- Als je voor een groep moet spreken, doe dan alsof de persoon op de achterste rij een beetje doof is, en praat dan zo hard dat hij of zij je kan horen.
- Ga op zangles (of acteerles) om te leren hoe je je stem moet projecteren.
- Als mensen je vaak vragen om harder te praten of iets te herhalen, ga er dan van uit dat je er inderdaad iets aan moet doen.
- Neem jezelf op op video als je een presentatie geeft, of gewoon in een vergadering. Als je moeite hebt te horen wat je zegt, maar de anderen zijn prima te verstaan, dan moet je volume omhoog.
- Luister naar je voicemailboodschap. Probeer objectief vast te stellen hoe die boodschap overkomt. Je moet zelfverzekerd overkomen, want vaak is de eerste indruk die mensen van je krijgen gebaseerd op je voicemailboodschap.
- Zie je luisteraars als klanten. Je stem moet zo duidelijk zijn dat ze rustig achterover kunnen leunen. Als ze voorover moeten leunen en moeite moeten doen om je te horen, dan zorg je niet goed voor je klanten.

ACTIEPUNT VOOR MIJ ☐

FOUT 93

Hoog praten

Hoe komt het toch dat sommige vrouwen op normale toon met elkaar praten, maar een falsetstem opzetten zodra er een man binnenkomt? Mannen doen dit nooit. Als een vrouwenstem hoog en dun wordt, dan lijkt het een meisjesstemmetje. Hoe klinkt een meisjesstemmetje? Onderdanig, lief, en zonder enige autoriteit. Sommige vrouwen *willen* blijkbaar zo klinken.

Ik zeg het nog maar eens: mensen reageren niet alleen op wat je zegt, maar ook op hoe je het zegt. Hoe hoger de toon, hoe eerder het genegeerd wordt. Daarom waren alle nieuwslezers vroeger mannen. Fred Emmer vertrouwden we, ook al wisten we verder niets van hem.

Ik weet niet waarom het zo is, maar lagere stemmen dwingen meer aandacht en respect af. Als de stem hoger wordt, wordt hij ook ongeloofwaardiger. Misschien is het cultureel bepaald. Lage stemmen zijn mannenstemmen, en mannen hebben vaak de macht. Maar ook voor mannen geldt: hoe hoger hun stem, hoe minder geloofwaardig.

Denk eens aan de stem van Margaret Thatcher: laag, krachtig en dus machtig.

COACHINGTIPS

- Maak een geluid als je wakker wordt. Het mag van alles zijn: *ehmmmmmmmm*, of *la-la-la-la*. Dat is je natuurlijke toonhoogte, en die zou je de rest van de dag moeten behouden.
- Ga bij een koor en ontdek welk stemtype je hebt. Maar weinig vrouwen hebben echt een falsetstem.
- Adem bewust en ontspan je nek- en schouderspieren. Je stem wordt hoger als je stembanden gespannen zijn of verdrukt worden.
- Stel je je nek en borstkas voor als grote, wijde ruimtes. Beeld je je stem in, die daarbinnen rolt. Kleine, beperkte voorstellingen van je stem moet je kwijt zien te raken.

ACTIEPUNT VOOR MIJ ☐

FOUT 94
Lang inspreken

Wij maakten vroeger grapjes over mijn schoonmoeder, die geen afscheid kon nemen. Als we alles allang besproken hadden, dan kon ze het gesprek niet afronden. Hetzelfde geldt voor veel vrouwen als ze bij iemand een voicemail inspreken. Ook al begon het heel precies en to the point, het eindigt ongeveer zo: 'Oké, dit was het geloof ik wel zo'n beetje. Eh, bel me maar als je nog vragen hebt. Dat was alles, denk ik. Oké. Dag. Dag.' Lang inspreken zorgt ervoor dat je eerste boodschap minder effectief is. Je komt aarzelend over.

Ik had ooit een cliënt die klaagde dat mensen heel kortaf bij haar inspraken, en dat ze daar niet op kon reageren. Ik vroeg of ze er een paar wilde bewaren, zodat we er samen naar konden luisteren. Ik vroeg ook of we naar een paar voicemailberichten van haarzelf konden luisteren, die ze bij collega's had ingesproken. Toen we er samen naar luisterden bleek dat ze problemen had met de berichten van mannen. Ze waren niet kortaf; alleen heel to the point. Zijzelf gebruikte echter veel meer woorden dan nodig omdat ze hardop dacht. Ze klonken zachter – omdat ze dat ook waren. Hoe meer woorden, hoe zachter. Hoe minder, hoe memorabeler.

COACHINGTIPS

- Bij veel voicemailsystemen kun je nog eens luisteren naar wat je hebt ingesproken. Doe dat om erachter te komen of je te lang inspreekt.
- Maak eerst een denkbeeldig lijstje van wat je wil zeggen zodat je weet wanneer je klaar bent en op kunt hangen (mijn schoonmoeder zou heel veel aan deze tip gehad hebben).
- Dwing jezelf om te stoppen als je je boodschap hebt ingesproken. Niet meer praten. Gedag zeggen. Ophangen.
- Maak een standaardzin voor het eind van een bericht. Zeg iets als: 'Bel me als je nog vragen hebt,' en hang dan meteen op.

ACTIEPUNT VOOR MIJ ☐

FOUT 95

Niet pauzeren voor je antwoord geeft

Je hebt vast weleens gehoord van een 'geladen stilte'. Het is een korte pauze waarin anderen gaan anticiperen op wat je te zeggen hebt, waardoor ze extra goed opletten. Omdat je anderen graag wilt behagen en niet te veel tijd wilt nemen, geef je misschien te snel antwoord, waardoor je ook niet genoeg nadenkt over je antwoord. Een geladen stilte is een heel goed gereedschap bij het communiceren.

Het doet verschillende dingen. Je laat zien dat je nadenkt over wat je gaat zeggen. Je luisteraars raken geïnteresseerd. Je komt zelfverzekerd over. En daarnaast heb je ook nog eens meer tijd om je gedachten duidelijk te formuleren.

COACHINGTIPS

- Tel tot drie voor je antwoordt – ook als je meteen al weet wat je gaat antwoorden.
- Denk tijdens de stilte na over wat je wilt dat de anderen vooral horen. Begin daar je antwoord mee.
- Gebruik je horloge of een klok om de drie seconden precies te timen. Midden in een gesprek kan het een eeuwigheid duren, maar je zult zien dat het eigenlijk maar een moment is.

ACTIEPUNT VOOR MIJ ☐

FOUT 96

Te veel op één communicatiestijl vertrouwen

De meesten van ons geven de voorkeur aan een bepaalde stijl van communiceren. Die gaat voornamelijk uit van een van de onderstaande elementen:

- Feiten
- Gevoelens
- Handelingen
- Ideeën

Ik zeg bewust 'voornamelijk' omdat we in onze dagelijkse communicatie ook minstens een van de andere vormen gebruiken. Waarom is het verschil tussen deze stijlen zo belangrijk? Omdat er snel misverstanden kunnen ontstaan als iemand die ideeën voornamelijk uitdrukt in gevoelens (zoals zoveel vrouwen doen) iets gedaan wil krijgen van iemand die vooral communiceert door middel van feiten (dit geldt voor veel mannen). Als jij zegt 'Ik heb het gevoel dat we het zus of zo moeten doen', dan denkt de ander: 'Het kan me niet schelen wat voor je gevoel jij hebt, ik wil een goede reden horen waarom we het zo zouden moeten doen.' Door dit soort miscommunicatie worden geweldige ideeën vaak over het hoofd gezien of zelfs belachelijk gemaakt.

De oplossing voor dit probleem? Hanteer een stijl van communiceren die past bij de voorkeur van degene die je wilt beïnvloeden. Misschien denk je nu dat dit onoprecht overkomt, maar je boodschap verandert niet, alleen de manier waarop je die brengt. Gebruik je EQ om de individuele voorkeuren van je gesprekspartners vast te stellen en voor elk gesprek de juiste stijl te kiezen.

COACHINGTIPS

- Gebruik dit schema om te bepalen wat de stijl van je gesprekspartner is en hoe je daarop kunt inspelen:

Als de ander...	**Dan...**
Niet van een gesprek over koetjes en kalfjes houdt, uitstekend verzorgd is en een werkplek heeft die altijd heel erg opgeruimd is...	Is de kans groot dat hij of zij bij voorkeur communiceert in feiten, data en grafieken. Ga niet gezellig zitten doen, dat werkt averechts. Wapen je met zoveel mogelijk informatie om je pleit kracht bij te zetten, zodat je gesprekspartner een logische, rationele beslissing kan nemen.
Degene is die altijd bedrijfsfeestjes en picknicks organiseert, de namen van alle werknemers (en hun honden) kent en heel veel persoonlijke snuisterijen op de werkplek heeft staan...	Is de kans groot dat hij of zij het beste reageert op een gesprek waarin gevoelens en voorbeelden een rol spelen. Babbel eerst wat over onbelangrijke zaken en schakel daarna over op het zakelijke gedeelte. Laat merken dat je ook al met anderen hebt gesproken en dat zij jouw voorstel wel zien zitten of leg uit wat iedereen eraan zal hebben.

Als de ander...	**Dan...**
Geen geduld of tijd heeft voor lange gesprekken, weinig lijkt te geven om stijl of mode en een werkplek heeft die eruitziet alsof er een bom is ontploft...	Kun je het beste een puntsgewijze samenvatting maken. Maak duidelijk dat je ideeën snel kunnen worden uitgevoerd en tot snelle resultaten zullen leiden. Bereid je voor op vragen, maar geef niet meer informatie dan strikt noodzakelijk is.
Iemand lijkt te zijn die vooral het grote plaatje ziet, eerder in een wereld van ideeën dan in de werkelijkheid leeft, creatief is en de werkplek heeft opgesierd met gekke hebbedingetjes, speeltjes of moderne kunst...	Kun je je ideeën het beste presenteren op een gelikte manier die duidelijk maakt dat je een belangrijke positie op de afdeling inneemt. Communiceer logisch en feitelijk, leg de nadruk op de toekomst en maak duidelijk dat het bedrijf zich hiermee kan onderscheiden.

- Op internet vind je diverse tests die je helpen te bepalen wat jouw stijl van communiceren is en hoe je de stijl van anderen herkent.
- Als je het gevoel hebt dat je woorden niet goed overkomen, kies dan voor een andere stijl. Meer is soms niet nodig om de aandacht te trekken.

ACTIEPUNT VOOR MIJ ☐

FOUT 97

Besluiteloos overkomen

Een van de dingen waarvan onze mannelijke collega's (en waarschijnlijk ook sommige echtgenoten) helemaal gek worden is de moeite die vrouwen lijken te hebben met het nemen van beslissingen. Ik zeg met opzet 'lijken', omdat mannen het langdurige wikken en wegen van vrouwen niet opvatten als voorzichtigheid, maar als besluiteloosheid. Volgens een ouddocent van me zijn vrouwen pootjebaadsters: we steken eerst een teen in het water en besluiten dan pas of we erin springen, terwijl veel mannen meteen van de hoge duiken.

Vrouwen zijn niet de enigen die worstelen met innerlijke boodschappen die elkaar tegenspreken, maar je ziet dit fenomeen bij hen wel vàker. Daarvoor zijn verschillende oorzaken aan te wijzen, zoals:

- Gebrek aan informatie.
- Denken dat anderen meer weten dan jij.
- In het verleden kritiek hebben gekregen op beslissingen.
- Een oprecht verlangen om alle opties af te wegen.
- Bang zijn om een verkeerde beslissing te nemen.
- Een ander niet willen kwetsen.

Wat de oorzaak ook is, je wekt door besluiteloosheid de indruk dat je ergens niet helemaal voor wilt gaan, niet het lef hebt om voor je mening uit te komen of na een eenmaal genomen besluit niet van gedachten durft te veranderen.

COACHINGTIPS

- Bepaal vooraf binnen hoeveel tijd je een beslissing gaat nemen. Als je baas je vraagt om een klusje in een andere stad te doen en je meteen aan het twijfelen slaat, noem dan een exact tijdstip waarop je hem of haar laat weten of je het doet. Zeg iets als: 'Ik vind het fijn dat je aan me denkt. Het is nogal een beslissing en ik wil er graag even over nadenken. Binnen 48 uur heb je antwoord.'
- Maak duidelijk waarom je een beslissing uitstelt en staaf dit met feiten. Bijvoorbeeld: 'Ik ga hier nu nog geen beslissing over nemen. We hebben nog maar een derde van onze cliënten gepeild en dat is te weinig om te weten of we op het juiste spoor zitten. Ik wil van minstens 60 procent gegevens hebben voordat ik kan bepalen hoe we verdergaan.'
- Maak van hardop denken niet je standaardmanier van communiceren. Als je hardop denkt, laat je de luisteraar weten dat je verschillende mogelijkheden overweegt. Dat mag af en toe best, maar maak er geen gewoonte van. Dan lijk je besluiteloos.
- Vraag een goede vriendin als klankbord in plaats van je baas of manager. Als je iemand bent die eerst heel veel ideeën naar de prullenbak moet verwijzen voordat er iets goeds uitkomt, kun je dat beter met vrienden of familie doen.
- Vergeet niet dat je bijna altijd terug kunt komen op een beslissing. Ergens voor gaan is beter dan eeuwig blijven dubben, want dan lijk je iemand die geen knopen kan doorhakken.

ACTIEPUNT VOOR MIJ ☐

FOUT 98

Problemen oplossen verwarren met klagen

Bij mij op kantoor geldt één regel waaraan niet te tornen valt: niemand klaagt zonder met een oplossing te komen of anderen te vragen naar een oplossing te zoeken. Meisjes zijn niet gewend om met alternatieve oplossingen te komen, ze zijn bang dat ze dan als brutaal worden gezien of hun boekje te buiten gaan. Ze draaien liever heel voorzichtig om de hete brij heen. Niemand houdt van klagers, zelfs niet als de klacht gerechtvaardigd is.

Mannen klagen tegen elkaar, maar zelden tegen hun baas. Ze houden liever hun gezicht in plooi, bang dat ze voor een jankerd worden aangezien. Als hun iets dwarszit, bijten ze liever even door of proberen ze de kwestie op een strategische manier op te lossen of te omzeilen. Vrouwen nemen alles daarentegen veel persoonlijker op en maken van een mug een olifant, vaak tot ergernis van hun mannelijke collega's.

COACHINGTIPS

- Klaag nooit, maar dan ook echt nooit. Zit je iets dwars? Kijk dan hoe je de situatie kunt verbeteren en kom met een voorstel (maar vraag niet eerst om toestemming!)
- Laat je niet overhalen om de grieven van anderen te verwoorden. Zelfs als bijna de hele afdeling zich zorgen maakt, wil dat nog niet zeggen dat *jij* het onderwerp moet aansnijden. Als je dat maar vaak genoeg doet, geld je al snel als een zure zeurpiet. Er is een uitzondering: als je functie vereist dat je in actie komt.
- Als je geen idee hebt hoe je een probleem moet oplossen, vraag anderen dan om hulp. Ga brainstormen en probeer een netelige situatie creatief aan te pakken.

ACTIEPUNT VOOR MIJ ☐

7
Hoe je eruitziet

Als ik iemand coach, dan begin ik meestal met gedrag dat makkelijk te herkennen is – en makkelijk te veranderen. Daardoor behalen cliënten meteen een succesje, omdat anderen snel zien dat ze bezig zijn met het aanleren van functioneel gedrag. Dit hoofdstuk gaat over de dingen die je onbewust of uit gewoonte doet maar waardoor je minder competent overkomt. Denk niet dat deze fouten te simpel zijn om belangrijk te zijn. Veel vrouwen maken meer dan één van deze fouten, en daar worden ze significant minder geloofwaardig van.

Laten we eens beginnen met de grootste carrièremythe: de besten en slimsten krijgen de promoties en de beste projecten toegewezen. Fout. Degenen die eruitzien en klinken als een professional zijn degenen die gladjes door hun carrière heen walsen. Of je goed bent in je werk is een randvoorwaarde. Men verwacht dat je competent bent, maar het helpt je niet verder omhoog.

Veel vrouwen, vooral jonge vrouwen, beginnen te steigeren bij het idee dat ze op hun uiterlijk worden beoordeeld. Ze vinden dat succes niet afhangt van hoe ze eruitzien of weigeren te voldoen aan het ideaalbeeld dat ons door de reclame wordt opgedrongen. Voor vrouwen die niet in maatje vierendertig passen en geen smetteloze huid, blauwe ogen of blond haar hebben, is het beslist een uitdaging om 'er goed uit te zien', en bovendien verstaat iedereen hier net weer iets anders onder. Je hoeft niet compleet te verbloemen wie je echt bent, maar je doet er wel goed aan om je aan bepaalde basisregels te houden. Of zoals Tom Henschel, communicatiecoach en goede vriend van me, het omschrijft: 'Als iedereen op zijn maandagmorgens op het werk verschijnt en jij ziet eruit als vrijdagavond, dan kan dat uiteindelijk tegen je werken.'

Zoals eerder genoemd wordt je geloofwaardigheid voor 55 procent bepaald door hoe je eruitziet. Hoe je klinkt is verantwoordelijk voor de volgende 38 procent. Maar 7 procent wordt bepaald door wat je zegt. Als je er niet uitziet als een professional, dan ziet men je competentie niet – hoe slim je ook bent. Gelukkig is het allemaal heel makkelijk te veranderen.

FOUT 99
Zichtbare tatoeages en piercings

Tot voor kort had ik geen idee dat er iets als een 'aarsgewei' bestond, maar ik ben er inmiddels achter dat het niet zo pijnlijk is als het aanvankelijk klonk (afgezien dan van het aanbrengen). Het blijkt een neerbuigende term te zijn voor een tatoeage op de onderrug, vlak boven de rand van je ondergoed, die vooral zichtbaar is bij weinig verhullende kleding of een voorovergebogen houding. Wie even op internet rondsnuffelt, ontdekt al snel dat deze tattoo bij vrouwen vooral wordt geassocieerd met een bepaald type: ordinair, dommig en geneigd tot promiscue gedrag.

Geen aanrader dus voor de vrouw die serieus wil overkomen, maar hoe zit het met tatoeages op andere plekken? Ik ga niet in op de vraag of je er überhaupt een moet laten zetten; ik weet dat ze in de mode zijn en dat je er na een wilde avond mee thuis kunt komen, maar ik kan wel zeggen dat ze op de meeste werkplekken niet gewenst zijn, creatieve en artistieke beroepen uitgezonderd.

Hoewel een op de vijf volwassenen inmiddels een tatoeage heeft, blijkt uit een enquête van carrièrewebsite Vault.com dat 85 procent van de respondenten denkt dat een tattoo of piercing bij een sollicitatie in je nadeel kan zijn. Volgens hoogleraar economie Bryan Caplan bestaat er zelfs een verband tussen tatoeages en inkomen.

Een aantal jaren geleden had ik een vrouw in dienst die tijdens haar sollicitatiegesprek lange mouwen had gedragen. Pas nadat ik haar had ingehuurd, zag ik dat die mouwen haar volledig met tattoos versierde onderarmen hadden bedekt. Als ik dat tijdens het gesprek had kunnen zien, had ik haar nooit aangenomen. Ik vind tatoeages niet passen bij een professionele uitstraling en wil geen personeel dat dat niet begrijpt. Bovendien vind ik het niet netjes als sollicitanten iets voor me verborgen houden, of het nu een tattoo, een verslaving of reden voor ontslag in een vorige baan is. In dit geval bleek de vrouw sowieso niet geschikt voor haar functie: ze schatte zaken verkeerd in en kon niet goed met cliënten en collega's overweg. Na de proeftijd van negentig dagen vertrok ze dan ook.

De vraag is: wil je dat mensen het eerst je tattoos en piercings noemen als ze het over je hebben? Wil je dat die bepalend zijn voor je merk?

COACHINGTIPS

- Neem nooit een tattoo of ongebruikelijke piercing als je ook maar iets hebt gedronken, geblowd of gesnoven, want daar krijg je geheid spijt van. Laat je ook niet overhalen door vriendinnen, dispuutgenootjes of vriendjes die denken dat zulke versieringen je goed zullen staan.
- Als je toch een tattoo of piercing wilt, kies dan voor een plek die je tijdens werkuren niet laat zien. Ik had ooit een personeelslid dat wist wat ik van zichtbare tatoeages op de werkvloer vond. Het duurde maanden voordat ze moed had verzameld om mij te laten zien waar ze er eentje had laten zetten: in haar nek, waar die tijdens werktijd werd bedekt door haar lange haar. Zo hoefde ik er gelukkig niet naar te kijken.
- Heb je opvallende tattoos of piercings? Bedek die dan op je werk, ook al moet je de hele zomer met lange mouwen rondlopen. Het is de prijs die je betaalt voor het volgen van een trend.

ACTIEPUNT VOOR MIJ ☐

FOUT 100
Te vaak glimlachen

Hoe nemen mensen ons serieus? Dat bespraken we in een leiderschapscursus voor vrouwen. Een kleine Aziatische vrouw nam het woord. Ze werkte in de vliegtuigindustrie. Ze vroeg zich af waarom haar mannelijke collega's haar input negeerden. Toen ze klaar was, moesten we allemaal lachen, omdat iedereen precies zag wat de reden was: ze had de hele tijd een grote glimlach op haar gezicht gehad, die totaal niet paste bij wat ze zei.

Meisjes leren meer dan jongens dat ze moeten lachen. Ouders lachen meer naar meisjesbaby's dan naar jongensbaby's. Als mannen niet lachen, worden ze serieus genomen. Als vrouwen niet glimlachen, krijgen ze vaak de vraag of er iets mis is. Geen wonder dat we vaak op rare momenten aan het glimlachen zijn.

COACHINGTIPS

- Let er meer op wanneer je glimlacht. Ik zeg tijdens een coachingsessie voortdurend: 'Pas op, je glimlacht.'
- Zorg dat je uitdrukking past bij wat je zegt.
- Oefen voor de spiegel voordat je een serieuze mededeling moet doen. Daardoor zie je eerder of je onterecht aan het glimlachen bent.
- Hou niet helemaal op met glimlachen – je wordt er aardiger door gevonden, en dat is cruciaal voor succes.
- Maak een bewuste keuze ten aanzien van wanneer je wel en niet lacht. Je kunt een lach bijvoorbeeld best gebruiken om een serieuze boodschap wat te verzachten, of om je empathie te tonen.

ACTIEPUNT VOOR MIJ ☐

FOUT 101

Te weinig ruimte innemen

Hoe we ruimte innemen geeft aan of we zelfverzekerd zijn en of we vinden dat we recht hebben er te zijn. Hoe meer ruimte je inneemt, hoe zelfverzekerder je overkomt. Als je nog eens een vliegreis maakt, kijk dan eens hoe mannen en vrouwen zitten. Mannen gaan zitten en gebruiken beide armleuningen, terwijl vrouwen hun ellebogen binnenboord houden zodat ze maar niet te veel ruimte innemen. Je ziet dit ook in liften. De meeste mensen maken plaats voor anderen als ze binnenkomen. Maar als het echt druk wordt, zie je vaak hoe vrouwen zichzelf in een hoek drukken uit angst te veel plaats in te nemen.

Dat gebeurt ook als een vrouw een presentatie moet houden. Vaak staat ze op één plek en verplaatst ze zich nauwelijks. Als ze dan ook nog te weinig gebaart, komt ze over als een onderdanige, voorzichtige, risicoloze, timide en bange vrouw die weinig bij te dragen heeft.

COACHINGTIPS

- Als je een presentatie geeft, gebruik dan alle ruimte die je hebt door langzaam heen en weer te lopen, en voor- en achteruit. Ook als je op een groot toneel staat, moet je achter de katheder vandaan komen om ongeveer 75 procent van de ruimte te gebruiken.
- Kies tijdens een vergadering een plek waar je de ruimte hebt om te gebaren. Als je je ellebogen op tafel kunt zetten zorgt dat ervoor dat je er alerter uitziet.
- Als je voor een groep staat, zorg dan dat je voeten net zo ver uit elkaar staan als je schouders breed zijn.
- Als je zit, gebruik dan de tips bij fout 102 om er groter en minder beperkt uit te zien.
- Vraag om een handmicrofoon als er een microfoon nodig is. Daardoor kun je je vrijer bewegen dan wanneer je bij een vaste microfoon moet blijven.

ACTIEPUNT VOOR MIJ ☐

FOUT 102

Gebaren gebruiken die niet bij je boodschap passen

Gebaren is een uitvloeisel van genoeg ruimte innemen. Die gebaren moeten wel passen bij je energie. Als je groter wilt overkomen, kun je bij je gebaren beginnen. Het probleem is dat veel vrouwen nooit hebben geleerd om te gebaren. Geen wonder. We hebben altijd netjes moeten zitten met onze handen op onze schoot. Als we gebaarden, kregen we te horen dat we te emotioneel waren. Omdat we damesachtig wilden zijn en niet te emotioneel, zijn we gaan overcompenseren: geen gebaren meer.

Er zijn vrouwen die het helemaal goed doen. Maar je kunt er ook naast zitten. Hillary Clinton gebruikt de stereotiepe gebaren van een politicus. Daardoor komt ze gespannen over en zoekt ze vaak haar toevlucht tot het 'bijlgebaar'. Je kent het wel. Alle belangrijke punten worden benadrukt door een karategebaartje. Voorspelbare, repeterende gebaren leiden af van de boodschap.

Gebaren moeten je boodschap juist ondersteunen. Je kunt er je autoriteit mee uitdragen zonder je vrouwelijkheid te verliezen. Een vrouw die dit goed onder de knie heeft is Christine Lagarde, directeur van het Internationaal Monetair Fonds (IMF). Haar houding en handgebaren dragen een boodschap van autoriteit uit terwijl ze tegelijkertijd haar elegantie en vrouwelijkheid behoudt. Zet de volgende keer dat je haar op televisie ziet het geluid eens uit en kijk naar haar. Je zult zien dat ze non-verbaal zelfvertrouwen uitstraalt, zonder de gekunsteldheid van Clinton.

COACHINGTIPS

- Sta jezelf toe om je gebaren te laten voortvloeien uit je boodschap en je energie.
- Wees er alert op als je in je handen begint te wrijven omdat je gespannen bent – en stop ermee.
- Laat je gebaren afhangen van de grootte van je publiek. Hoe groter de groep, hoe groter het gebaar.
- Benadruk je belangrijkste punten door op je vingers mee te tellen.
- Communicatiedeskundige Tom Henschel adviseert om het silhouet te 'doorbreken'. Als je je armen langs je lijf of voor je hebt, dan zie je aan je silhouet niets. Werk er dus aan dat je armen ook naar de zijkant gaan. Dit kan in de vergadering, maar ook tijdens een praatje op de gang.
- Stop energie in je gebaren en geniet ervan dat je ruimte inneemt!

ACTIEPUNT VOOR MIJ ☐

FOUT 103
Hyper of juist sloom zijn

Hyper zijn, of juist sloom, heeft te maken met je gebaren, je uitdrukking, hoe snel je praat, en je lichaamstaal. We hebben allemaal weleens iemand gezien die hyper was. Zo iemand ziet eruit als een blikje cola dat geschud is voordat het open werd gemaakt. Het leidt niet alleen af, maar de persoon in kwestie ziet er ook minder zeker uit. Ik denk dat vrouwen vaker dan mannen hyper zijn, omdat ze het gevoel hebben dat ze iedereen blij moeten maken. Daarom stoppen ze zoveel energie in alles wat ze doen.

Maar als een vrouw ooit de boodschap heeft gekregen dat ze aan het overkoken is, kan ze juist te sloom worden. Het is een vorm van overcompensatie, en zo iemand lijkt weinig energie te hebben, verveeld te zijn, afstandelijk of zelfs depressief.

De actrices Carol Burnett en Julie Andrews werkten vaak samen, waardoor je goed kon zien dat Burnett hyper was, en Andrews juist niet. Burnett had succes als comédienne. Andrews moest altijd de bescheiden vrouw spelen. Geen van beide is echt wat je wil voor je professionele carrière.

COACHINGTIPS

- Als je sloom overkomt, ga dan wat harder praten. Daardoor word je actiever.
- Omdat hyper gedrag kan komen door angst is het goed om te oefenen met diep ademhalen. Ook andere ontspanningsoefeningen kunnen helpen tegen hyper gedrag.
- Zoek de balans tussen hyper en sloom. Bekijk jezelf eens op video, met het geluid uit. Hoe zou je jezelf beschrijven als je niet hoort wat je zegt?

ACTIEPUNT VOOR MIJ ☐

FOUT 104
Je hoofd schuin houden

Als je je hoofd schuin houdt, verzacht je je boodschap. Meestal geef je ermee aan dat je een vraag stelt, dat je luistert, of dat je de ander aanmoedigt om te antwoorden. Vrouwen houden hun hoofd veel vaker schuin dan mannen, en het kan ook heel zinvol zijn. Maar als je een directe boodschap hebt, dan wekt een schuin gehouden hoofd een onzekere indruk. Het is weer zo'n manier die vrouwen hebben ontwikkeld om iets moeilijks op een sociaal geaccepteerde manier te zeggen, die alleen wel minder assertief is.

Je kunt dit het beste zien als mensen worden geïnterviewd voor de televisie. Bij een programma als *Buitenhof* zie je niet vaak schuine hoofden. De onderwerpen zijn van nationaal belang, en daarom wil iedereen die eraan meedoet serieus overkomen.

Maar goede interviewers zullen zeker hun hoofd schuin houden als ze willen dat hun gesprekspartner zich blootgeeft. Ze kunnen heel persoonlijke vragen stellen omdat ze er dan echt geïnteresseerd uitzien.

Het is dus zaak dat je niet helemaal stopt met het schuin houden van je hoofd. Maar wees je ervan bewust wanneer je het doet; verzacht er geen mededelingen mee die helemaal niet verzacht moeten worden.

COACHINGTIPS

- Als je iets serieus te melden hebt, hou dan je hoofd niet schuin.
- Kijk de persoon tegenover je recht aan.
- Gebruik het schuin houden alleen in je eigen voordeel: als je aan het luisteren bent en je wilt dat de ander zich echt blootgeeft of wanneer je wilt laten merken dat je de gevoelens van de ander begrijpt.
- Je hoofd schuin houden kan ook gebruikt worden tijdens een ongemakkelijke stilte, alsof je zegt: 'Neem je tijd. Ik luister.'

ACTIEPUNT VOOR MIJ ☐

FOUT 105

De verkeerde make-up dragen

Make-up is lastig. Ik wil natuurlijk niet zeggen dat we er allemaal zo uit moeten zien als in de damesbladen. Maar ik weet wel dat het wordt opgemerkt als je te veel of te weinig op hebt. Ik had ooit een gesprek met de baas van een vrouwelijke wetenschapper. We praatten erover hoe zij de hindernissen kon nemen die haar carrière in de weg stonden. Haar baas legde geduldig uit dat ze strategischer moest worden, meer van zich moest laten horen op vergaderingen en meer voor haar ondergeschikten moest opkomen. Na een ongemakkelijke stilte zei ik dat ik het gevoel had dat hij nog wat wilde zeggen. Hij zei schaapachtig: 'Misschien zou ze eens wat make-up op kunnen doen.' Dat kun je opvatten als een seksistische uiting – of als een waardevol stukje informatie dat je kunt gebruiken bij het beklimmen van de carrièreladder.

Te zware make-up is ook niet goed. Ga er maar van uit dat je er niet ordinair uit moet zien als je het ver wilt schoppen. Make-up is net zoiets als een accessoire. Net als een sjaaltje of een sieraad wordt het opgemerkt door mensen. Of je nu te veel of te weinig opdoet; je wordt minder serieus genomen.

COACHINGTIPS

- Ga naar een chic warenhuis en vraag aan iemand bij de make-upbalie (die zelf mooi opgemaakt is) om gratis advies.
- Vraag aan een collega of een vriendin met passende make-up of ze je feedback wil geven op die van jou.
- Als je nooit make-up draagt, begin dan met een klein beetje, en laat je adviseren door een vriendin of verkoopster.
- De schoonheidsspecialiste kan je hiermee ook goed helpen.
- Ga met je rug naar de spiegel staan en draai dan snel naar de spiegel toe. Wat valt je het eerste op? Dat zou de plek kunnen zijn waar je minder – of juist meer – make-up kunt gebruiken.

ACTIEPUNT VOOR MIJ ☐

FOUT 106
Fout haar

Haar. Valt niet mee te leven. Maar je kunt ook niet zonder. Wie is er nooit verkeerd geknipt of geverfd? Of heeft nooit een badhairday gehad? De meest voorkomende fout is dat vrouwen te lang haar hebben. Ik ken iemand die was afgestudeerd in de organisatiestudies. Haar eerste echte baan was bij een ziekenhuis, en ze vroeg aan een belangrijke manager hoe ze hogerop kon komen. Hij keek naar haar prachtige, honingblonde haar dat tot haar middel kwam, en antwoordde: 'Door er minder als Alice in Wonderland uit te zien.'

Ik vind dit geen aardige manier om feedback te geven, maar feedback is altijd een cadeau. Als je voornamelijk met mannen werkt, is lang haar een handicap, omdat het je te vrouwelijk en ongeloofwaardig maakt. We zullen nooit weten of ze die promotie kreeg omdat ze haar haar afknipte – maar ze kon wel duidelijk merken dat ze anders behandeld werd.

COACHINGTIPS

- Wees niet te zuinig als je een goede kapper zoekt.
- Hoe ouder je wordt en hoe hoger je in een bedrijf werkt, hoe korter je haar zou moeten zijn. Kort haar ziet er professioneler uit, en daarnaast benadrukt lang haar de veroudering in je gezicht.
- Als je je haar niet wilt afknippen, steek het dan op, dan lijkt het korter.
- Haar is een accessoire. Zorg dat het bij de rest van je uiterlijk past.
- Als je grijs haar krijgt, overweeg het dan te laten verven. Bij mannen ziet het er gedistingeerd uit, maar vrouwen krijgen dat compliment meestal niet.
- Gebruik niet te veel haarstylingproducten. Als je haar te gesprayed en te woest zit, dan is dat het haarequivalent van een rokje met een te hoge split. Een zachtere, keurige look leidt niet af van je professionaliteit. Dat betekent overigens niet dat je er saai uit hoeft te zien.
- Zorg dat je haar past bij je werkplek. Bij het chique Hotel Bel-Air in Los Angeles moeten álle medewerkers hun haar keurig dragen, maar niet te opvallend – zodat ze passen bij alle beroemde gasten, maar er niet mooier uitzien dan Meg Ryan, Anthony Hopkins en Nancy Reagan. De personeelschef legt het zo aan haar personeel uit: 'Bedenk hoe je je haar doet als je zaterdagavond uitgaat. Doe dan precies het tegenovergestelde voor je werk.'

ACTIEPUNT VOOR MIJ ☐

FOUT 107
Foute kleding

Vroeger was het gemakkelijk: je moest in een jurk of een pak op je werk verschijnen. Nu ligt het veel ingewikkelder omdat veel bedrijven geen dresscode meer hebben. Als je ook een gewone broek aan mag, kun je zo de fout ingaan. De nieuwe directeur van een groot voedingsmiddelenbedrijf besloot onlangs weer een strengere dresscode in te voeren. Toen ik een van de werknemers vroeg waarom juist dit een van de eerste beslissingen van de nieuwe baas was, vertelde die dat een *casual Friday* de indruk kan wekken dat het weekend al een dag eerder begint. Daardoor gaat de productiviteit omlaag.

Zelf besloot ik twintig jaar geleden al om me elke dag als op een maandag te kleden. Een vriend wees me er onlangs op dat werknemers van bijvoorbeeld Apple en Google er uiterst nonchalant bij mogen lopen en dat het succes van die bedrijven er niet onder lijdt, maar ik hou me aan de volgende regel: kleed je op de baan die je wilt, niet die je hebt. Dan kan het niet misgaan. Korte rokjes, uitdagende kleding, stilettohakken, afgetrapte schoenen, en slecht passende of gekreukte kleren brengen je niet waar je wilt zijn – tenminste, niet in de zakenwereld. Of je het nu leuk vindt of niet, het valt mensen op wat we dragen. Zelfs als je ergens werkt waar, zoals een cliënt van mij het noemt, 'voddenbaal' de gebruikelijke look is.

Zijn er uitzonderingen? Natuurlijk. Ik werk met een bedrijf waar een strikte en conservatieve onuitgesproken dresscode heerst. Als ik vrouwen uit dit bedrijf coach en kleding ter sprake breng, dan beginnen ze altijd over die ene vrouw die alle, maar dan ook alle regels aan haar laars lapt. Dan antwoord ik: 'Zij is de uitzondering op de regel, maar de meeste mensen lukt het niet om de uitzondering te zijn.' Deze vrouw is heel erg goed in wat ze doet, ze zit al jaren bij dit bedrijf en ze staat als excentriek bekend. Niet alleen haar kleding, maar ook haar gedrag wordt getolereerd omdat ze verder heel veel bijdraagt. De meesten van ons zouden er niet mee wegkomen – en dat moeten we niet eens proberen.

Kan de verkeerde outfit je een baan, promotie of opdracht kosten? O ja. Het is een van die dingen waarvoor je geen pluim krijgt als je het goed doet, maar waarvan het zeker opvalt als je het verkeerd doet. Ook hier gelden woorden van mijn collega Tom Henschel: 'Als iedereen op zijn maandagmorgens op het werk verschijnt en jij ziet eruit als vrijdagavond, dan kan dat uiteindelijk tegen je werken.'

COACHINGTIPS

- Kijk eens naar hogergeplaatste vrouwen binnen je bedrijf. Zó moet je je kleden.
- Als je afvraagt of iets wel kan, luidt het antwoord doorgaans: nee. Trek iets anders aan.
- Ook als je aan mag wat je wilt, kleed je dan wat beter dan de anderen.
- Moet je een presentatie geven? Trek dan iets moois aan. Een jurk of een pak is altijd goed.
- Vraag om advies bij een goed warenhuis of een winkel waar ze zakelijke vrouwenkleding verkopen.
- Zie het kopen van kleren als een investering in je toekomst. Leg genoeg geld opzij om een paar outfits per jaar te kopen. Mooie kleren maken je zelfverzekerder.
- Laat een kleuranalyse maken. Kleuren dragen die bij je teint passen hebben een grotere invloed dan je denkt.

- Investeer als eerste in onderstaande basiskledingstukken. Die kun je telkens anders combineren voor een professionele uitstraling.

Nette broek: deze draag je van alle kledingstukken het vaakst, dus kies een stijl die bij je past. Zit de broek niet helemaal goed? Laat hem dan bij een naaiatelier vermaken. Kies voor een stof waarin wol is verwerkt, die gaat het langste mee. Met minstens drie broeken in neutrale kleuren als kaki, donkerblauw, bruin, grijs of zwart kun je de hele week vooruit.

Jasje of blazer: dit is een basic die elke outfit een professionele, serieuze uitstraling kan geven. Bruin en beige zijn oké, maar de meeste deskundigen raden zwart, grijs of donkerblauw aan.

Kokerrok: een zwarte kokerrok of A-lijnrok is een uitstekend basisstuk. Combineer de rok met een truitje voor een informele look of juist met een jasje voor een professionele uitstraling. Vind je zwart te saai? Donkerblauw of grijs mag ook.

Witte blouse: je kunt niet zonder, dus hang er twee tot vier in je klerenkast. Het klassieke model is de beste keuze, maar je kunt ook variëren met een blouse met ruches of korte mouwen. Let erop dat de pasvorm goed is en dat je geen inkijk hebt. Knoopjes die losraken zijn ook geen goed idee.

Zwarte schoenen met hakken: geef rustig wat meer uit aan de schoenen die je op je werk draagt, want als je er de hele dag op loopt, is comfort belangrijk. Kies voor pumps van leer met een goede kwaliteit. Een halfhoge hak en gesloten neus heeft de voorkeur. Je kunt later altijd nog met andere modellen variëren.

Een mantelpak of broekpak: is je werkplek erg formeel of conservatief, dan moet je in minstens twee pakken investeren. Dat is sowieso geen slecht idee omdat je het jasje en de broek of rok weer tot een andere outfit kunt combineren. Begin met effen zwart, donkerblauw of grijs. Als je er later een pak bij koopt, kun je variëren met kleuren of dessins. Net als bij de nette broek is een goede pasvorm van levensbelang, dus wend je tot een naaiatelier als aanpassingen nodig zijn.

Nette topjes: deze zijn essentieel voor je kantoorgarderobe. Combineer effen kleuren of dessins met je jasjes en pakken en verander je outfit in een handomdraai in een look voor een avondje uit.

Leren riemen: zorg voor minstens een riem van zwart leer die je kunt dragen bij je pak of nette broek. Later kun je strakkere riemen voor rond de taille toevoegen die je met blouses, vestjes en jurken kunt combineren.

ACTIEPUNT VOOR MIJ ☐

FOUT 108

Op je voet zitten

Ik weet niet of ik deze fout uit mezelf bedacht zou hebben. Ik heb hem gehoord van Doug Andrews, die lesgeeft aan de School of Business van de University of Southern California. Hij heeft mannelijke en vrouwelijke studenten geobserveerd, van verschillende leeftijden. Hij omschrijft het zo: 'Dat ene wat vrouwen doen waarbij ze een voet onder zich trekken.' Andrews heeft absoluut gelijk als hij zegt dat mannen dat nooit doen. Wanneer je dat doet lijk je eerder een klein meisje dan een vrouw. Ik was laatst in een antiekwinkel en zag daar een foto uit het begin van de twintigste eeuw. De vrouw op het portret had een voet onder zich getrokken, en zag er daardoor lief en zachtaardig uit.

Je ziet het ook weleens op televisie, bij talkshows. Een gast komt binnen, gaat bij de presentator zitten, en gaat op haar voet zitten. Zou Bill Gates dat doen? Of George W. Bush? Mel Gibson? Samuel L. Jackson? Het zijn altijd de vrouwen die dat doen, en dat doen ze omdat ze zich verlegen of ongemakkelijk voelen. Het is misschien schattig, professioneel is het niet.

COACHINGTIPS

- Het is simpel. Als je serieus genomen wilt worden, zet dan beide benen op de grond en hou je knieën bij elkaar. Als het een meer ontspannen situatie is, kun je je benen over elkaar doen. Ga nooit op je voet zitten.
- Onthoud dit: blijf letterlijk en figuurlijk met beide benen op de grond.

ACTIEPUNT VOOR MIJ ☐

FOUT 109

Je uiterlijk in het openbaar verzorgen

Wanneer heb je voor het laatst gezien dat een man in het openbaar een spiegel tevoorschijn haalde om zijn haar te controleren? Zijn nagels vijlen tijdens een vergadering? De gedachte alleen al is lachwekkend. Hoe discreet je ook denkt te zijn, anderen merken het altijd en onthouden het.

Een andere gewoonte die vrouwen hebben is dat ze (vaak onbewust) hun haar achter hun oren doen. Als ze iets lezen, bijvoorbeeld, of als flirtgebaar. Wat voor mensen zie je voor je als je denkt aan 'met je haar spelen'? Juist, pubers. Je haar achter je oren doen maakt dat je minder volwassen lijkt. Je uiterlijk in het openbaar bijwerken benadrukt je vrouwelijkheid en verkleint je geloofwaardigheid. Echte vrouwen verzorgen zich niet in het openbaar.

COACHINGTIPS

- Kam nooit je haar in het openbaar. Hetzelfde geldt voor het opdoen van lippenstift. Als je het echt niet kunt laten, doe het dan op de wc.
- Als je naar de wc gaat om jezelf bij te werken, doe het dan snel. Laat anderen niet wachten. Nog beter is het om het te doen in de tijd dat je toch alleen werkt.
- Als je toevallig ziet dat er iets met je uiterlijk aan de hand is, ga er dan niet meteen iets aan doen. Wacht totdat je het in alle privacy kan doen.
- Raak je haar niet onnodig aan. Gebruik de volgende gedachtetruc: 'Steeds als ik mijn haar aanraakt wordt mijn geloofwaardigheid met een jaar bekort.'

ACTIEPUNT VOOR MIJ ☐

FOUT 110

Tijdens vergaderingen je handen onder tafel houden

Aan de vergadertafel zit je niet hetzelfde als aan de eettafel. Je hoeft je ellebogen niet van de tafel te houden. Kijk maar naar mannen. Zelfverzekerde mannen spreken altijd met hun ellebogen op tafel en ze leunen naar voren. Als mannen geïnteresseerd luisteren, dan hebben ze hun ellebogen op tafel, en hun hoofd op hun handen.

En wat doen wij? We doen wat we geleerd hebben: bescheiden zitten met onze handen op onze schoot. Het verschil is opvallend. Het voelt misschien oncomfortabel, om serieus genomen te worden moet je alles toch echt 'boven tafel krijgen'.

COACHINGTIPS

- Leun tijdens vergaderingen lichtjes naar voren en laat je onderarmen rusten op de tafel, met je handen bij elkaar. Daardoor zie je er meer betrokken uit, maar je kunt ook een gebaar maken als dat nodig is.
- Nu we het toch over vergaderingen hebben, kan ik nog twee tips geven. Probeer altijd te gaan zitten naast de machtigste persoon. Op de een of andere manier straalt die macht uit naar mensen om hem of haar heen. Je laat ook zien dat je niet bang bent voor macht.
- Wees niet bang om aan het hoofd van de tafel te gaan zitten. Het is namelijk geen familiediner. Aan het hoofd kun je iedereen zien en, net zo belangrijk, iedereen ziet jou.

ACTIEPUNT VOOR MIJ ☐

FOUT III
Je leesbril om je nek dragen

Dit is een gewoonte die begonnen moet zijn door een bibliothecaresse in de jaren vijftig. Waarom zijn het altijd de vrouwen en nooit de mannen die zo'n brilkettinkje kopen? Raken we die brillen eerder kwijt? Willen we benadrukken dat we oud worden? Bij sommige warenhuizen zie je die brilkettingen zelfs bij de accessoires hangen.

Net zoiets: ik zag ooit bij een workshop een vrouw die een presentatie hield, en daarbij de hele tijd haar bril in haar hand hield. Niet alleen hield ze die vast, maar ze draaide hem ook rond terwijl ze naar vragen uit het publiek luisterde. Ze zette die bril nooit op – het leek wel een rekwisiet in een toneelstuk.

Ik wil niet aan leeftijdsdiscriminatie doen, maar ik wil toch ook nog eens benadrukken dat vrouwen er met het klimmen der jaren toch al niet geloofwaardiger op worden, anders dan mannen. Je moet je leeftijd niet verbergen of erover liegen, maar je hoeft hem ook niet te benadrukken.

COACHINGTIPS

- Als je bang bent dat je je aantekeningen tijdens een presentatie niet kunt lezen, print ze dan groot genoeg uit. Met PowerPoint hoef je ook nooit je bril op te zetten.
- Als je iets in je handen wilt hebben, neem dan een pen. Die kun je vasthouden, maar ga er niet mee tikken, zwaaien of klikken; dat leidt af.
- Mijn opticien heeft mij geadviseerd om een bril zonder sterkte te dragen, met een leesgedeelte onderin. Ik draag contactlenzen voor mijn extreme bijziendheid, en daaroverheen die bril om te kunnen lezen. Maar het ziet er toch niet uit als een leesbril, en ik hoef hem ook niet steeds op en af te doen.
- Nu we het toch over brillen hebben: ze kunnen je ook helpen als je er juist te jong uitziet. Ook als je geen bril nodig hebt, kun je er met een bril zonder sterkte volwassener uitzien.

ACTIEPUNT VOOR MIJ ☐

FOUT 112

Te veel accessoires

Accessoires kunnen je beste vriendin zijn, of je ergste vijand. Ik zag laatst een videoconferentie waarin Madeleine Albright moest spreken. Ze had een prachtige jurk aan – prima voor die gelegenheid – maar ze had zoals gewoonlijk een enorme broche op. Dat leidde me af. Tijdens haar presentatie lette ik meer op die broche dan op wat ze zei.

Ik heb geleerd om accessoires te dragen die het beeld dat anderen van mij hebben – dat ik heel serieus ben – een beetje bijsturen. Ik draag bijvoorbeeld grappige broches. Ik krijg bijvoorbeeld vaak commentaar op een broche met drie vrouwtjes met woest haar, die arm in arm staan. Zo laat ik weten: 'Ik mag dan serieus zijn, maar ik maak net zo graag plezier als iedereen.' Als ik juist te speels over zou komen, zou ik een andere broche moeten kiezen.

Als je ze zorgvuldig uitkiest kunnen accessoires stijl en persoonlijkheid verlenen aan een verder nogal saaie zakenoutfit. Je brengt een extra boodschap over, naast je woorden en je uitstraling. Maar als je accesoires niet passen of als je er te veel draagt, dan komt je geloofwaardigheid in het geding. Accessoires zijn een statement. Denk over jouw statement na.

COACHINGTIPS

- Draag geen lange, bungelende oorbellen op je werk. Het hangt af van je haarlengte en je eigen lengte, maar mik op 'vaste' oorbellen – niet groter dan een euromunt.
- Koop eens een goedkope parelketting of pareloorknopjes. Die raken nooit uit de mode.
- Denk bij het kiezen van accessoires niet alleen aan wat je aanhebt, maar ook aan wat je die dag moet doen. Een gekke broche is oké als je alleen maar collega's ziet, maar misschien minder handig als je een belangrijke presentatie voor klanten moet houden.
- Hoe groter de groep waarvoor je spreekt, hoe gewaagder je accessoires mogen zijn. Maar maak niet dezelfde fout als Madeleine Albright.
- Doe nog eens wat ik bij het hoofdstukje over make-up al zei: met je rug naar de spiegel staan en snel kijken. Valt er iets heel erg op? Misschien moet dat accessoire dan vervangen worden.

ACTIEPUNT VOOR MIJ ☐

FOUT 113
Geen oogcontact maken

Er zijn verschillende redenen om geen oogcontact te maken. In sommige culturen toon je zo respect als je praat met iemand die ouder of hoger is dan jij. Maar het vermijden van oogcontact heeft ook iets te maken met bedrog. Kinderen kijken je bijvoorbeeld niet aan als ze weten dat ze iets stouts hebben gedaan.

Als een vrouw geen oogcontact maakt, is dat vaak een teken dat ze zich ongemakkelijk of onzeker voelt. De ogen zijn de spiegel van de ziel. Daarom moet je anderen toestaan om je eerlijkheid, zelfvertrouwen en kennis te zien, en je moet zelf de ander in de ogen kunnen kijken. Soms zie je op televisie interviewers die de kunst van het oogcontact helemaal onder de knie hebben. Vooral als ze moeilijke vragen stellen kijken ze de geïnterviewde recht aan. Als deze iets zegt wat ze overvalt, kijken ze juist weg. Zulke interviewers zijn mede goed in hun vak omdat ze door het oogcontact kunnen raden wat de ander denkt, en zo hun volgende vraag kunnen bepalen. Maar je hoeft geen interviewer te zijn om oogcontact in jouw voordeel te gebruiken.

COACHINGTIPS

- Een opdracht voor de volgende keer dat je naar de film gaat: kijk eens naar de zelfverzekerde vrouwelijke personages, en let erop hoe ze hun ogen gebruiken om iets over te brengen. Maak in gedachten een aantekening van hoe ze dat precies doen.
- Als je ooit hebt gehoord dat je de neiging hebt tot staren, leer jezelf dan aan om een beetje omhoog of opzij te kijken als je nadenkt over het antwoord op een vraag. Daardoor wordt het oogcontact lang genoeg verbroken om de stilte niet gênant te maken.
- Als je iemand begroet, kijk hem of haar dan aan. Daardoor sta je op gelijke voet.

ACTIEPUNT VOOR MIJ ☐

8
Hoe je reageert

Tot nu toe hebben we ons gericht op actief gedrag waardoor je geloofwaardigheid wordt aangetast. In dit hoofdstuk gaat het over je reactie op hoe anderen je behandelen.

Veel vrouwen hebben geleerd dat ze vriendelijk, onderdanig en meegaand moeten reageren, ook als ze ongepast behandeld worden. Een tragisch voorbeeld hoorde ik van een vrouw die als meisje van zeven of acht naar de film was geweest. Ze ging vaak naar de zaterdagmiddagfilm met haar neefjes en nichtjes. Op een keer kwam er een man naast haar zitten die haar begon aan te randen. Ze liet dit een paar minuten toe, en zei toen tegen de anderen dat ze ergens anders wilde zitten, maar ze zei niet waarom. Ze verplaatsten, maar de man ging met ze mee en ging gewoon door. Ze was verlamd, en liet het tot het einde van de film toe.

Toen ze dit verhaal jaren later vertelde, vroeg ze zich af waarom ze niet had gezegd dat hij moest stoppen, of waarom ze haar nichtjes en neefjes niet om hulp had gevraagd. Helaas is haar reactie niet ongebruikelijk voor vrouwen. We hebben niet geleerd onszelf te verdedigen of om boos te worden als iemand ons respectloos behandelt. Jongens leren zich te verdedigen, meisjes leren de andere wang toe te keren. Daarom staan we vaker onacceptabel gedrag toe. Het afleren van wat we als kleine meisjes geleerd hebben is een heel grote stap op weg naar een zelfstandig leven.

FOUT 114
Je grieven online uiten

We kennen allemaal de verhalen over werknemers die het zo hebben gehad met hun baas dat ze die op Facebook of Twitter de huid volschelden of het bedrijf met de nodige schuttingwoorden omschrijven. Een werknemer heeft recht op privacy en op vrijheid van meningsuiting, maar grove beledigingen, maatschappelijk onaanvaardbare teksten en het lekken van vertrouwelijke informatie kunnen reden tot ontslag zijn, simpelweg omdat een werknemer zijn werkgever doorgaans geen schade mag toebrengen. Om die reden kunnen ook extreem racistische of anderszins kwetsende uitlatingen niet door de beugel: geen enkel weldenkend bedrijf zal met dergelijk gedrag geassocieerd willen worden.

Over ongewenste uitspraken op internet hoefde ik tien jaar geleden nog niets te zeggen, maar inmiddels geldt: het is bijzonder onverstandig om je grieven online te uiten. In alle gevallen. Voor vrouwen is dit zelfs een nog grotere valkuil omdat we 1) vaak emotioneler reageren, 2) meer gebruikmaken van sociale media en 3) anderen graag willen steunen. Ik hoorde ooit een verhaal over een werkneemster die haar Facebookpagina gebruikt om persoonlijke akkefietjes uit te vechten. Vroeger pakte je de telefoon om je tegenover een vriendin te beklagen, maar nu storten veel mensen hun hart uit op Facebook, waar ze meteen bijval van vrienden en collega's hopen te krijgen.

Al tijdens de hoogste groepen van de basisschool gebruiken nare meisjes sociale media om anderen zwart te maken. Het is de moderne versie van roddelen op het schoolplein, alleen kan nu iedereen meelezen. En dat bedoel ik letterlijk: een negatief bericht wordt binnen een paar seconden naar soms wel honderden anderen in je netwerk verspreid. En iedereen met toegang tot een computer kan het lezen.

COACHINGTIPS

- Gebruik sociale media niet om anderen een hak te zetten. Vroeg of laat krijg je dat op je bordje.
- Heb je problemen met iemand? Verlaag je niet tot geroddel of anonieme opmerkingen online, maar spreek diegene dan rechtstreeks aan. Zo doen volwassenen dat. De ander heeft dan de kans om uitleg te geven. Kom je er niet uit, blijf dan niet malen, maar ga verder met je leven.
- Als je een terechte klacht hebt over een bedrijf of instelling waarmee je zakendoet, richt je dan tot een geschillen- of arbitragecommissie.

ACTIEPUNT VOOR MIJ ☐

FOUT 115
Ontploffen

Mannen klagen vaak dat vrouwen vaak zo onverwacht en onvoorspelbaar kunnen reageren. De meeste mensen hebben vooral vertrouwen in degenen die net zo reageren als zij en zijn geneigd om gedrag te wantrouwen dat niet op dat van henzelf lijkt. Zoals de waard is, vertrouwt hij zijn gasten.

In veel gevallen is onvoorspelbaar gedrag geen teken van besluiteloosheid, maar betekent het dat je dingen te lang hebt opgekropt. Dat overkomt vooral lieve meisjes, die geen stoom afblazen maar de spanning steeds verder laten oplopen. En juist als de spanning zich zo lang heeft kunnen opbouwen, ontploffen vrouwen vaak door iets onbenulligs. Door de druppel die de emmer doet overlopen, om nog maar eens een gezegde van stal te halen. En in zo'n geval tonen we veel meer emoties dan gepast is voor de situatie.

Anderen gaan dan vraagtekens bij ons zetten. Zijn we misschien ongesteld, is er geestelijk iets mis? Toen ik nog als psychotherapeut werkte, had ik een cliënte die zwaar depressief was. Ze hield alles voor zich en durfde thuis en op haar werk nooit om hulp te vragen. Op een dag belde haar man me, helemaal in paniek: 'Je moet iets doen, ze slaat helemaal door! Ze gooit het complete servies aan diggelen!' En dat was precies wat ze nodig om eindelijk die eerste stap op weg naar genezing te kunnen zetten.

COACHINGTIPS

- Neem vaker het risico om te zeggen wat je echt denkt. Als je iets te lang voor je houdt, kun je daar depressief van worden of op een bepaald moment (doorgaans niet het meest geschikte) compleet uit je vel springen. Uit je tijdig, dan kun je een volwassen gesprek voeren en voorkom je een onredelijke driftbui.
- Geef jezelf toestemming om niet meteen te reageren, maar eerst even af te koelen en het onderwerp later opnieuw aan te snijden. Vrouwen zeggen vaak tegen me dat het hun niet lukt om een spitsvondig antwoord te bedenken en blijven vaak met een onbevredigd gevoel rondlopen. Je hoeft niet meteen je woordje klaar te hebben, maar je bent het aan jezelf en anderen verschuldigd om na een incident zo snel mogelijk bij elkaar te gaan zitten. Wat ging er mis en hoe kunnen jullie dit in de toekomst voorkomen?
- Ga op je gevoel af. Uit angst om van een mug een olifant te maken kroppen we vaak te veel op, totdat alles in een keer naar buiten komt. Als je niet in staat bent om de spreekwoordelijke druppel meteen aan te spreken, blaas dan even stoom af bij een goede vriendin. Maak voor moeilijke gesprekken gebruik van het BLLC-model uit fout 91. Dat kan je helpen om de dialoog op een constructieve manier aan te gaan, zonder dat je meteen ontploft.

ACTIEPUNT VOOR MIJ ☐

FOUT 116

Wrok koesteren

Een paar jaar geleden werd mijn hulp ingeroepen bij een conflict tussen twee bijzonder getalenteerde vrouwen die elkaar niet konden luchten of zien. Uit hoofde van hun functies waren ze vaak gedwongen om samen te werken, dus de vijandigheid tussen die twee stelde hun baas voor de nodige problemen. Hij wilde dat ze samen leuk in de zandbak gingen spelen, zij wilden door de ander met rust worden gelaten. Het vergalde zijn leven en gaf hem bovendien een slecht imago bij zijn meerderen, die zich afvroegen waarom hij zijn werkneemsters niet in het gareel kon houden.

Ik sprak de vrouwen eerst onder vier ogen om hun visie te horen. Zoals te verwachten was hadden ze ieder een heel ander beeld van het hoe zover had kunnen komen. Vervolgens kwam het pijnlijke gedeelte: ik zette ze samen in een kamer om aan de verzoening te werken. Zo kun je van gevoelens van wrok af komen: door niet in het verleden te blijven hangen, maar te bepalen wat je nodig hebt om vooruit te komen. Ik heb bij het oplossen van zulke conflicten maar één regel: we halen geen oude koeien uit de sloot. Dat is zinloos. Om verder te komen, moet je zeggen wat je van de ander nodig hebt en wat je diegene op jouw beurt kunt bieden. De volgende coachingtips borduren hierop voort.

COACHINGTIPS

- Laat kleine aanvaringen niet doorsudderen, want op die manier worden het problemen die onoplosbaar lijken. Een onmiddellijke, beledigde reactie werkt vooral averechts. Slaap er een nachtje over en praat het later uit, dan heb je tijd om te bepalen hoe je het gesprek wilt voeren.
- Voel je je in je wiek geschoten? Ga er dan van uit dat de ander de beste bedoelingen had, niet de slechtste. De meeste mensen willen een ander helemaal niet kwetsen, dat gebeurt vaak uit tijdgebrek, onnadenkendheid of ergernis. Zolang je niet weet wat hun bedoeling was, moet je niet van het ergste uitgaan.
- Bereid je goed voor op gesprekken die bedoeld zijn om de lucht te klaren. Improviseren is niet aan te raden. Begin het gesprek door duidelijk te zeggen wat je van het gebeurde vindt (dat is iets anders dan beschrijven wat er is gebeurd). Bijvoorbeeld: 'Ik kon wel door de grond zakken toen jij ten overstaan van het hele team zei dat mijn afdeling het afgelopen kwartaal het slechtst had gepresteerd. Ik had het prettig gevonden als je me dat vooraf had verteld.' Vervolgens laat je de ander weten wat die voortaan anders kan doen: 'Als je de cijfers met me doorneemt zodra die binnen zijn, kan ik ze vooraf bespreken met de afdeling verkoop. Dat is beter voor mijn motivatie en die van mijn team.' Ten slotte laat je weten wat jij in ruil daarvoor te bieden hebt: 'Als we het zo kunnen doen, beloof ik dat ik mijn uiterste best doe om in het volgende kwartaal ons quotum te halen.' Na zo'n gesprek moet de kous af zijn. Richt je op de toekomst.

ACTIEPUNT VOOR MIJ ☐

FOUT 117
Boodschappen internaliseren

Het is de schuld van onze ouders dat ze ons allerlei boodschappen meegeven die we bij ons dragen voor de rest van ons leven. Het zijn niet altijd negatieve boodschappen, maar ze hebben wel invloed op ons zelfvertrouwen en op hoe we onszelf zien. 'Je bent net als je vader, jij zult nooit iets bereiken.' 'Je bent zo'n lief kind. Als je groot bent ga je trouwen en heel veel kinderen krijgen.' Zulk soort opmerkingen kunnen als selffulfilling prophecy werken.

De boodschappen die je meekrijgt zijn niet altijd verbaal. Soms zijn het impliciete verwachtingen over hoe je je moet gedragen. Veel coaching begint met het bewustmaken van die vroege boodschappen en het onderzoeken van hun invloed in het nu. Onze sterkste punten zijn vaak aangeleerd naar aanleiding van impliciete of expliciete verwachtingen. Daarom willen we vaak niet af van die vroege boodschappen, ook als ze niet meer effectief zijn.

Ik zal een voorbeeld geven. Claudia was de oudste van zeven kinderen. Haar beide ouders waren alcoholist en leunden op haar om de anderen op te voeden. Net als veel kinderen met alcoholistische ouders was ze superoplettend, heel verantwoordelijk, en beschermend tegenover haar broertjes en zusjes. Niemand had tegen haar gezegd dat dat moest; ze deed het gewoon. Aan het begin van haar carrière kwamen deze kwaliteiten Claudia van pas. Haar supervisors vonden het goed dat ze initiatief toonde, nieuwe teamgenoten onder haar hoede nam en altijd boven op potentiële problemen zat.

Later in haar carrière waren het juist díé kwaliteiten die

haar in de weg zaten om zich te ontplooien. Dat ze altijd boven op de problemen zat, werd nu geïnterpreteerd als te kritisch zijn. Ooit was het een deugd dat ze anderen onder haar hoede nam, maar nu was ze een bemoeial en een controlefreak. En haar belangrijkste kwaliteit, dat ze initiatiefrijk was, werd nu gezien als de drang om steeds de beste projecten voor zichzelf te reserveren.

Claudia had de boodschappen uit haar kindertijd goed geïnternaliseerd, ook al waren ze nooit met zoveel woorden tegen haar gezegd. Kun je je voorstellen hoe goed ze blijven hangen als ze wél letterlijk gebracht worden? Het werken met Claudia had niet als doel al haar gedrag af te leren, maar eerder om haar te wijzen op mogelijke andere reacties zodat ze kon kiezen wat ze zou doen, afhankelijk van de situatie. In plaats van zich altijd op te werpen als degene die de moeilijke opdrachten zou doen, moest ze bewust nadenken over wie misschien kon leren van het doen van zo'n project. En in plaats van iedereen te wijzen op fouten, moest ze de kleinere laten passeren zodat anderen ervan konden leren en haar minder als een muggenzifter zouden zien.

COACHINGTIPS

- Vraag jezelf af welk sterk punt je in je kindertijd al hebt leren ontwikkelen, en wat je misschien moet leren om die kracht uit te balanceren.
- Lees *Het drama van het begaafde kind* van Alice Miller (Unieboek Uitgevers, 2005). In dit boek wordt uitgelegd hoe je als volwassene verkeerd kunt reageren als gevolg van je opvoeding, waarin te hoge verwachtingen werden gesteld of waarin een gevoel van waardeloosheid werd meegegeven (soms hebben die twee met elkaar te maken). Door dit boek leer je bewuster te leven, in plaats van aan de hand van geïnternaliseerde boodschappen.
- In je hoofd speelt een bandje met de boodschappen uit je kindertijd. Als die boodschappen je ervan weerhouden je doelen te bereiken, praat dan tegen jezelf om het bandje over te spoelen. Als de boodschappen te sterk zijn om er iets anders overheen op te nemen, overweeg dan om in therapie te gaan.
- Hang de beroemde uitspraak van Eleanor Roosevelt ergens op en lees hem regelmatig hardop aan jezelf voor: 'Niemand kan je een minderwaardigheidsgevoel geven zonder dat je er zelf mee instemt.'

ACTIEPUNT VOOR MIJ ☐

FOUT 118
Denken dat anderen meer weten dan jij

Betty heeft een eigen bedrijfje als organisatieadviseur. Voordat ze haar eigen bedrijf had, was ze als organisatieadviseur verbonden aan het hoofdkantoor van een fastfoodketen. Ze is dus een expert op haar vakgebied. Op een dag kreeg ze een potentiële klant op bezoek die een teambuildingsessie wilde. De klant was nogal een agressieve betweter, en Betty begon te vermoeden dat hij geen teambuildingsessie nodig had maar ondersteuning bij het oplossen van een conflict tussen twee werknemers.

Toen de klant was uitgepraat zei Betty dat teambuilding misschien niet was wat hij nodig had. Ze legde uit dat als twee mensen uit het team ruzie hebben, teambuilding juist averechts kan werken omdat er dan meer mensen bij de ruzie betrokken worden. De klant luisterde niet. Hij had eerder organisatieadviseurs ingeschakeld bij zulke problemen en hij wist wat zij dan deden. Hij was er zeker van dat de situatie zou verbeteren met een teambuildingsessie.

Net als veel adviseurs moest Betty een afweging maken tussen de wensen van de klant en haar eigen professionele inschatting. Moest ze de gelegenheid om haar standpunt naar voren te brengen voorbij laten gaan, of toch proberen het team te helpen volgens de wensen van de klant? Ze koos voor het laatste en organiseerde een tweedaags teambuilding-uitje voor de twaalf mensen in het team. Ze dacht dat de klant misschien gelijk had gehad – hij was heel overtuigend geweest en Betty wilde het wel proberen.

Het werd een totale ramp. De meeste tijd ging op aan het

conflict tussen de twee ruziemakers. Eerst zag Betty die ruzie nog als een leermogelijkheid voor de anderen (leren luisteren en onderhandelen, bijvoorbeeld), maar uiteindelijk had de groep er genoeg van en dreef mentaal weg. Het conflict werd nooit opgelost, en de rest van het team had het gevoel dat hun tijd verspild was.

Betty leerde zo dat vrouwen hun eigen kennis onderschatten en de mening van iemand die ze niet kennen hoger inschatten dan hun eigen beoordeling. Van dokter tot autoverkoper, we denken altijd dat de ander het beter weet. Betty boog voor de overtuigingskracht van de klant, en de resultaten waren catastrofaal. Haar reputatie was geschaad en de klant gaf haar de schuld. Hij zag niet in dat haar eerste diagnose juist was geweest. Achteraf had ze de opdracht beter kunnen afslaan. Anders dan mannen geven wij het toe als we iets niet weten, maar we vertrouwen onszelf niet als we wel iets weten. Mannen kunnen totale onzin ophangen, maar met meer overtuiging dan een vrouw ooit opbrengt. En het ergste is dat we ze nog geloven ook.

COACHINGTIPS

- Voordat je ervan uitgaat dat de ander meer weet dan jij moet je een paar kritische vragen stellen, zoals 'Waarom raad je dit aan?' of 'Hoe weet je dat?' Op die manier laat je in ieder geval weten dat je niet zomaar met alles meegaat.
- Als je iemand anders om een mening wilt vragen, stel dan eerst vast of je die mening wel echt nodig hebt. Zoals ik eerder besproken heb, word je minder gewaardeerd als je een vraag stelt waarop je het antwoord al weet.
- Als iets niet goed klinkt of voelt, dan is het waarschijnlijk ook niet goed. Neem de tijd om na te denken over wat er zojuist is voorgesteld.

ACTIEPUNT VOOR MIJ ☐

FOUT 119
Aantekeningen maken, koffie halen, kopieën maken

Op elk moment van de dag is er ergens ter wereld een vrouw die haar haar uit haar hoofd rukt uit frustratie over dit probleem. Hoe vaak heb ik een man niet horen zeggen: 'Misschien kan (vul hier een vrouwennaam in) aantekeningen maken. Zij schrijft het netst.' Of: 'Linda, zou jij misschien even koffie willen zetten?', alsof het echt een vraag is.

In workshops en seminars vragen vrouwen vaak: 'Wat moet ik doen als me gevraagd wordt koffie te zetten of aantekeningen te maken?' Het antwoord is: 'Doe het niet.' Het is moeilijk om deze taken te vermijden. Steeds als we zulk soort taken aannemen, gaan we mee in het stereotiepe beeld dat de vrouw moet verzorgen. Het resultaat is dat we ons slecht voelen over onszelf of boos op de situatie. Geen van beide lost het probleem op. Hoe antwoord je op zulke verzoeken? Ha, gelukkig heb ik wat coachingtips!

COACHINGTIPS

- Vertel je baas hoe je het vindt dat jij altijd deze taakjes toegeschoven krijgt, en vraag of ze gerouleerd kunnen worden. Als hij of zij zegt dat die taakjes niets voorstellen, antwoord dan eenvoudig en niet te defensief: 'Voor mij stellen die taakjes wel wat voor.'
- Als je in aanwezigheid van een groep het verzoek krijgt om kopieën of aantekeningen te maken, zeg dan neutraal en niet emotioneel: 'Ik denk dat ik dat even oversla, want ik heb dat de vorige keer al gedaan.'
- Laat zien dat je de vergadering goed kan managen. Maak een lijstje van dingen die moeten gebeuren voor een vergadering, en stel voor dat de secretaresse die taken krijgt.
- Stel voor dat de laatst binnengekomen persoon in het team zulke taken krijgt.
- Als je baas je vraagt om een persoonlijke boodschap te doen, zeg dan dat je dat graag doet zodra je tijd hebt, maar dat je in de eerste plaats voor andere taken bent ingehuurd. Overweeg wel je opties. Als je door een weigering je baan kunt kwijtraken, moet je het toch maar wel doen. Als dit soort verzoeken vaker voorkomt, kijk dan uit naar een andere baan, vraag om overplaatsing of wacht totdat de baas een tijdje weg is.

ACTIEPUNT VOOR MIJ ☐

FOUT 120
Ongepast gedrag tolereren

Debra moest in december een opdracht doen bij de financiële afdeling van haar bedrijf. Ze kreeg een kantoor op de mooiste verdieping, waar het hoge management ook zat, maar ze ontdekte dat er geen computer in de kamer stond. 'Eenvoudig,' dacht ze, 'ik bel gewoon de IT-afdeling en laat er een brengen.' Ze belde en kreeg te horen dat er momenteel niemand was, maar dat ze binnen een week een computer zou hebben. Twee weken later had ze nog geen computer. Ze belde nog eens, en de IT-manager verontschuldigde zich. Hij had net een kind gekregen, en het computerverzoek was hem ontschoten. De computer die voor haar bedoeld was, was nu al aan iemand anders gegeven (een man, natuurlijk). Hij zou eens kijken wat hij kon doen. Inmiddels was het kerst, en was het kantoor twee weken gesloten.

Ik had een afspraak met Debra ergens halverwege februari – nog steeds geen computer. Ze liet me zien wat ze aan de IT-manager had geschreven:

> *Ik begrijp dat je het druk hebt en dat je te weinig personeel tot je beschikking hebt. Ik vind alleen wel dat tweeënhalve maand wat aan de lange kant is om mij op een computer te laten wachten. Ik zou het op prijs stellen als je de computer zo snel mogelijk naar me toe laat brengen.*

Wat is hier mis mee, vraag je? Ze formuleert het allemaal te begrijpend, te eufemistisch en te vaag. Dit zou ik ervan maken:

Tweeënhalve maand geleden diende ik mijn computeraanvraag in, en hoewel me verschillende malen verzekerd werd dat ik die zou krijgen, heb ik hem tot op heden niet ontvangen. Omdat ik hierdoor mijn werk niet kan doen, verwacht ik uiterlijk vrijdag een computer op mijn bureau. Als dit niet mogelijk blijkt te zijn, of de computer arriveert niet, dan zal ik ervan uitgaan dat jij de situatie niet meer aankan, en het probleem aan onze chefs overdragen. Bel me alsjeblieft later vandaag om dit probleem te bespreken.

Je beschrijft het probleem. Je legt uit waarom het een probleem is. Je laat zien wat je wil dat er gebeurt. En je verbindt er consequenties aan. Kortom, je volgt het BLLC-model van fout 91.

- Ga op zelfverdediging. Als je jezelf fysiek kunt verdedigen ga je ook anders over je verbale verdediging denken.
- Gebruik ik-boodschappen in plaats van jij-boodschappen. Dat laatste confronteert meer en wijst een schuldige aan, terwijl een ik-boodschap meer gaat over het oplossen van het probleem. Kijk maar wat een verschil het maakt. In plaats van: 'Je onderbreekt me altijd!' kun je zeggen: 'Ik zou het op prijs stellen als je me mijn zin zou laten afmaken.' Of in plaats van: 'Dat kun je me niet aandoen!' zeg je: 'Ik ben er niet blij mee hoe ik behandeld ben. Ik wil wat alternatieven aanreiken.'
- Slik je frustratie niet in. Dan komt die later terug. Leer jezelf aan om de vraag te stellen hoe je je voelt als je met te weinig respect behandeld wordt, en uit jezelf met een ik-boodschap.
  - 'Ik voel me net een kind als ik zo word toegesproken.'
  - 'Ik voel me ondergewaardeerd als mijn ideeën genegeerd worden.'
  - 'Ik word gebruikt voor andermans doelen.'
  - 'Ik heb er recht op te weten waarom mijn verzoek niet wordt ingewilligd.'
- Dat je op het moment zelf niet reageert, betekent nog niet dat je er later niet op mag terugkomen. Als je overvallen wordt kan het moeilijk zijn om de juiste woorden te vinden. Je kunt dan later teruggaan en zeggen: 'Ik zat nog na te denken over iets wat gisteren is gebeurd en ik wil je graag laten weten wat ik ervan vind.'

ACTIEPUNT VOOR MIJ ☐

FOUT 121
Te geduldig zijn

'Geduld is een schone zaak', maar vrouwen nemen dat gezegde wel erg serieus. Bij een man is het bijna een deugd als hij ongeduldig is, want hij is blijkbaar actief en ambitieus. Als een vrouw ongeduldig is, betekent het dat ze te veel van anderen verwacht, zichzelf te belangrijk vindt, of dat ze niet begrijpt hoe de dingen hier werken. Ongeduld is geen deugd voor vrouwen.

Tegen Kyoko zeiden ze dat ze gewoon geduld moest hebben om de promotie te krijgen die ze wilde. Ze wachtte. En wachtte. En o ja, ze wachtte nog wat langer. Na zes maanden werd haar baas overgeplaatst. Voor hij vertrok vroeg ze hem naar die promotie. Hij zei dat zijn opvolger zich daarmee bezig zou houden. Je raadt al wat er toen gebeurde. De opvolger wist niets van een promotie, en het kon hem ook niets schelen. Mensen promoveren stond niet hoog op zijn prioriteitenlijstje.

COACHINGTIPS

- Brutalen hebben de halve wereld. Vraag dus om wat je wilt.
- Geloof het niet als iemand je ongeduldig noemt. Dat is een manier om je stil te krijgen.
- Als je te horen krijgt dat je geduldiger moet zijn, vraag dan wanneer je het onderwerp weer ter sprake moet brengen. Als de ander een tijdstip voorstelt dat te ver in de toekomst ligt, probeer dat moment dan te vervroegen. 'Dat is veel langer dan ik had verwacht en dan we eerst besproken hadden. Waarom maken we er niet twee weken van, in plaats van een maand.'
- Als je het gevoel hebt dat je onnodig lang moet wachten, vraag dan waarom het zo lang duurt. Misschien is er een legitieme reden. Als dat niet zo is, kun je verdere stappen ondernemen.

ACTIEPUNT VOOR MIJ ☐

FOUT 122

Doodlopende opdrachten aannemen

In elke carrière dient zich een opdracht aan waar een groot bord bij staat: DOODLOPENDE WEG. Moet je die opdracht aannemen of niet? Dat ligt eraan. Wees niet te snel met aannemen alleen omdat je denkt dat het zo hoort of omdat je niet ondankbaar wilt lijken. Enerzijds weet je nooit wat het je nog eens oplevert. Aan de andere kant loop je misschien een doodlopende weg in.

Ik coachte ooit een jonge vrouw die een aanbod kreeg. Ze zou worden overgeplaatst naar een klein afdelinkje binnen haar bedrijf. Het was nog een verlieslijdend afdelinkje ook. Ze wilde graag bewijzen dat ze er iets winstgevends van kon maken, zodat ze grotere dingen aangeboden zou krijgen. Ze nam het aanbod zonder meer aan. Als ze zich iets beter had laten informeren, zou ze hebben geweten dat degene wiens plek ze zou innemen wegging omdat er geruchten waren dat de afdeling verkocht zou worden. Ze zat er nog maar acht maanden toen dit inderdaad het geval bleek. Ze kwam terecht bij een veel kleiner en minder prestigieus bedrijf. En inderdaad, ik denk dat ze die baan aangeboden had gekregen omdat ze 1) een vrouw was, 2) jong en 3) naïef.

COACHINGTIPS

- Neem nóóit een nieuwe functie aan zonder dat je eerst onderzoekt wat die inhoudt. Kijk wat het bedrijf van plan is met die afdeling, hoe anderen de afdeling zien, waarom die baan vrijkomt, en wat je toekomstperspectief is als je 'ja' zegt.
- Neem het zekere voor het onzekere. Beter onterecht 'nee' gezegd dan dezelfde fout maken als degene die dat werk eerder deed. Je kunt hierachter komen door je huiswerk goed te doen.
- De volgende vijf factoren zijn redenen om een opdracht wel aan te nemen:

1. Je kunt doorstromen naar seniorposities.
2. Je kunt binnen anderhalf jaar promotie maken.
3. Je hebt unieke vaardigheden waarmee je de doodlopende weg in een snelweg kunt veranderen.
4. Je kunt er je netwerk significant mee uitbreiden.
5. Je hebt niets te verliezen.

- Denk goed na voordat je een nieuwe positie aanneemt op hetzelfde niveau als je huidige baan. Je kunt dan wel nieuwe dingen leren, maar je groei naar een hogere functie wordt misschien belemmerd. Als de economische situatie zo is dat je toch niet veel groeimogelijkheden hebt, dan kun je 'zijwaarts' van functie veranderen. Anders moet je rondvragen hoe mannen in jouw positie zijn behandeld, en vraag dan om dezelfde behandeling.

ACTIEPUNT VOOR MIJ ☐

FOUT 123

Meer aan anderen denken dan aan jezelf

Wij vrouwen denken vaak meer aan anderen dan aan onszelf. Of we nu voor onze hulpbehoevende ouders zorgen, pas gaan studeren als onze echtgenoot klaar is met zijn studie of onze plannen afzeggen omdat een kind iets van ons vraagt: de resultaten komen op hetzelfde neer: je krijgt niet wat je nodig hebt. Natuurlijk zijn er tijden dat het niet anders kan en dat je hiermee het juiste doet. Maar als het de norm wordt, in plaats van de uitzondering, dan wordt het tijd om eens te kijken wat je zelf doet om dit patroon in stand te houden.

Op het werk zien we hetzelfde fenomeen op momenten dat er weinig geld, weinig beloningen of groeikansen zijn. Een vrouw wil het spel eerlijk blijven spelen of vriendelijk zijn, en ze past haar eigen verwachtingen aan. Kort hierna denkt ze dat ze geen keuze heeft, en ziet niet dat zíj het probleem gecreëerd heeft.

COACHINGTIPS

- Zorg dat je weet wat je wilt door dit regelmatig aan jezelf te vragen. Veel vrouwen zijn zo gewend hun eigen wensen op de tweede plaats te zetten dat ze niet meer weten wat die wensen ook alweer waren.
- Nadat je bent weggegaan van je werk en voordat je thuiskomt, moet je twintig minuten iets voor jezelf doen. Stop eens bij de bibliotheek om de krant te lezen, ga naar het park en luister naar muziek, of bel met je mobiel naar een vriendin.
- Leer onderhandelen. Lees er een boek over of ga op een cursus; het is belangrijk dat je de technieken leert. Wist je bijvoorbeeld dat onderzocht is dat mensen die meer vragen ook meer krijgen? Of dat je, als je steeds een klein beetje vraagt, uiteindelijk meer kans maakt om alles te krijgen waar je om hebt gevraagd?
- Geef niet toe omdat het makkelijker is en je geen herrie wilt schoppen.
- Zeg het tegen jezelf, net zo lang tot je het gelooft: 'Het is niet egoïstisch om voor mezelf te zorgen, ook al is dat onhandig voor anderen.'
- Zorg dat je een leven buiten je werk hebt waar je graag naar teruggaat. Workaholisme is vaak een excuus om geen privéleven te hoeven hebben.

ACTIEPUNT VOOR MIJ ☐

FOUT 124
Je kracht en macht ontkennen

Toen ik nog privépsychotherapie gaf, had ik mijn praktijk expres midden in Los Angeles gevestigd. Ik wilde vooral werkende vrouwen als cliënt hebben. Ze waren succesvol en intelligent. Maar ze hadden nog iets anders gemeen: ze zagen of onderkenden hun eigen kracht niet.

Deze vrouwen vertelden me verhalen over hoe ze gebruikt of genegeerd werden, en ik vroeg dan vaak: 'Hoe komt het dat een krachtige vrouw zoals jij het toestaat dat anderen haar zo behandelen? 'Allemaal ontkenden ze dat ze krachtig waren. 'Krachtig? Ik ben niet krachtig.'

Toen ik dit fenomeen ging bestuderen, bleek dat deze vrouwen hun eigen kracht ontkenden omdat ze dat als meisje geleerd hadden. Kracht en macht werd geassocieerd met mannen, het waren mannelijke woorden. Het had te maken met degene die besliste wat er gebeurde – en dat waren zij zeker niet! Als je kijkt naar de directeuren van grote bedrijven zie je dat dit nog steeds klopt. Terwijl ik dit schrijf zijn er in Amerika maar elf vrouwen die aan het hoofd staan van de grootste duizend bedrijven.

Juanita is zo iemand die haar eigen kracht ontkende, daar depressief van werd en haar carrièredoelen niet bereikte. Ze was advocaat bij een van de meest prestigieuze kantoren van Los Angeles. Ze zat al vijf jaar bij het kantoor en het leek nergens toe te leiden. Jongere mannelijke collega's met minder ervaring kregen belangrijker cliënten, en ze kregen ook meer assistentie. Natuurlijk voelde Juanita zich depressief en incompetent. Het werd een vicieuze cirkel: omdat ze zo depressief was, kreeg ze nog minder goede opdrachten, waardoor ze nog depressiever werd.

We probeerden te achterhalen waarom ze werd ingehaald door haar collega's. Juanita zei verbitterd dat het allemaal 'ouwe-jongens-krentenbrood' was, en dat ze er weinig aan kon doen. Ze voelde zich, met andere woorden, machteloos. Toen ik zei dat ze meer macht had dan ze dacht (al was het alleen maar dat ze vrij was om te vertrekken), ontkende ze dat ze ook maar enige macht had.

Wat hiermee te maken heeft, was dat Juanita uit een gezin van zes kinderen kwam en dat zij het enige meisje was. Haar vader was een Mexicaanse immigrant; hij zorgde voor een conservatief huishouden waarin de jongens werden opgehemeld en Juanita 'maar een meisje' was. Het was dus mijn taak om samen met Juanita te zoeken naar haar eigen soort kracht en macht. Als ze die niet zou vinden, zou de depressie alleen maar aanhouden, en kon ze haar werksituatie niet verbeteren.

Zoals veel vrouwen moest Juanita het woord 'macht' herdefiniëren. Ze wist dat haar broers en vader machtig waren – en zij leek niet op hen, dus was ze niet machtig. We praatten uitgebreid over verschillende soorten macht en dat het er voor een vrouw vaak om gaat macht te hebben over haar eigen leven, niet over dat van anderen. Als je je eigen kracht en macht ontkent torn je aan je zelfvertrouwen en maak je je eigen vicieuze cirkel. Juanita nam maandenlang heel kleine stapjes door aan haar familie en aan haar baas te vertellen wat ze nodig had, en uiteindelijk begon haar depressie op te trekken. Ze zag de connectie tussen kracht en verantwoordelijkheid voor je eigen leven nemen.

COACHINGTIPS

- Herdefinieer 'macht' door te bedenken hoe je meer controle over je eigen leven hebt dan je wilt toegeven. Je hebt bijvoorbeeld de vrijheid om 'ho!' te zeggen als je gebruikt wordt, of 'nee!' tegen onredelijke verzoeken. Eigenlijk gaat dit boek over het hervinden van macht.
- Praat tegen jezelf of plak briefjes op om jezelf te herprogrammeren. Schrijf bijvoorbeeld op: *Ik kan zelf kiezen hoeveel macht ik heb*. Of: *Alleen ik bepaal mijn eigen kracht.* Plak dit bij je bureau of in een map die je meeneemt naar een vergadering.
- Als iemand tegen je zegt dat je krachtig bent, accepteer het compliment dan, ook al voel je het zelf op dat moment niet zo. Na een tijdje zal ook dit compliment deel gaan uitmaken van je zelfbeeld.

ACTIEPUNT VOOR MIJ ☐

FOUT 125
Toelaten dat je het zwarte schaap wordt

Eva zit bij de afdeling human resources van een bekende speelgoedfabrikant. Ze verleende hulp aan een werknemer die moeite had met haar moeilijke baas. Op een dag kreeg Eva een telefoontje van haar eigen baas, die haar vertelde dat de moeilijke baas de vrouw in kwestie wilde ontslaan. Eva stelde voor dat zij die baas zou bellen en met hem en zijn werknemer afspreken om hen te helpen goed met elkaar te praten. Eva's baas zei nee; hij zou het zelf wel regelen. Eva begreep dat er nogal wat bedrijfspolitiek bij deze zaak kwam kijken, en liet het haar baas afhandelen.

Toen ze niets hoorde over het gesprek, sprak Eva de voicemail van haar baas in om ernaar te vragen. Ze hoorde niets terug. Ze stuurde een e-mail. Nog niets. Van anderen hoorde ze dat het beter ging tussen werknemer en baas, en Eva ging er dus van uit dat het gesprek niet meer nodig was geweest. Toen kreeg ze een telefoontje van de moeilijke baas. Hij wilde haar onmiddellijk spreken. Toen Eva arriveerde, was Eva's baas er ook, en de moeilijke baas was woedend dat ze geen afspraak met hem had gemaakt. Haar eigen baas, die erop had gestaan dat hij het zou afhandelen, zat er stilletjes bij. Eva kon de woedende baas niet tot bedaren brengen, waarop hij zo'n veertig minuten doorging met schreeuwen dat ze incompetent was.

Dat is nog eens een moeilijke situatie. Als ze had gezegd dat haar baas de klus van haar had overgenomen, dan zou ze het contact met haar baas kunnen verpesten. Als ze dat niet deed, was ze het zwarte schaap. Ze besloot dat het beter was om het zwarte schaap te zijn dan om de woede van twee bazen over zichzelf af te roepen.

COACHINGTIPS

- Zeg op een diplomatieke manier dat je het niet op prijs stelt om als zwart schaap te fungeren. Eva had na die bijeenkomst met haar eigen baas moeten praten, waarbij ze hem had moeten laten weten dat hij haar had laten vallen. Zonder een schuldige aan te wijzen had ze kunnen zeggen: 'Ik vond het nogal verwarrend wat er daarbinnen gebeurde. Ik had begrepen dat jij de zaak zou afhandelen. Ik heb je er verschillende malen naar gevraagd en je liet nooit iets horen.' Dan zou haar baas maar twee kanten op kunnen. De goede weg zou inhouden dat hij de schuld op zich zou nemen en zijn verontschuldigingen zou aanbieden. Niet erg waarschijnlijk, gezien het feit dat hij tijdens de bijeenkomst zijn mond ook niet open had gedaan. Realistischer was geweest dat hij had gezegd dat het haar verantwoordelijkheid was geweest om de klus te klaren. Hoe dan ook had ze hem dan wel laten weten dat ze het niet op prijs stelde om het zwarte schaap te zijn, waardoor er minder kans was dat het nog eens zou gebeuren. Gebeurt het dan ook echt niet meer? Dat is niet zeker, maar ze had wel laten weten dat ze doorhad wat er zojuist was gebeurd, en dat ze het niet over haar kant liet gaan.
- Andere dingen die je kunt zeggen om te voorkomen dat je het zwarte schaap wordt:
    - 'Ik wil niemand beschuldigen, maar ik wil wel dat je weet dat ik precies heb gedaan wat er van me gevraagd werd. Laten we ons nu richten op hoe we dit oplossen.'

- 'Ik wil dat verslag best nog eens schrijven als je dat wilt, maar ik wil wel nog even duidelijk hebben dat ik het heb geschreven volgens de richtlijnen.'
- 'Het zou fijn zijn als we in de toekomst met zijn allen zo'n project kunnen evalueren. Nu lijkt het erop dat verschillende afdelingen verschillende verwachtingen hadden.'

ACTIEPUNT VOOR MIJ ☐

FOUT 126

Je neerleggen bij een fait accompli

Je kantoor wordt opnieuw ingedeeld. Er zijn twee grote kamers met ramen en drie kleinere zonder raam. Die moeten verdeeld worden tussen jou en de collega's die op jouw niveau werken. Je ziet dat je bent ingedeeld in een van de kleinere kamers, terwijl een mannelijke collega die minder lang bij het bedrijf zit, is ingedeeld in een van de grotere kamers. Als je erover praat met degenen die de indeling hebben gemaakt, zeggen ze tegen je: 'Te laat. Deze plattegrond is al bij de technische afdeling ingeleverd, en volgende week gaan ze computers en telefoons installeren.'

Als je dit accepteert, dan leg je je neer bij een fait accompli. Mensen gebruiken het fait accompli als ze hun plannen niet willen veranderen. Bij vrouwen wordt er vaak van uitgegaan dat ze toch geen herrie gaan schoppen en de feiten zullen accepteren. Op deze manier wordt ook onderhandeld. Een verzekeringsmaatschappij stuurt je een acceptgiro voordat ze je zelfs maar gebeld hebben. Ze rekenen erop dat je liever zult betalen dan een bezwaarprocedure starten.

Vrouwen nemen hier veel eerder genoegen mee dan mannen. Of je nu lager beoordeeld werd dan je had gedacht, of je vakantie moet verzetten omdat ze hebben gezegd dat 'dat nu eenmaal niet anders is', je bent akkoord gegaan zonder er ruzie over te maken. Als je zoals veel vrouwen bent, zoek je naar een rationalisatie voor deze beslissing en geloof je uiteindelijk dat je er het maximale uit hebt gesleept; dat dit is wat je verdient. Volg in plaats daarvan de tips en leer beter onderhandelen.

- Als het om iets belangrijks gaat, accepteer dan niet minder dan je verwacht zonder ervoor te vechten. Soms heeft het geen zin om er een hele toestand van te maken, maar soms gaat het om het principe.
- Breng elke klacht met een voorstel waardoor het probleem opgelost wordt. Als het gaat om het verdelen van kamers op kantoor, zou je kunnen zeggen: 'Het is nog niet te laat. De telefoons zijn nog niet geïnstalleerd. Ik stel voor dat de kamers verdeeld worden op grond van senioriteit, of een ander objectief criterium.'
- Speel 'kapotte grammofoon' als je voor een fait accompli wordt gesteld. Herhaal wat je dwarszit, steeds met andere woorden, maar net zo lang totdat er een dialoog ontstaat. Zo werkt dat:

Kamerindeler: 'Te laat. Deze plattegrond is al bij de technische afdeling ingeleverd, en volgende week gaan ze computers en telefoons installeren.'
Jij: 'Het is nog niet te laat. De telefoons zijn nog niet geïnstalleerd. Ik stel voor dat de kamers verdeeld worden op grond van senioriteit, of een ander objectief criterium.'
Kamerindeler: 'Ik heb de hele planning al naar de technische dienst gestuurd.'
Jij: 'Misschien is het lastig, maar ze zijn nog niet echt begonnen. Ik denk dat er nog wel een mogelijkheid is om de kamers op een eerlijke manier te verdelen.'
Kamerindeler: 'Ik heb geen tijd om alle formulieren nog eens in te vullen.'
Jij: 'Ik ben meer dan bereid om je te helpen als we een eerlijke verdeling hebben gemaakt.'

Kamerindeler: 'Ik mag niet zomaar veranderingen doorvoeren.'
Jij: 'Wie mag dat dan wel doen? Ik wil graag met die persoon praten, of misschien kunnen we met zijn drieën praten.'

- De 'kapotte grammofoon' werkt niet altijd, maar je maakt wel een goede kans dat het lukt – vooral als je het zonder boosheid of veroordeling kunt toepassen.

ACTIEPUNT VOOR MIJ ☐

FOUT 127

Je in de weg laten zitten door andermans fouten

Dit verhaal gaat over een vrouw die zich in de weg liet zitten door een fout van haar baas. Maria was een efficiency-expert die de fabrieken van een wapenbedrijf afging, waarbij ze elke afdeling van advies voorzag over het stroomlijnen van het productieproces. Voordat ze naar een zekere fabriek ging, zei haar baas dat die fabriek alleen wat eenvoudig advies wilde over een trainingsprogramma. Ze bereidde dat advies voor en ging praten met de fabrieksdirecteur, die teleurgesteld bleek dat ze met zo weinig aan kwam zetten. Hij had een heel nieuw trainingsprogramma in gedachten, dat Maria dan zou kunnen geven, compleet met lesmateriaal. Maria zei hem dat ze had begrepen dat hij alleen eenvoudig advies wilde, maar dat ze nog contact zou opnemen met haar manager.

Toen ze haar manager belde, zei hij dat ze moest doen wat de fabriek wilde. Ze was met stomheid geslagen. Maria was een expert op het gebied van efficiënt werken en had andere projecten op stapel staan. Ze had geen tijd om zo'n groot project tussendoor op poten te zetten. Maar haar baas stond erop dat ze deed wat de fabriek wilde, en Maria realiseerde zich dat ze wekenlang 's avonds en in het weekend zou moeten gaan werken. Omdat haar baas niet de juiste vragen aan de fabriek had gesteld, werd Maria nu gedwongen zich over de kop te werken.

Maria begreep dat ze geen andere keus had dan de klus aan te pakken, maar ze wilde wel zekerheid hebben dat het niet nog eens gebeurde. Ze had direct met haar baas kunnen gaan praten, maar ze vond dit te agressief. Daarom besloot ze er bij de volgende opdracht over te beginnen. Ze zei: 'Laten we even duidelijk krijgen wat de verwachtingen zijn – ik wil niet weer onvoorbereid op de locatie verschijnen, zoals vorige maand gebeurde.' Ze herhaalde de opdracht en voegde eraan toe: 'Als ik daar aankom en het blijkt toch een grotere opdracht te zijn, kan ik dan rekenen op jouw steun als we de fabrieksdirecteur ervan moeten overtuigen het project te verschuiven?' Perfect! Ze liet zo tactvol weten dat ze niet blij was met hoe het de vorige keer was gegaan, en ze liet zich niet verantwoordelijk stellen voor zijn onzorgvuldigheid. Ze kan natuurlijk niet zeker weten dat haar baas het in de toekomst goed doet, maar ze kan er wel een boel aan doen.

COACHINGTIPS

- Weeg de kosten en baten tegen elkaar af als je de onredelijke verwachtingen van iemand anders gaat waarmaken. Er zullen tijden zijn dat je geen keuze hebt, en je net als Maria al je tijd zult gebruiken om de klant tevreden te stellen. Maar er zijn ook tijden dat je de vrijheid hebt om de bal terug te kaatsen. Dan kun je zeggen: 'Dit was niet wat we oorspronkelijk besproken hadden. Ik moet het plan nu opnieuw overdenken en er meer tijd aan besteden dan ik dacht, en daarom is de oorspronkelijke deadline niet meer haalbaar.'
- Voordat je je leven helemaal omgooit om de fout van iemand anders op te lossen, probeer dan eens een win-winsituatie te creëren. Laat de ander weten dat je de best mogelijke service wilt leveren, en dat je daarom meer tijd, geld of personeel nodig hebt. Vraag om wat je echt nodig hebt om de klus op een realistische manier te klaren.

ACTIEPUNT VOOR MIJ ☐

FOUT 128

Als laatste het woord nemen

O jee, dit is een heel groot probleem voor vrouwen. Ik heb de afgelopen twintig jaar (teambuilding)workshops gegeven voor gemengde groepen en groepen met alleen maar vrouwen erin. Er is een opdracht waarbij de groep een probleem krijgt voorgeschoteld en ambigue instructies om het probleem op te lossen. We kijken dan hoe iedereen hierop reageert. Ik heb het duizenden mensen zien doen, en ik kan de keren dat een vrouw in een gemengde groep als eerste haar mond opendeed op één hand tellen.

De neiging om je mond te houden als er mannen bij zijn is een grote vergissing. Of het nou om een kleine teambijeenkomst gaat of een grote groep, degenen die als eerste spreken worden gezien als geloofwaardige risiconemers met leiderschapskwaliteiten. Verwar 'vroeg praten' niet met dominantie. Je hoeft er ook niet bang voor te zijn dat anderen denken dat je alleen jezelf wilt horen – met mijn tips zal je dat niet gebeuren. Hoe langer je wacht met spreken, hoe meer kans dat iemand anders zegt wat jij al dacht – en die krijgt er dan de waardering voor.

COACHINGTIPS

- Zorg in een groep dat je de eerste of tweede bent die iets zegt, en zeg elke tien tot vijftien minuten daarna steeds nog wat.
- Als je niet de eerste kunt zijn, zorg dan in ieder geval dat je niet de laatste bent.
- Je hoeft niet altijd een mening te geven als je het woord neemt. Je kunt ook instemmen met iemand anders, een vraag stellen of een gespreksthema signaleren; dat zijn allemaal even goede manieren om te laten weten dat je er bent zonder dat het lijkt of je alleen jezelf wilt horen.

ACTIEPUNT VOOR MIJ ☐

FOUT 129

Zeggen dat je op grond van je geslacht gediscrimineerd wordt

Ooit werkte ik als expert op het gebied van gelijke behandeling. Ik moest zaken beoordelen waarin vrouwen vonden dat ze op grond van hun geslacht gediscrimineerd werden. Bij 90 procent van de gevallen ging het niet om discriminatie maar om slecht management. En dat is (helaas) niet strafbaar. Hoewel er wetten zijn om vrouwen te beschermen die een klacht indienen, heb ik nog nooit meegemaakt dat de carrière van een vrouw erdoor werd geholpen. Het was niet altijd pijnlijk, maar helpen deed het nooit.

Ik twijfel er niet aan dat er zoiets bestaat als discriminatie op grond van geslacht. Behalve als er echt niet omheen te praten is, zal een bedrijf er alles aan doen om de reputatie, het management en de werknemers te beschermen. Ik herinner me een zaak waarin een vrouw haar baas beschuldigde van discriminatie. Ze zei dat hij haar verbaal mishandelde, dat hij haar kleineerde en voor schut zette. Twintig van haar collega's werden geïnterviewd, waaruit bleek dat de baas dat met iedereen deed – niet alleen met haar. Hiermee verdedigde het bedrijf zich, en zo won het bedrijf. De manager kreeg een milde vermaning.

In een andere zaak had een vrouw geklaagd dat ze andere opdrachten kreeg dan haar mannelijke collega's. Uit mijn onderzoek bleek dat ze gelijk had: ze werd anders behandeld terwijl het enige verschil was dat ze een vrouw was. Maar het bedrijf besloot toch partij voor haar manager te kiezen. De vrouw ging in beroep, maar voordat de zaak was voorgekomen werd ze ontslagen – om een nepreden, naar mijn mening. Haar zaak duurde bijna een jaar voordat zij in hoger beroep in het gelijk werd gesteld en ze haar baan en salaris met terugwerkende kracht terugkreeg. Ze ging weer aan het werk, maar je kunt je voorstellen hoe ongemakkelijk ze zich voelde. Uiteindelijk stopte ze uit eigen vrije wil. Ze had deze slag dan wel gewonnen, de oorlog was verloren.

Ook als je geen formele klacht indient hebben vrouwen die openlijk een punt maken van discriminatie een stigma. Mensen voelen zich ineens ongemakkelijk bij je. Ze gaan je anders behandelen, voorzichtiger. Meestal is dit het omgekeerde van wat de vrouw wil: ze wil juist hetzelfde behandeld worden. Dit zijn een paar redenen waarom ik vrouwen sterk wil adviseren om eerst alle alternatieven te proberen voordat ze het gaan hebben over discriminatie.

COACHINGTIPS

- Voordat je ervan uitgaat dat er seksediscriminatie in het spel is, moet je eerst proberen het probleem objectief te bekijken. Richt je op hoe het probleem zich manifesteert, niet op wat de oorzaken zouden kunnen zijn. Als je bijvoorbeeld denkt dat je bent overgeslagen voor een promotie omdat je een vrouw bent, ga dan eerst de andere mogelijkheden af. Vraag je baas waarom je die promotie niet hebt gekregen, en wat je moet doen om in het vervolg meer kans te maken.
- Probeer het systeem niet in je eentje te veranderen. Dan word je een martelaar. Als je genoeg andere vrouwen om je heen verzamelt die het met je eens zijn, kun je er een projectgroep van maken om het te onderzoeken, het probleem objectief te definiëren en oplossingen aan te dragen.
- Denk er drie keer over na voordat je iets zegt over seksediscriminatie tegen collega's. Het is geen luchtig onderwerp. Veel bedrijven hebben een zerotolerancebeleid, wat betekent dat elke klacht meteen en tot op de bodem uitgezocht wordt. Als je het balletje eenmaal aan het rollen hebt gebracht, is het moeilijk om het weer tot stilstand te brengen.
- Als je geslacht je daadwerkelijk in de weg zit bij je huidige werkgever, dan heb je drie opties: 1) accepteer het (ik raad het niet aan – je zelfrespect gaat eraan kapot), 2) dien een formele klacht in (het is niet zeker dat je hiermee het gewenste resultaat bereikt), of 3) zoek een andere baan (dat is de enige optie waarbij jij alle controle houdt).

ACTIEPUNT VOOR MIJ ☐

FOUT 130

Seksuele intimidatie tolereren

Geen enkele vrouw zou ooit het gevoel moeten hebben dat ze seksuele intimidatie moet tolereren. Seksuele intimidatie is iets anders dan discriminatie op grond van geslacht. Bij discriminatie worden beslissingen gemaakt op grond van iemands geslacht, bij intimidatie wordt ingespeeld op de mogelijke bereidwilligheid van een vrouw om in te gaan op seksuele avances, of om een vijandige, intimiderende en beledigende werksfeer te accepteren. Als je een klacht indient over intimidatie heb je niet hetzelfde stigma als een vrouw die een klacht indient over discriminatie, omdat de meeste werkgevers wel weten dat een vrouw zo'n klacht niet zomaar indient.

Veel advocaten hanteren de algemene regel dat 'één hapje van de appel' geoorloofd is. Een collega mag je één keer mee uit vragen, maar als je daarvoor bedankt, dan heeft die collega zijn hapje gehad. Alle avances die hij dan nog maakt, kunnen seksuele intimidatie worden genoemd. Het is sociaal geaccepteerd om met collega's uit te gaan, dus dat iemand het vraagt is goed te verdedigen. Het is een ander verhaal als die collega je baas is. Hoe het ook zij, het is aan jou om het heel duidelijk te stellen als je geen interesse hebt.

COACHINGTIPS

- Als je geïntimideerd wordt op een 'voor wat hoort wat'-manier, waarbij van jou een seksuele tegenprestatie wordt verlangd, dan moet je overduidelijk tegen de persoon in kwestie zeggen dat dit gedrag niet gewenst is. Als de werksfeer seksueel intimiderend is, moet je ook heel duidelijk zeggen dat je wilt dat de grapjes, toespelingen en opmerkingen ophouden. Als je eenmaal 'nee' of 'stop' hebt gezegd, dan is zulk gedrag niet meer sociaal geaccepteerd, maar is het intimidatie.
- Als je belager niet onmiddellijk stopt met zijn gedrag, vraag dan om hulp bij personeelszaken. Als je gewoon wilt dat het ophoudt, en verder niets, dan gaan ze waarschijnlijk praten met de persoon in kwestie, en dat is dan dat. Het is belangrijk dat je het gedrag niet tolereert – als je het toelaat kan het lijken of je het ooit wel leuk vond, en toen van gedachten veranderde.
- Als zelfs de inmenging van personeelszaken niet helpt, of als je collega('s) op de een of andere manier wraak nemen, kun je gaan nadenken over een formele klacht. Dan wordt onderzocht wat jij hebt gemeld. De uitkomst kan variëren van een waarschuwing aan de dader tot overplaatsing of ontslag.

ACTIEPUNT VOOR MIJ ☐

FOUT 131
Betrokken raken bij een e-mailoorlog

Ik moet Amy Franko van Impact Institution bedanken omdat ze me op deze fout wees. Sommige vrouwen vechten een conflict liever per e-mail of appjes uit dan in een gesprek van vrouw tot vrouw. Tot mijn schaamte moet ik bekennen dat ook ik me weleens heb laten meeslepen in een e-mailoorlogje. Dit soort gedrag is zelden bevredigend en nimmer productief. Een giftig mailtje geeft je op het moment zelf misschien een beter gevoel, maar als je een beetje op mij lijkt, krijg je er later spijt van dat je je zo hebt laten kennen.

Welke reactie het verstandigst is, hangt ook af van het soort relatie dat je hebt. Ik legde al eerder uit dat er transactionele en persoonlijke relaties bestaan. Bij de eerste worden er goederen of diensten op een eenmalige of bijzonder onregelmatige basis uitgewisseld. De tweede is een langdurige relatie met mensen die je kent, aardig vindt, of om de een of andere reden in je leven nodig hebt. Als je met iemand een transactionele relatie hebt, is er niet zoveel op tegen om de confrontatie op papier aan te gaan. Dat kan zelfs nuttig zijn omdat je dan een schriftelijk bewijs hebt of je bezwaren tegen iets uiteen kunt zetten. Het is een acceptabele, begrijpelijke manier van reageren.

Bij een persoonlijke relatie werkt het anders. Hier ligt het gevaar van escalatie op de loer. Als je je in je communicatie ongepast, vulgair of gemeen uitdrukt, kun je de relatie niet alleen onherstelbaar beschadigen, maar geef je de ander ook nog eens munitie die tegen je kan worden gebruikt.

COACHINGTIPS

- Snijd je een bepaalde kwestie schriftelijk aan? Hou je dan bij de feiten en wees beleefd en professioneel. Zeg niet in een mailtje, appje of brief wat je iemand ook niet recht in het gezicht zou zeggen.
- Als twee keer heen en weer schrijven een probleem niet oplost, is het tijd voor een gesprek onder vier ogen. Nog een reden om beleefd te blijven.
- Ontvang je een ongepast bericht? Reageer dan niet op een vergelijkbare manier, maar sta erboven. Als je dat niet doet, kan het vroeg of laat tegen je werken.
- Als je een probleem per e-mail probeert op te lossen, stuur dan geen cc naar alle contacten in je adresboek. Het gaat er niet om dat zoveel mogelijk mensen je kant kiezen, het gaat erom dat er een oplossing komt.

ACTIEPUNT VOOR MIJ ☐

FOUT 132
Je uit je tent laten lokken

Toen ik na een presentatie voor het vrouwennetwerk van Nestlé vroeg om input voor de herziene editie van dit boek, zei Jeanette Rojas, financieel analiste van dat bedrijf, dat ze hoopte dat ik iets zou zeggen over lesbisch zijn. Aanvankelijk had ik geen idee hoe ik dat moest aanpakken, want je kunt lesbisch zijn niet bepaald als een fout beschouwen. Ik belde haar later nog eens om te vragen waar ze precies mee zat en begreep toen wat ze bedoelde: hoe reageer je op collega's die nieuwsgierig zijn naar je geaardheid of moeite hebben om die te accepteren.

Ik vroeg Jeanette of ze het haar verantwoordelijkheid vond om anderen duidelijk te maken dat ongepaste vragen of opmerkingen niet op de werkvloer thuishoren. Het siert haar dat haar antwoord 'nee' luidde. Ze gelooft in wie ze is en probeert zich niet anders voor te doen dan ze is. Met andere woorden, ze laat zich niet uit haar tent lokken, maar wijt dergelijk gedrag aan de onwetendheid of het ongemak van de ander. Toch is dit wel een uitdaging waarvoor zij en andere lesbische vrouwen komen te staan zodra ze voor hun geaardheid uitkomen.

Lesbische vrouwen zijn niet de enigen die dit overkomt. Meisjes worden op alle mogelijke manieren uit hun tent gelokt. Er worden beledigende, ongepaste en onnadenkende opmerkingen gemaakt tegen vrouwen met een kleur, vrouwen met een beperking, zwangere vrouwen (al dan niet getrouwd), alleenstaande moeders en vrouwen die in scheiding liggen. En als je zo'n opmerking te horen krijgt, moet je een beslissing nemen: ga ik erop in of negeer ik het? Als je erop ingaat, kan je worden verweten dat je in de verdediging schiet. Als je het negeert, kun je een rotgevoel krijgen omdat je de boodschap onbewust en onterecht als waar aanneemt. Iedere vrouw moet zelf, aan de hand van haar eigen normen en waarden, bepalen of ze wel of niet op de soms erg persoonlijke opmerkingen ingaat, maar hopelijk kunnen deze tips helpen om die knoop door te hakken.

COACHINGTIPS

- Geef jezelf de tijd om na te denken over een eventuele reactie op een ongepaste of misplaatste vraag of opmerkingen. Vrouwen vertellen me vaak dat ze op het moment zelf met hun mond vol tanden staan en pas later bedenken wat ze hadden willen zeggen. Het is niet erg om er even over na te denken en er later op terug te komen, bijvoorbeeld met 'Ik heb nog eens over je opmerking nagedacht. Die gaf me geen prettig gevoel omdat...'
- Geef niet meteen antwoord, maar vraag de ander wat de reden voor de vraag is. Vaak beseffen we niet eens dat simpele nieuwsgierigheid de reden voor ongepaste vragen kan zijn. Is dat het geval? Dan is het aan jou om te bepalen of je de vraagsteller antwoord geeft of niet.
- Blijf tijdens je werk zelfvertrouwen uitstralen en laat zien dat je lekker in je vel zit. Als we ons op ons gemak voelen en onszelf accepteren zoals we zijn, met alles erop en eraan, laten we ons minder snel uit onze tent lokken en voelen we ons niet geroepen om onszelf te verdedigen of van alles uit te leggen.
- Als een vraag of opmerking je een ongemakkelijk gevoel geeft, ben je niet verplicht tot antwoorden. Zeg tegen de ander dat je daar geen zin in hebt en verander van onderwerp.

ACTIEPUNT VOOR MIJ ☐

FOUT 133
Huilen

Je wíst dat dit vroeg of laat ter sprake zou komen. Kort gezegd: er wordt niet gehuild op kantoor. Je hoeft geen expert te zijn om te weten dat veel vrouwen huilen als ze gelukkig zijn, droevig, gefrustreerd, boos, als de zon schijnt, als het regent – je begrijpt wat ik bedoel. De meeste vrouwen weten dat ze niet moeten huilen op hun werk, maar soms kun je het gewoon niet helpen. Je hebt geen voorbeeld nodig – je hebt het weleens gezien of gedaan. Laten we het er maar meteen over hebben hoe je het kunt minimaliseren of hoe je ervan kunt herstellen.

COACHINGTIPS

- Uit je woede niet in tranen. Vrouwen huilen vaak omdat ze hebben geleerd dat woede niet damesachtig is, niet acceptabel. Als je tranen voelt opkomen, vraag jezelf dan in stilte: 'Wat maakt me nu boos?'
- Als je gaat huilen op je werk, trek jezelf dan meteen terug. Blijf niet zitten janken. Andere mensen voelen zich ongemakkelijk. Als je jezelf tijdelijk verwijdert, zet je anderen niet voor het blok en kun je zelf weer rustig worden. Maak er een gewoonte van om te antwoorden: 'Ik hoor wat je zegt. Geef me wat tijd om erover na te denken, dan kom ik er later op terug.'
- Psychotherapeut en coach Susan Picascia geeft de volgende vier tips:

1 Breng de tranen onder woorden en focus op het probleem in plaats van op je gevoel. Zeg bijvoorbeeld: 'Jullie zien dat ik hier sterke gevoelens over heb. Waarom proberen we het probleem niet op te lossen?'
2 Denk niet dat huilen wel kan in de softe sector. Als je huilt kom je onzeker en zwak over. We denken vaak dat er op kantoor ruimte is voor deze heel menselijke en echte emoties. Mensen hebben negatieve associaties bij huilen – en vrouwen zijn wat dat betreft geen haartje meelevender dan mannen.
3 Als de tranen je vaak of makkelijk in de ogen springen, dan moet je de oorzaak misschien eens onderzoeken met een vriendin, een coach of een therapeut. We huilen als we te veel hooi op onze vork hebben, als we boos, ongerust of gekwetst zijn. Als je vaak huilt, dan denk je misschien te negatief. Maar weinig dingen zijn echt van levensbelang, of zo dramatisch dat er niet normaal mee omgegaan kan worden. Zorg ervoor dat je niet het ergste gaat denken. Denk positief over datgene waarover je je zorgen maakt, en je zult er minder om huilen.
4 Als iemand je persoonlijk probeert te raken, hap dan niet toe maar zet de betrokkene op zijn of haar plaats. Focus op de inhoud en zeg iets als: 'Stan, het gaat er nu niet om dat ik te heftig reageer, het gaat om een probleem met een deadline, en dat probleem moeten we oplossen.'

ACTIEPUNT VOOR MIJ ☐

APPENDIX
Persoonlijk ontwikkelingsplan

Een doel zonder een plan is een droom, en een plan zonder doel is niet meer dan tijdverdrijf. Nu je dit boek gelezen hebt, is het tijd om een plan te maken om je doelen te bereiken. Nu ga je echt aan de slag. Je kunt zéggen dat je alles anders gaat doen, maar het gaat erom dat je het ook dóét.

Blader het boek door en kijk waar je een kruisje hebt gezet. Voordat je het ontwikkelingsplan invult moet je bekijken of er overlappingen zijn. Kies drie tot vijf acties uit die voor jou het grootste verschil zullen maken. Schrijf dan op wat je anders zult doen; je hebt nu toch al tijd en geld in dit boek gestopt. Verderop staat een voorbeeldzin die je kunt gebruiken.

Onderdruk de neiging om te veel goede voornemens op te stellen. Je kunt maar aan een paar dingen tegelijkertijd werken. Trouwens, het gaat er niet om hoeveel verschillende dingen je verandert, maar om die dingen te veranderen die voor jou het meest uitmaken. Ik heb een keer Julie Anthony geïnterviewd, die ooit Wimbledon won en nu vrouwen coacht. Toen ik haar vroeg wat het geheim was van verandering, zei zij dat je je moet focussen op één ding. De rest komt dan vanzelf. Ze zou een speelster nooit adviseren om haar houding, haar forehand en haar service tegelijkertijd te veranderen. Als je je houding verandert, veranderen je forehand en je service mee.

Dat geldt ook voor jou. Je hoeft niet preciezer en minder verontschuldigend te worden, en ook nog je handdruk te veranderen en je kleding. Doe één ding, en doe dat goed: na een tijdje zul je een verandering in je hele gedrag opmerken. Het selecteren van drie tot vijf acties is als volgt bedoeld: je werkt aan de eerste, en als dat beter gaat, ga je aan de slag met de volgende. Hou het realistisch; pak het zo aan dat je kans van slagen hebt. Het is geen dieet. Daag jezelf uit maar maak het niet te moeilijk; anders zul je je goede voornemens na een week alweer afzweren.

Zoals je ziet, is er ook een kolom met 'hulpmiddelen'. Noteer hier alles wat je kan helpen om je doel te bereiken, zoals titels van boeken en informatie die je op internet vindt. Kies uit wat jou het meeste aanspreekt en wat bruikbaar is in jouw situatie. Denk aan de haalbaarheid. Je mag jezelf best aan het werk zetten, maar neem niet zoveel hooi op je vork dat je er na een week alweer mee wilt stoppen.

Ten slotte moet je je realiseren dat persoonlijke groei gaat volgens het principe van twee stappen voorwaarts, een stap terug. Dit hoor ik voortdurend van cliënten. In het begin lijkt het alsof ze het nooit helemaal zullen leren. Maar na een tijdje wordt het een tweede natuur – onbewuste competentie. Zoals Lao Tse al schreef: 'Een reis van duizend mijl begint met een enkele stap.'

Nu laat ik je alleen. Het is me een groot genoegen geweest om mijn ervaringen, en die van cliënten en collega's, met je te delen. Ik zou het heel leuk vinden om van je te horen. Je commentaar, je succesverhalen en je moeilijkheden. Ik ben per e-mail bereikbaar: info@corporatecoachingintl.com. Elke brief die ik krijg, beantwoord ik, ook al duurt het soms een tijdje. Aarzel dus niet om me te schrijven. Je verdient het dat je vragen beantwoord worden, en ik waardeer je feedback.

Persoonlijk ontwikkelingsplan

Actie	Plan	Startdatum	Hulp-middelen
Bondiger praten	Roberta om feedback vragen na elke vergadering	1 oktober	Boek over verbale communicatie
	Mentaal voorbereiden wat ik ga zeggen voordat ik het zeg	Doorlopend	

Coaching

Natuurlijk ben ik een voorstander van coaching. Ik heb nu eenmaal vaak genoeg gezien hoe het mensen helpt om zichzelf positief te onderscheiden van anderen. Potentiële cliënten vragen vaak om de successtatistieken. Op mijn kantoor wijzen de resultaten uit dat 60 procent van onze cliënten binnen een jaar gepromoveerd wordt. 10 procent besluit van baan te veranderen, en krijgt een baan die veel beter bij ze past. 10 procent houdt de huidige baan, doet het beter dan eerst, maar niet zo goed dat er van promotie sprake is. En bij de overige 20 procent zien we helemaal geen verandering, omdat ze zich er niet op toeleggen, of omdat er andere factoren in het spel zijn.

Veel factoren dragen bij aan het resultaat. Betaalt de cliënt of betaalt het bedrijf? Als het bedrijf betaalt, dan is er soms minder de drang om er zoveel mogelijk uit te halen. Heeft de cliënt een baan die bij hem of haar past? Als dat niet zo is, dan zal coaching niet helpen binnen deze baan. Welke doelen spelen een rol? Als de cliënt promotie wil, dan zal de kans daarop na coaching groter zijn. Als de cliënt beter wil presteren in de huidige baan, dan gebeurt dat meestal.

Een andere factor is de coach zelf. Gedurende de laatste tien jaar is coaching echt booming business geworden. Er zijn veel mensen die zichzelf coach noemen, en sommige zijn geweldig, maar andere hebben geen ervaring of hebben nooit zelf bij een bedrijf gewerkt. Net als met elke andere beroepsgroep zijn er enorme verschillen in de kwaliteit van coaches.

In Nederland is 'coach' geen beschermde titel. Soms kun je coaching krijgen via je bedrijf, maar als je zelf op zoek moet kan het lastig zijn. Veel mensen gaan af op de goede ervaringen van een vriend of collega met hun coach. Als zulke via-via-informatie niet voorhanden is, kan het handig zijn om naar een goede psycholoog te zoeken die ook aan coaching doet. Ook 'psycholoog' is geen beschermde titel, maar er zijn wel kwaliteitskenmerken. Als een psycholoog NIP achter zijn titel heeft staan, dan betekent dat dat de persoon in kwestie ook echt psychologie aan de universiteit heeft gestudeerd. Als hij of zij BIG achter de titel heeft staan, dan heeft hij/zij extra gestudeerd om in de gezondheidszorg te werken, en is ook officieel geregistreerd. Dit zijn kwaliteitszegels. (Zie voor meer informatie Psynip.nl.)

Voordat je geld in coaching gaat stoppen, kun je overwegen de coach wat vragen te stellen:

- Hoelang bent u al aan het werk als coach?
- Wat heeft u gedaan voor u coach werd?
- Wat voor diploma's heeft u? Bent u bijvoorbeeld geregistreerd psycholoog?

- Zou ik, voordat ik besluit met u in zee te gaan, de namen en telefoonnummers van enkele vorige cliënten mogen hebben als referentie?
- Welke service verleent u precies voor het bedrag dat u vraagt?
- Op welk gebied beschouwt u zichzelf als expert?
- Heeft u ooit zelf bij een bedrijf gewerkt, of bent u altijd hulpverlener geweest?

De antwoorden op deze vragen geven een indruk of je te maken hebt met een doorgewinterde professional, of met iemand die net komt kijken en niet veel van de zakenwereld af weet. Ik vind die zakenachtergrond persoonlijk cruciaal – als ik nieuwe coaches aanneem is dat ook een vereiste. Er zijn veel psychologen die als coach werken, maar die niet veel weten van het leven op een kantoor, waardoor ze de dynamiek op de werkplek niet goed begrijpen. Ze kunnen je misschien wel goed helpen met stress en relaties, maar als ze nooit bij een bedrijf hebben gewerkt, dan kunnen ze je misschien ook niet zo goed helpen bij het bereiken van professioneel succes. Idealiter zoek je dus iemand met de juiste, betrouwbare opleiding en de juiste ervaring als hulpverlener én in de zakenwereld.

Dankwoord

Ten eerste wil ik alle lezeressen van over de hele wereld bedanken die de eerdere versie van dit boek lazen en het deelden met vriendinnen, cadeau gaven aan hun zus of bespraken met hun leesclub. Velen van jullie zochten contact per e-mail of vroegen me om een presentatie te verzorgen. Ik ben heel blij te horen dat mijn boek jullie levens zo heeft veranderd, en jullie hebben dat van mij zeker veranderd.

Ik wil al die vrouwen bedanken die kwesties noemden die ik in de eerste versie niet heb besproken. Ik heb mijn best gedaan om van al jullie suggesties gebruik te maken.

Diana Baroni, dank je wel dat je me altijd aanmoedigt om het beste uit mezelf te halen. Jij gaf me jaren geleden de kans om dit boek te schrijven en was meteen te porren voor het idee van een herziene versie. Ook dankzij jou konden talloze vrouwen hun leven veranderen.

Ook dank aan iedereen bij Grand Central Publishing, toen en nu. Jullie zijn de beste redacteuren, ontwerpers, marketeers enzovoort die een auteur zich maar kan wensen. Jullie weten hoe je een bestseller maakt.

Ook dank aan mijn collega-auteurs Anne Fisher, Carol Frohlinger, Pamela Mitchell, Barbara Stanny, Liz Cornish, Carolyn Kepcher en Liz Weston voor hun vriendschap, steun en aanmoediging.

En ten slotte wil ik mijn familie en vrienden bedanken voor hun steun, aanmoediging en geduld. Ik hoef niet te zeggen wie jullie zijn en ik hou van jullie allemaal.